DIE ENERGIELÜGE

BERND SPATZENEGGER

DIE ENERGIE LÜGE

Warum das Klimaziel eine Illusion ist und
wie wir die Wende trotzdem meistern

IMPRESSUM

© **2023 ecoWing Verlag**
bei Benevento Publishing Salzburg – München,
eine Marke der Red Bull Media House GmbH,
Wals bei Salzburg

ISBN 978-3-7110-0325-6

Satz, Umschlaggestaltung und Layout: Jefferson & Högerle, Köln
Illustration: Shutterstock: Denys Koltovskyi (Windräder)
Autorenillustration: Claudia Meitert/carolineseidler.com
Infografiken: Bernd Tiefenbrunner/mind-id Werbeagentur
Lektorat: Arnold Klaffenböck
Projektleitung: Gerlinde Tiefenbrunner

Druck und Bindung: Finidr, Czech Republic

Medieninhaber, Verleger und Herausgeber:
Red Bull Media House GmbH
Oberst-Lepperdinger-Straße 11–15
5071 Wals bei Salzburg, Österreich

Sämtliche Angaben in diesem Werk erfolgen trotz sorgfältiger Bearbeitung
ohne Gewähr. Eine Haftung der Autoren beziehungsweise Herausgeber und
des Verlages ist ausgeschlossen.

FSC
www.fsc.org

MIX
Papier aus ver-
antwortungsvollen
Quellen
FSC® C014138

*Dieses Buch ist Susi, Melitta
und Christian gewidmet.*

INHALT

2. AUSWIRKUNGEN

EINLEITUNG

Woher kommt unsere Energie im nächsten Jahr, und woher kommt sie 2050? Und wie »sauber« wird sie sein, um den Klimawandel wirklich stoppen zu können?

Sind die Klimaziele wichtiger als Versorgungssicherheit und Energiekosten – und kann man das eine ohne das andere erreichen?

Die Europäische Union und die Schweiz haben versprochen, ihre Energieversorgung bis 2050 CO_2-frei zu gestalten, um die Klimaerwärmung auf 1,5 °C zu begrenzen. Deutschland und Österreich wollen ihre Ziele bereits fünf bzw. zehn Jahre früher erreichen.

Doch wie umfassend und teuer der dafür erforderliche Wandel in der Praxis sein wird, hört man kaum, im Gegenteil: Die erneuerbaren Energien seien doch viel billiger. Verschwiegen wird der gewaltige Aufwand für die erforderliche Energie-, Wärme- und Mobilitätswende sowie für die Umstellung der Industrieprozesse, die benötigten Rohstoffe, Technologien, Fachkräfte, den Platzbedarf und die Akzeptanz der Technologien als auch die unumgänglichen Veränderungsprozesse innerhalb unserer Gesellschaft. Auch von der möglichen Deindustrialisierung und vom Wohlstandsverlust hört man wenig. **Verschweigen ist die bequemere Form der Lüge.**

Wenn Sie jenen glauben, die behaupten, dass wir uns »nur« anstrengen müssten, um das 1,5 °C-Klimaziel zu erreichen, dann ist hier die schlechte Nachricht für Sie: Das stimmt nicht! Es ist nicht zu schaffen, und das 2 °C-Ziel ist ebenfalls tot. Selbst dass wir unter 3 °C Temperaturerhöhung bis zum Ende des Jahrhunderts bleiben werden, ist eher unwahrscheinlich. Und lokal, zum Beispiel im Alpenraum, kann die Erwärmung doppelt so hoch sein!

Der Klimawandel wird unser Leben stark verändern und uns vor enorme Herausforderungen stellen. Doch trotz aller Hiobsbotschaften, mit denen ich Sie bisher konfrontieren musste: Die Welt wird nicht untergehen, auch für Ihre Kinder und Enkel wird sie noch ein lebenswerter Ort sein, und vor allem: **Die Erderwärmung lässt sich stoppen, erfolgreich und nachhaltig! Allerdings nicht im Sprint, vielmehr im generationenübergreifenden Marathon.** Was es dazu braucht, ist ein klarer, unvoreingenommener Blick auf die Realität. Sie sollten wissen, was tatsächlich auf Sie zukommt – und was es für Sie und die Welt bedeutet.

Der russisch-ukrainische Krieg hat Energiepreise und Energie-themen ins Zentrum der weltweiten Aufmerksamkeit gerückt: Flüs-siggas, Windkraft, Photovoltaik, Elektromobilität, Gasversorgung, Wasserstoff, Atomkraft, Carbon Capture, CO_2-Äquivalente, Merit-Order, negative Emissionen – leicht ließe sich die Übersicht verlieren. Dieses Buch hilft, den Überblick zu gewinnen und Energie-lügen zu erkennen. Es zeigt die Rolle Europas in der Welt, die weit-verzweigten internationalen Abhängigkeiten und wie wichtig China, Indien, Afrika und die USA für Europa und die Welt von 2050 sind. Es macht die Konfliktlinien zwischen den Weltregionen sichtbar, ferner die sozialen und wirtschaftlichen Herausforderungen, die die Geschwindigkeit der Energiewende bestimmen werden.

Es beschreibt leicht verständlich, was es mit den Begriffen der Residuallast, der Winterlücke, der Dunkelflaute und der Fluktuation der erneuerbaren Energien auf sich hat, ob der Blackout unvermeid-lich ist und was Wasserstoff, Carbon Capture, Atomkraft sowie Spei-cher mit unserer Energiezukunft zu tun haben.

Es zeigt auf, wo die Möglichkeiten und Grenzen der Energie-einsparung durch Verhaltensänderung liegen und hilft, die Aussa-gen von Klimaaktivisten, Politikern und Experten zu hinterfragen.

Aus der Betrachtung all dieser Aspekte ergeben sich viele Blick-winkel auf ein Gesamtbild. Je nach Standpunkt und Länderperspek-tive unterscheidet sich dieses Bild und führt zu unterschiedlichen Lösungsansätzen, die sich im Wettbewerb der besten Ideen gegen-überstehen.

Manche meinen, dass wir verwöhnten Menschen in der west-lichen, industrialisierten Welt uns das Ende der Welt eher vorstellen können als das Ende unserer Lebensweise. Ich hingegen denke, dass viel mehr Optimismus angebracht ist:

– Ein großer Teil der Energiewende ist machbar. Wir werden in der Lage sein, die ersten 70–80 % der europäischen Treibhausgas-emissionen bis 2050 zu reduzieren. Die beabsichtigte Vorreiter-rolle von Ländern wie Deutschland oder Österreich ist hingegen wenig realistisch. Auch die Vermeidung der letzten 20–30 % der Emissionen werden wir wahrscheinlich erst schaffen, wenn ein großer Teil der Weltbevölkerung bereit ist, mitzumachen und die höheren Kosten zu tragen.

- Es gibt genügend Anzeichen, dass der Mensch willens ist, seine Lebensweise zu ändern und neue Technologien anzuwenden, wenn der Veränderungsdruck durch den Klimawandel oder die finanziellen Auswirkungen groß genug sind. Der Klimawandel kann gestoppt werden. Nicht 2050, aber noch in diesem Jahrhundert, wenn ein großer Teil der Weltbevölkerung das will. Es ist ein generationenübergreifendes Projekt, das einen langen Atem erfordert.

Wie es gehen kann, ist in diesem Buch dargestellt. Ein positiver Blick in die Zukunft macht es leichter, jenen Weg zu gehen.

Deutschland, Österreich und die Schweiz werden genauer betrachtet, dennoch haben die Schlussfolgerungen für die meisten industrialisierten Länder Gültigkeit.

Sollten Sie sich wundern, warum in manch einer Grafik oder Publikation die Emissionen um 20 % höher sind als in einer anderen – die Antwort ist einfach: Die Messung von Emissionen ist keine exakte Wissenschaft – besonders dann nicht, wenn viele Wissenschaftler, Regierungen und Institutionen involviert sind. Jeder misst und zählt anders, und manch einer »trickst« oder manipuliert.

Begriffe wie »Erneuerbare Energieerzeuger«, »Dekarbonisierung«, »Energieverbrauch« oder »Flüssiggas« sind streng wissenschaftlich nicht korrekt (Energie etwa wird nicht »verbraucht«, sondern »umgewandelt«). Bitte haben Sie Nachsicht, dass sie trotzdem jeweils in ihrer populären Bedeutung verwendet werden, um eine bessere Verständlichkeit zu erreichen. Auch bei technischen Details und Prozessen wurde versucht, sie möglichst anschaulich und allgemein verständlich zu beschreiben.

I.
URSACHEN

DAS KLIMA UND DIE VERURSACHER DES WANDELS

DAS KLIMA HAT SICH DOCH SCHON IMMER VERÄNDERT

Immer schon war das Klima ständigen Veränderungen unterzogen. Seit dem Beginn des Quartärs vor mehr als zwei Millionen Jahren wechseln sich Kalt- mit Warmzeiten ab. Mensch und Natur haben sich daran angepasst. Das Leben stand immer wieder an der Kippe, und so sind viele Tier- und Pflanzenarten ausgestorben. Die menschliche Spezies aber hat sich weiter ausgebreitet.

Doch inzwischen gibt es einen Unterschied: Die Temperatur steigt viel schneller an als je zuvor, und das lässt sich nicht durch Gründe wie die elliptische Erdumlaufbahn, Taumeln der Erdachse, Sonnenaktivität oder auch Naturkatastrophen erklären. Baumringe, Eis-, Gesteins- sowie Sedimentproben, Korallen, Tropfsteine, historische Aufzeichnungen und anderes mehr ermöglichen es der Forschung, den Temperaturverlauf und auch die Zusammensetzung der Atmosphäre in der Vergangenheit sehr gut zu rekonstruieren.

Im 6. Weltklimabericht der Vereinten Nationen, kurz IPCC[1]-Report, stehen die Ergebnisse dieser Beobachtungen gleich auf den ersten Seiten. Man vermutet, dass es in den letzten 100 000 Jahren nur einmal vergleichbar warm war wie heute. Und: Der derzeitige Anstieg ist definitiv keine statistische Abweichung.

Klimageschichtlich befinden wir uns heute in einem Eiszeitalter, dem Quartär. Als Holozän wird die seit etwa 11 000 Jahren stattfindende Warmphase innerhalb dieser Eiszeit bezeichnet, in der das Klima seit Beginn höchstens um Werte von +0,6 °C und -0,7 °C im globalen Durchschnitt schwankte. Jene relativ gleichbleibenden Klimaverhältnisse begünstigten die Entstehung menschlicher Hochkulturen.

DAS 1,5 °C- UND DAS 2 °C-ZIEL DES PARISER KLIMAABKOMMENS

Im Pariser Klimaabkommen[2] wurde formuliert, dass sich die globale Durchschnittstemperatur bis zum Jahr 2100 um nicht mehr als 2 °C über die vorindustrielle Durchschnittstemperatur erhöhen soll. Inselstaaten verlangten, dass angesichts des bereits merkbar steigenden Meeresspiegels, der ihre Existenz gefährden kann, dieser Wert auf 1,5 °C begrenzt wird, was dann auch als Zielrichtung und Wunsch aufgenommen wurde.

Wo die vorindustrielle Durchschnittstemperatur gelegen ist, wurde nicht definiert. Manche Publikationen sprechen von einer globalen vorindustriellen Mitteltemperatur von 13,5–13,8 °C und 14,8 °C heute. Genauere Werte werden selten genannt, weil sie sich gar nicht genau festlegen lassen. Letztlich spielt es auch keine so große Rolle, ob man heute bei 0,7 oder bei 1,3 °C Erwärmung gegenüber 1900 liegt. Wichtiger sind der weitere Verlauf und die Konsequenzen der zunehmenden Erwärmung sowie das Ziel, diese Erwärmung möglichst bis zum Ende des Jahrhunderts zu stoppen. Ein »Zurück zur vorindustriellen Temperatur« würde selbst bei Einhaltung aller Klimaversprechen viele weitere Jahrzehnte dauern.

Der erwähnte IPCC-Report geht von fünf verschieden intensiven Emissionsszenarien aus, das schlechteste ergibt einen Anstieg um 4–5 °C bis zum Ende dieses Jahrhunderts, falls die Emissionen der Treibhausgase ihre derzeitige Entwicklung beibehalten. Am ehesten wird man, wie in diesem Buch noch zu sehen sein wird, im Bereich zwischen dem »hohen« und dem »mittleren« Emissionsszenario liegen, was bedeutet, dass wir bis 2100 einen Temperaturanstieg um etwa 3 °C (also heute plus 2 °C) haben werden. Es können aber auch 3,5 oder 4 °C werden. Es könnten auch 6 °C werden – hundertprozentig weiß das heute niemand. Regional, zum Beispiel in den Alpen, kann es deutlich mehr werden!

IST DER TEMPERATURANSTIEG SICHER?

1960, als erste Forscher vom Klimawandel sprachen, war noch nicht klar, ob es ihn wirklich gibt. 1980 wurden die Messergebnisse schon deutlich klarer, aber sie hätten vielleicht noch innerhalb sehr großer statistischer Schwankungsbreiten liegen können. 1990–2000 war bereits klar, dass es sich nicht um natürliche oder statistische Abweichungen handelt, sondern um eine tatsächliche Erwärmung. 2020 hat längst fast jeder am eigenen Leib gespürt, dass viele aufeinanderfolgende Sommer heißer sind als früher.

Aber Achtung: Genau diese letzte Feststellung kann täuschen, Klima wird unter Meteorologen als eine zumindest 30-jährige Betrachtungsperiode definiert, und dafür sind das menschliche Gefühl und Erinnerungsvermögen nicht besonders gut geeignet.

Zuverlässiger ist es, wenn man die weltweiten Temperaturen betrachtet, so wie sie im Laufe der Jahrzehnte gemessen wurden und im IPCC-Report zu sehen sind, sowie die Entwicklung der weltweiten Wassertemperaturen. Auch die Entwicklung der Gletscher und der Eisschilde an den Polen gibt Aufschluss. Sämtliche Daten und Untersuchungen zeigen ein deutliches Bild:

– Ja, der bisher stattgefundene Temperaturanstieg ist sicher. Alles Weitere ist eine Prognose, und Prognosen beruhen auf Annahmen. Trotzdem gibt es keinen plausiblen Grund, zu glauben, dass diese Entwicklung von selbst aufhört.
– Ja, die Prognose ist sicher: Die Erde erwärmt sich, und sie erwärmt sich schneller als je zuvor. Und wir dürften erst im ersten Drittel dessen stehen, was bis zum Ende des Jahrhunderts noch zu erwarten ist.

Es ist für den Menschen schwer, das Problem zu erfassen. Die Effekte dessen, was heute passiert, werden teilweise erst in ferner Zukunft sichtbar. Das Thema ist umstritten, nicht jeder Wirbelsturm, jede Trockenheit und jede Sturmflut ist ein Ergebnis des Klimawandels. Regnet es zu wenig, ist der Klimawandel schuld, regnet es zu viel, schneit es zu viel oder zu wenig, wird es ebenso dem Klimawandel zugeschrieben. Geht der Winter fast nahtlos in den Sommer über oder haben wir einen heißen Sommer, ist es auch der Klimawandel.

Es gibt noch keine einheitliche, allumfassende Theorie zum Klimawandel, aus der sich alles restlos erklären ließe.

IST DER MENSCH SCHULD?

Ja, alle Indizien deuten ganz stark darauf hin:

– Der Anstieg der Treibhausgase in der Atmosphäre ist nachgewiesen.
– Ebenso ist nachgewiesen, dass dieser Anstieg durch den Menschen verursacht ist, dazu zählt neben Verkehr, Industrie, Energieerzeugung und anderen durch den Menschen direkt verursachten Emissionen auch die Landwirtschaft. Die natürlichen

Emissionen inklusive der Klimaeffekte von Vulkanen und Sonnenstürmen liegen um Größenordnungen darunter.
- Der Anstieg der globalen Mitteltemperatur ist ebenfalls nachgewiesen.
- Zum Zusammenhang zwischen dem erhöhten Anteil der Treibhausgase in der Atmosphäre und der globalen Erwärmung gibt es so viele Untersuchungen, Herangehensweisen, Berechnungen, Versuche und wissenschaftliche Arbeiten wie zu kaum einem anderen Thema, welche zum selben Ergebnis kommen, nämlich dem direkten Zusammenhang zwischen den menschgemachten Emissionen und der globalen Erwärmung.
- Der Mensch trägt tatsächlich nur mit 3–4 % zum CO_2-Ausstoß bei. Doch das ist genau jene Menge, um die sich das CO_2 in der Atmosphäre vermehrt. Der restliche CO_2-Kreislauf ist mehr oder weniger geschlossen. Sie können sich das so vorstellen wie ein Aquarium: Dort läuft die Wasserpumpe und fördert täglich Hunderte Liter Wasser im Kreis. Auch wenn Sie täglich nur wenige Prozent, also wenige Liter Wasser hinzugeben, wird das Aquarium sehr schnell überfüllt werden. So ist das auch mit dem zusätzlichen CO_2, das aus der Verbrennung fossiler Brennstoffe dazukommt.

Der ursächliche Zusammenhang zwischen menschlichen Aktivitäten und globaler Erwärmung gilt aus wissenschaftlicher Sicht daher als sicher. Ebenso ist der Zusammenhang zwischen dem Anstieg der Treibhausgase und der Temperaturerhöhung sehr eng. Das impliziert aber auch eine gute Nachricht: Damit weiß man, an welchem Rad man drehen muss, um die Erwärmung irgendwann wieder zu stoppen.

WER SIND DIE VERURSACHER?

1975 lagen die jährlichen weltweiten CO_2-Emissionen noch bei 17 Gigatonnen (gt), heute bereits bei etwa 35–40 pro Jahr. Inklusive der anderen Treibhausgase ergibt sich ein CO_2-Äquivalent von etwa 50–55 gt pro Jahr. Das entspricht dem Wasserinhalt des Bodensees, der auch etwa 50 Milliarden Tonnen beträgt. Von den CO_2-Emissionen geht die Hälfte in die Atmosphäre, ein Viertel wird von Pflanzen und Böden, ein Drittel bis ein Viertel vom Meerwasser aufgenommen.

Grafik 1: Länderanteil 2019 an den Treibhausgas-Emissionen[3]
(CO$_2$ plus CO$_2$-Äquivalente[4])

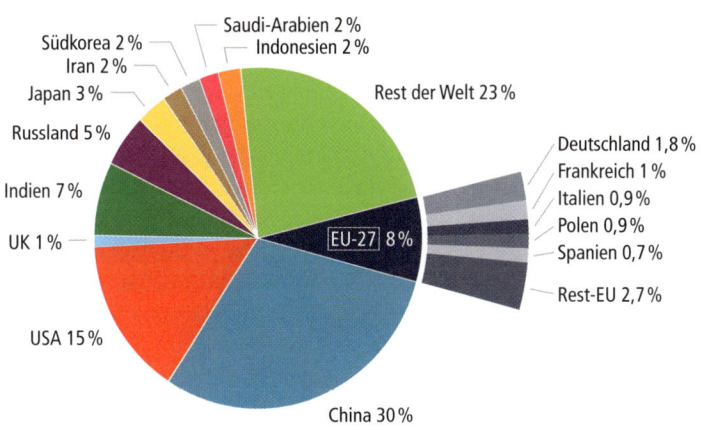

Der Anteil der 27 EU-Länder an den weltweiten Emissionen betrug 2019 etwa 8 %. Deutschlands Beitrag zum CO$_2$-Ausstoß umfasste weniger als 2 %, jener Österreichs lag unter 0,2 % und jener der Schweiz bei 0,1 %.

 Wenn wir in Europa fleißig Energie sparen, wird der Klimawandel bis 2050 aufgehalten oder gebremst.

 Nein, der europäische Emissionsanteil beträgt 8 %. Wenn wir davon ein Drittel einsparen, wären das weltweit weniger als 3 %. Die Steigerung des Energieverbrauches und der CO$_2$-Emissionen Asiens ist und bleibt für lange Zeit viel größer als alle europäischen Einsparungen.

Der CO_2-Ausstoß in Europa sinkt absolut und relativ zur Bevölkerungszahl seit 1990 deutlich, genauso wie jener der USA. Wirtschaftswachstum und Emissionen sind weitgehend entkoppelt. Die Entkopplung vom Wirtschaftswachstum wurde durch die Verlagerung auf Dienstleistungen, durch Effizienzsteigerungen und Einsparungen, zum Teil aber auch durch Auslagerung energieintensiver Produktion nach China und in andere Schwellenländer geschafft.

2022 betrug der chinesische Anteil schon 33 %. Etwa ein Drittel davon betrifft Güter, die aus China in die ganze Welt exportiert werden. Der chinesisch-indische Treibhausgasausstoß wird absolut und relativ bis weit in die 2030er-Jahre noch deutlich zunehmen. Fünf asiatische Länder werden in den nächsten Jahren mehr als 600 neue Kohlekraftwerke errichten: China, Indonesien, Indien, Japan und Vietnam. Alle zwei Jahre installiert China so viele neue Kohlekraftwerke, wie es in ganz Deutschland an Kraftwerksleistung gibt, 40 Gigawatt (GW) pro Jahr!

Afrikas Treibhausgasanteil beträgt nur etwa 4 %, bei 15 % der Weltbevölkerung. Bevölkerungswachstum, Konsum- und Wohlstandszuwachs werden diesen Anteil deutlich vergrößern.

Für das Weltklima ist es somit fast bedeutungslos, was Deutschland, Österreich und die Schweiz an CO_2-Emissionen verringern. Selbst der gesamte europäische Einsparungsbeitrag zu den CO_2-Emissionen erweist sich im Verhältnis zu den Zuwächsen für das Weltklima als irrelevant. Dennoch braucht es Vorreiter, die zeigen, dass signifikante CO_2-Einsparungen möglich sind, ohne dass die Wirtschaft und der Wohlstand zusammenbrechen.

TREIBHAUSGASE UND CO_2-ÄQUIVALENTE

Treibhausgase beeinflussen die Strahlungsbilanz der Erde. Je nach Höhe ihrer Treibhausgase wird mehr oder weniger Sonnenstrahlung, die auf der Erde auftrifft, wieder in den Weltraum reflektiert. Komplett ohne Treibhauseffekt wäre es ziemlich kalt auf der Erde (ca. -18 °C).

Die wichtigsten Treibhausgase sind Kohlendioxid (CO_2), Methan (CH_4) und Lachgas (N_2O, Distickstoffmonoxid). Methan stammt vorwiegend aus drei Sektoren: Landwirtschaft, Förderung fossiler Brennstoffe und Abfall/Abwasser. Es ist jenes Treibhausgas, das sich am einfachsten und wirtschaftlichsten vermindern lässt.[5]

N_2O rührt zu einem großen Teil von der Überdüngung der Böden her. Dann gibt es noch einige weitere wie Ozon und Fluorchlorkohlenwasserstoffe (FCKW).

Grafik 2: Treibhausgase – Anteile verschiedener langlebiger Treibhausgase am Treibhauseffekt

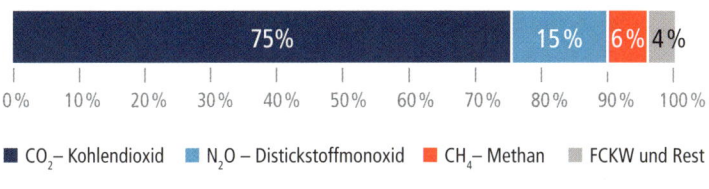

Der Betrachtungszeitraum von 100 Jahren für die Umrechnung von Methan- oder N_2O-Emissionen auf äquivalente CO_2-Emissionen ist umstritten. Will man Treibhausgasneutralität bereits 2050 erreichen, wäre bei einem verkürzten Betrachtungszeitraum der Beitrag von Methan mehr als 30 %.

Das »wichtigste« Treibhausgas in der Atmosphäre ist jedoch der Wasserdampf. Sein Effekt (Luftfeuchtigkeit und Wolken) auf die Temperatur der Erde ist zwei- bis dreimal so groß wie jener von CO_2. Die Wolken haben große Auswirkungen auf die Reflexion von Sonnenlicht, lassen sich aber schwer simulieren, da es sehr viele Einflussfaktoren auf die Wolkenentstehung gibt und auch die Rechenmodelle derzeit dafür noch zu grob sind. Wasserdampf ist jedoch im Wesentlichen natürlichen Ursprungs. Der Anteil des »zusätzlich« durch die Verbrennung von Kohlenwasserstoffen (fossilen Brennstoffen) verursachten Wasserdampfes in der Atmosphäre darf vernachlässigt werden.

WARUM IST EIN (SCHNELLER) KLIMAWANDEL SCHLECHT?

Neben der Größe der Veränderung – dem Temperaturanstieg – ist vor allem die Geschwindigkeit der Veränderung entscheidend dafür, wie heftig die Auswirkungen sind.

Ökosysteme haben eine gewisse Basis-Anpassungsfähigkeit und funktionieren meist auch, wenn es einmal einen ungewöhnlich strengen Winter oder einen extrem heißen Sommer gibt. Geht der Wandel jedoch schnell und über mehrere Jahrzehnte, so sterben Pflanzen und Tiere aus, weil sie sich nicht rasch genug an die Veränderung ihrer Lebensräume anpassen können. Das ist bereits sichtbar.

Und der Mensch?

Er passt sich an oder er wandert an einen neuen Ort. Es werden also große Migrationsströme aus ärmeren Ländern entstehen. Auch in reicheren Ländern werden Existenzen zerstört. Wohn- und Bürogebäude, Krankenhäuser, Schulen, Produktionsstätten, Infrastruktur sowie die landwirtschaftlich genutzten Flächen müssen zurückgelassen und andernorts wieder aufgebaut oder kultiviert werden. Die Kosten sind immens.

WAS IST ZU TUN?

CO_2 wird auf natürlichem Weg in der Atmosphäre abgebaut, das dauert jedoch etwa 150 Jahre. Es reicht daher nicht, Emissionen zu reduzieren, damit sich die Atmosphäre stabilisiert. Nein, wir müssen runter auf ein Hundertfünfzigstel der heutigen Emissionen. Und selbst wenn wir irgendwann auf null kommen, dauert es noch lange, bis sich die CO_2-Konzentration in der Atmosphäre merkbar reduziert. Das heißt, dass auch der Treibhauseffekt und die erhöhte Temperatur noch lange anhalten werden, nachdem wir die Emission von Treibhausgasen gestoppt haben!

Daher stellt sich nicht die Frage, »ob« die Energiewende[6] kommen muss, sondern nur, »wie und bis wann«.

Mit den in Paris und Glasgow vereinbarten Maßnahmen liegt man bis zum Ende dieses Jahrhunderts bei einer Temperaturerhöhung von etwa 3–4 °C. Wie Sie in diesem Buch noch lesen werden, ist es jedoch äußerst unwahrscheinlich, dass wir die »Nullemissionsziele« 2050, 2060 oder 2070 erreichen werden.

**Wenn wir endlich die Emissionen reduzieren, wird der Klima-
wandel aufgehalten.**

 Nein, ein Reduzieren von Emissionen führt nur zu einer geringeren
Geschwindigkeit der Erwärmung. Aufhalten lässt sich die Erwärmung nur, wenn die Emissionen fast komplett gestoppt werden. Um
wieder zurück zum Status von heute zu kommen, dauert es viele
weitere Jahrzehnte.

MENSCHGEMACHTE EMISSIONEN

Emissionen lassen sich den verschiedensten Sektoren zuordnen, etwa der Energieerzeugung, der Mobilität, der Industrie oder dem Wohnen.

Ein Beispiel: Sie bereiten Hühnerkeulen für Ihr Abendessen zu. Wem ordnen Sie die Emissionen zu?

– Ihrem Haushalt?
– Der Landwirtschaft?
– Welchen Anteil haben der Handel, Transport- und Energiesektor (für die Treibstoffe und die Verarbeitung), die Industrie (für die Herstellung der Dünger und der sonstigen verwendeten Chemie)?

Warum ist es wichtig, zu wissen, was welchem Sektor zugeordnet wird? Für Schuldzuweisungen und Steuern? Ja, auch dafür. Aber vor allem, um zu wissen, wo die Ansatzpunkte für Energieeinsparungen und CO_2-Reduktionen liegen und wer konkret dazu beitragen kann, diese Möglichkeiten auch wahrzunehmen.

ENERGIE- UND WÄRMEERZEUGUNG

Je nach Art der Berechnung ist die Energie- und Wärmeerzeugung für etwa 40 % der weltweiten Emissionen verantwortlich. Dieser hohe Prozentsatz ist der Grund, warum die Themen Energiewende und Klimawandel untrennbar miteinander verknüpft sind.

Weder die Mobilitäts- noch die Wärmewende kann ohne die Energiewende funktionieren. Es wäre etwa sinnlos, Millionen von E-Autos zu produzieren, wenn der Strom für den Betrieb (und letztlich auch für deren Erzeugung) nicht vorwiegend aus erneuerbarer Energie stammt – auch in der Nacht und im Winter. Andernfalls wäre es umweltfreundlicher und sinnvoller, beim Diesel-Pkw oder Benziner zu bleiben.

VERKEHR

Der Verkehrssektor ist für etwa ein Viertel aller Treibhausgase verantwortlich. Knapp zwei Drittel davon kommen von Personenkraftwagen, knapp ein Drittel von Lastwagen und Bussen. Der weltweite Anteil der Schifffahrt wird mit etwa 2 % berechnet, jener der Luftfahrt mit etwa 3 %.

Die Auswirkung der Luftfahrt wird meist höher bewertet als ihr eigentlicher CO_2-Ausstoß, da eingerechnet wird, dass Kondensstreifen (Wasserdampf und Feinstaub-Kondensationskerne) zu Zirruswolken führen, die den Treibhauseffekt verstärken und Treibhausgase in großer Höhe größere Auswirkungen haben. Der Transport auf der Schiene macht nur etwa 0,4 % aus.

INDUSTRIE

Industrie und industrielle Prozesse sind für etwa 20 % der weltweiten CO_2-Emissionen verantwortlich. Branchen wie Papier, Stahl und Nicht-Eisen-Metalle, Chemie, Baustoffe und Glas sind die industriellen Hauptkonsumenten von Strom und Primärenergie wie Öl, Gas und Kohle. Deren Energiekostenanteil bewegte sich vor der Energiepreisexplosion 2021/22 bei etwa 10–20 %.

Die energieintensive Industrie hat in den letzten Jahren viel auf Eigenerzeugung von Strom und Wärme gesetzt, teils technologisch bedingt (Baustoffindustrie: Drehrohröfen), teils aus Kostenüberlegungen (Papierindustrie: Kraft-Wärme-Kopplung). Hauptenergiequelle war und ist dabei Erdgas, und zu viel kleineren Teilen sind es Reststoffe und biogene Abfälle. Eine Änderung dieser Primärenergieträger ist technisch nicht leicht durchführbar.

Neben dem Rohstoffeinsatz ist Energieeffizienz die wesentliche Stellschraube für Einsparungen. Da es im Bereich der energieintensiven Industrien immer ein wesentlicher Wettbewerbsfaktor war, sind nur kleine schrittweise Verbesserungen zu erwarten, ohne grundlegend neue Prozesse bis 2050 vielleicht 15–20 %. Das ist zwar eine ganze Menge, in Bezug auf die CO_2- und Klimathematik aber sehr wenig. Mehr lassen Physik und Chemie meist nicht zu.

Bei einem angenommenen Wirtschaftswachstum von 1,5 % pro Jahr in Westeuropa ergibt sich nach 25 Jahren eine um 45 % höhere Wirtschaftsleistung. Selbst wenn Wirtschaftswachstum und Industrieproduktion stärker als bisher entkoppelt würden, braucht es viel Optimismus, um insgesamt eine Energieeinsparung zu erzielen.

WOHNEN, GEBÄUDE UND HAUSHALTE

Die korrekte Zuweisung der Emissionen zu Haushalten ist einer der schwierigsten Bereiche der Emissionszuordnung. Wem werden die CO_2-Emission und der Energiebedarf für das T-Shirt, die Beheizung der Wohnung, den Laptop, die Fahrt zur Arbeit, das Waschmittel, den Urlaubsflug oder das Fleisch und die Pasta zugeordnet? Der Industrie, der Energiewirtschaft, der Mobilität, der Landwirtschaft oder dem privaten Haushalt?

Man kann es jeweils dem Hersteller, den Elementen der Produktionskette oder dem Endverbraucher zuweisen.

- Wenn die Zuordnung mit dem Ziel erfolgt, es jenem zuzuweisen, der die Emissionen der Produkte am meisten beeinflussen kann, dann müsste man sehr vieles dem Industrie- und Produktionssektor zuordnen.
- Zielt man jedoch auf das Verhalten ab, nämlich wer die Entscheidung trifft, dieses oder jenes Produkt zu kaufen, müsste man fast alles den Haushalten zuordnen.

Wenn man nur den Strom- und Wärmebedarf der privaten Haushalte betrachtet, sind sie für etwa 17 % aller CO_2-Emissionen verantwortlich; wenn man annimmt, dass nahezu alle Güter und Dienstleistungen letztlich dazu dienen, die Bedürfnisse der Haushalte abzudecken, deutlich mehr.

Die Konsumausgaben der Haushalte sind in Deutschland, Österreich und der Schweiz in den letzten zehn Jahren inflationsbereinigt etwa gleich geblieben. Ausgaben für Bekleidung sind etwas zurückgegangen (Billigimporte aus Asien), jene für Kommunikation, Unterhaltung, Freizeit und Hobby gestiegen. Das deutsche Umweltbundesamt hat ermittelt, woher die im durchschnittlichen Haushalt verursachten Emissionen stammen:

Grafik 3: Aufteilung der CO$_2$-Emissionen der privaten Haushalte

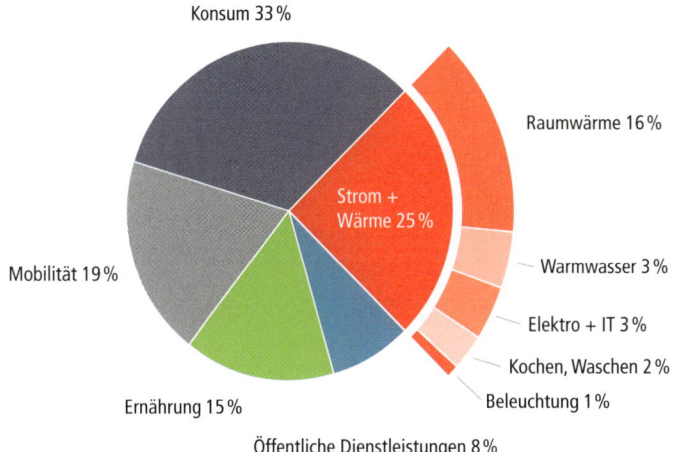

Konsum 33 %

Raumwärme 16 %

Strom + Wärme 25 %

Warmwasser 3 %

Mobilität 19 %

Elektro + IT 3 %

Kochen, Waschen 2 %

Ernährung 15 %

Beleuchtung 1 %

Öffentliche Dienstleistungen 8 %

Quelle: Deutsches Umweltbundesamt

Wohnen Sie zur Miete, wie etwa 58 % aller Deutschen und Schweizer und etwa 45 % der Österreicher, so haben Sie wenig Einfluss auf das Heizsystem, die Wärmedämmung, die Qualität der Fenster. Selbst wenn Sie Wohnungseigentümer sind, braucht es für Investitionsentscheidungen meist die Zustimmung der Eigentümergemeinschaft.

Um 10 % Heizenergie zu sparen, können Sie Ihre Raumtemperatur um 2 °C kälter einstellen, aber im Vergleich zu wirklichen Energiesparmaßnahmen am Haus ist die Wirkung minimal.

Als Bewohner eines Einfamilienhauses, wie etwa 30 % aller Deutschen und Schweizer und 45 % aller Österreicher, haben Sie als Eigentümer mehr Möglichkeiten, Ihren Energiekonsum zu beeinflussen. Diese hängen von Ihren finanziellen Verhältnissen, den baulichen Voraussetzungen und der öffentlichen Anbindung und Infrastruktur ab, ferner von der Verfügbarkeit erneuerbarer Energie, beispielsweise der geografischen Lage.

Insbesondere im Bereich der Neuerrichtung, aber auch im Bereich der Sanierung gibt es viele Optionen, den Heizbedarf auf ein Minimum zu reduzieren und energiesparende Wärmequellen einzusetzen, wie Wärmepumpen und die Nutzung der Sonnenenergie. Wichtig sind auch ausreichend groß dimensionierte Wärmespeicher, und bei großen Gebäuden die Nutzung der Beton-Wärmespeicherkapazität.

LANDWIRTSCHAFT

Je nach Literaturquelle und Definition ist die Landwirtschaft für weltweit etwa 18 % aller Treibhausgase verantwortlich, und zwar nicht überwiegend aus den Mägen der Kühe, sondern[7]

– zu 39 % aus Dünger, Gülle, Pestiziden, Bodenbehandlung,
– zu 36 % aus Waldrodung, Brandrodung und Verbrennung von Ernterückständen, Moor- und Humusverlust.
– Dann erst kommen mit 20 % das Methan aus der Tierzucht
– und mit 5 % der Reisanbau.

Die Vermeidung der Überdüngung der Böden sowie Veränderungen in der Flächennutzung und der Waldbewirtschaftung können sehr viel bewirken. Dass man bei der Reduzierung des weltweiten Fleischkonsums erfolgreich sein wird, ist anzuzweifeln.

Agrarsubventionen betragen in der EU fast 400 Milliarden Euro jährlich, ein Drittel des EU-Budgets. Sie werden selten nach den Kriterien Klimaschutz oder Erhalt des Lebensraums vergeben. Priorität haben Länderinteressen, die Versorgung mit Lebensmitteln zu niedrigen Preisen und der »Schutz« vor dem internationalen Wettbewerb. Daher wird sich auch zukünftig wenig ändern.

ABFALL

Abfall und Abwasser sind in Form von Methan- und Gärgasemissionen sowie als CO_2-Ausstoß bei Verbrennung von Abfall für etwa 3 % der weltweiten Emissionen verantwortlich. Ein Teil davon stammt aus biogenen Abfällen, ist also ein geschlossener Kreislauf.

Für biogene Abfälle bietet die Erzeugung von Biogas noch großes Potenzial, besonders wenn es sich um Biomasse der zweiten Generation handelt, also jene, die nicht mit der Lebensmittelproduktion in Konkurrenz steht.

BAU- UND GEBÄUDEWIRTSCHAFT

Wir bauen im Jahr etwa 100 Milliarden Tonnen Rohmaterial ab, aus Steinbrüchen, Minen und sonstigen Lagerstätten. Das ist jährlich ein Viertel des Mount Everest. Die Bau- und Gebäudewirtschaft ist ein wesentlicher CO_2-Emittent und verursacht, je nach Bewertung[8], ca. 38 % der weltweiten Emissionen – deutlich mehr als der gesamte Verkehrssektor –, wird aber in kaum einer Statistik als eigene Kategorie geführt.

Die wesentlichen Ansatzpunkte, um die CO_2-Emissionen zu senken, sind der Rohstoffeinsatz, die Lebensdauer, die verwendeten Herstellungsverfahren und die energetische Optimierung der Gebäude.

MILITÄR

Nach Schätzungen stößt das Militär 5 % der weltweiten Treibhausemissionen aus und ist seit Kyoto 1997 von den Emissionszielen und der Emissionserfassung ausgenommen.

WELTENERGIEBEDARF UND BEVÖLKERUNGSEXPLOSION

Der durchschnittliche Energieverbrauch unterscheidet sich zwischen den Kontinenten gewaltig. Je entwickelter die Staaten jedoch sind, desto mehr nähert er sich dem durchschnittlichen europäischen Verbrauch an. Der Primärenergieverbrauch pro Kopf liegt für die EU-Länder im Schnitt bei etwa 35 000 Kilowattstunden (kWh) pro Jahr, China liegt fast gleichauf bei etwa 31 000 kWh pro Jahr, die USA hingegen haben einen fast doppelt so hohen Verbrauch mit etwa 75 000 kWh pro Jahr. Ein Inder verbraucht nur ein Fünftel eines Europäers, der Verbrauch nähert sich jedoch mit großen Schritten an, ebenso jener anderer südostasiatischer Länder. Mit größerem zeitlichen Abstand wird wahrscheinlich Afrika folgen.

Die Internationale Energieagentur (IEA) hat den voraussichtlichen Weltenergiebedarf nach Regionen für 2040 abgeschätzt: Der Anteil Asiens wird mehr als 50 % betragen, Europas Anteil weniger als 12 %. Je nach angenommenem Szenario wird der weltweite Primärenergiebedarf 2040 etwa gleich hoch sein wie heute, jedoch verschiebt er sich stark nach Asien.

Wir haben in Bezug auf die CO_2-Emissionen und den Ressourcenverbrauch ein Dreifachproblem:

- **Hochentwickelte Industrieländer:**
  Zu hohe Pro-Kopf-CO_2-Emissionen und zu hoher Ressourcenverbrauch.
  Der Planet Erde würde es nicht vertragen, wenn jeder Mensch weltweit am gleichen Niveau wäre: Energiewende und Kreislaufwirtschaft sind die wesentlichen Ansatzpunkte.
  Der Pro-Kopf-Primärenergieverbrauch sinkt bereits und soll bis 2050 nur mehr etwa 50–60 % von heute betragen.

Grafik 4: Weltweiter Energiebedarf nach Regionen, Prognose 2040

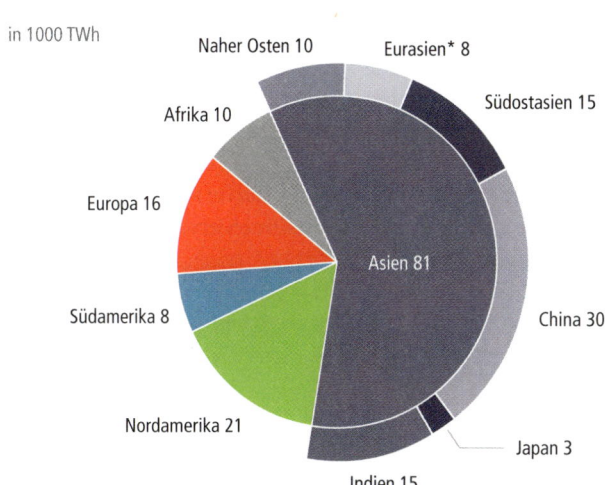

in 1000 TWh

Naher Osten 10 · Eurasien* 8 · Südostasien 15 · Afrika 10 · Europa 16 · Asien 81 · Südamerika 8 · China 30 · Nordamerika 21 · Japan 3 · Indien 15

*Eurasien: Russland, Kasachstan, Belarus, Armenien, Kirgistan

Quelle: Internationale Energieagentur (IEA)

– **Afrika und Teile Südostasiens:**
  Zu hohes Bevölkerungswachstum
  Die Wissenschaft empfiehlt bessere Gesundheitsversorgung, Ausbildung und gleichberechtigte Teilnahme am Arbeitsleben, insbesondere der Frauen, um die Geburtenraten zu senken. Ein Erfolgsbeispiel ist Bangladesch. Viele Regierungen haben jedoch das Bevölkerungswachstum akzeptiert oder mit befördert, sei es aus religiöser, stammesgeschichtlicher, kultureller Überzeugung oder um aufgrund erhöhter Bevölkerungszahl Macht zu gewinnen.

- **Schwellenländer:**
  Das Wachstum des Pro-Kopf-Ressourcenverbrauches ist viel zu hoch.
  Dies ist das gegenwärtige und zukünftige Hauptproblem. China hat von 1970 bis heute seinen Pro-Kopf-CO_2-Ausstoß verachtfacht und damit zum Westen aufgeschlossen. Indien, Pakistan und viele andere sind auf dem gleichen Weg. Dieser Aspekt ist wahrscheinlich am schwierigsten zu stoppen, denn wer kann Menschen daran hindern, nach westlichem Lebensstandard zu streben?
  Sämtlicher Energieverbrauchszuwachs dürfte nur mehr aus Erneuerbaren kommen, um die Emissionen etwa auf dem heutigen Niveau zu stabilisieren.
  Wenn nicht, ist die Konsequenz die weitere Ausbeutung des Planeten und schließlich die Selbstzerstörung durch Ressourcen und Lebensraumverknappung, zusätzlich die verstärkte globale Erwärmung.

Die industrialisierten Länder haben in den letzten 50–100 Jahren am meisten Treibhausgase emittiert. Sie werden aber wahrscheinlich auch die ersten sein, die wieder klimaneutral sind. Die Schwellenländer und die zu den Industrienationen aufschließenden Staaten sind jedoch auf dem besten Weg, aufgrund ihrer explodierenden Bevölkerungszahlen, der steigenden Wohlstands- und Konsumbedürfnisse die unrühmliche »Emissionsführungsrolle« zu übernehmen.

Auf den Aspekt der Bevölkerungsexplosion zu verweisen, ist unpopulär. Wenn es um die Auswirkungen des Klimawandels geht, liest man mit Bezug auf Afrika und Südostasien oft Sätze wie: »Die Regionen, die am wenigsten für den Klimawandel verantwortlich sind, sind die am stärksten betroffen.« Das stimmt zum Teil für heute, jedoch nicht für die nächsten 50 Jahre!

Im Jahr 1900 hatte die Erde weniger als zwei Milliarden Bewohner, 1972 vier Milliarden, heute acht Milliarden und am Ende des Jahrhunderts wahrscheinlich 10,5–11,5 Milliarden.

Die weltweite Zahl der Neugeborenen soll schon ab etwa 2050 stagnieren, aber die durchschnittliche Lebenserwartung steigt um 10–15 Jahre, was ein bis zwei Milliarden zusätzliche Menschen bedeutet, die 2100 gleichzeitig auf der Erde leben.

Grafik 5: Bevölkerungsentwicklung[9]

Mio. Menschen

■ 1900   ■ 1930   ■ 1980   ■ 2020   ■ 2050   ■ 2100

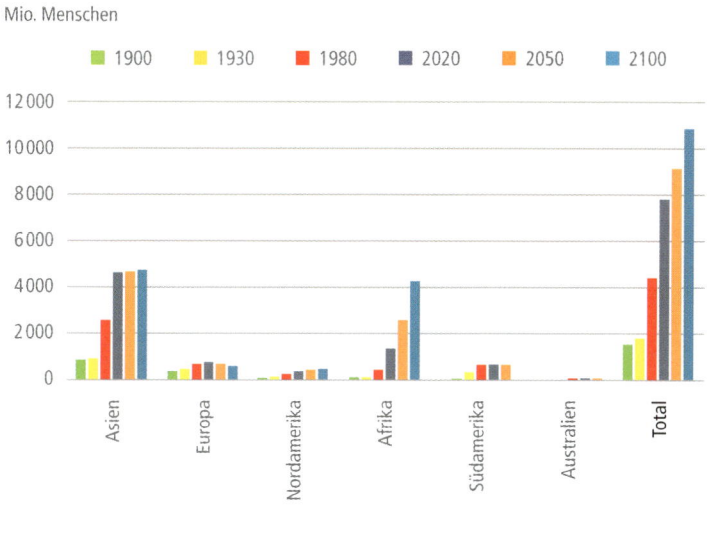

Parallel zur Bevölkerungsentwicklung wird sich übrigens auch der Nutztierbestand entwickeln[10] (Rinder, Schafe, Ziegen), was einen Großteil der Erfolge einer »besseren« Landwirtschaft wieder zunichtemachen wird.

Das verfügbare Ernteland und der Lebensraum für Tiere werden weniger, weil sich der Lebensraum der Menschen immer weiter ausdehnt.

Können Sie sich vorstellen, dass Nigerias Bevölkerungszahl bereits 2050 jene der USA überholt, und Nigeria 2100 wahrscheinlich bevölkerungsreicher als China[11] sein wird? Oder dass Indien schon 2025 bevölkerungsreicher als China sein wird?

Für das Bevölkerungswachstum der nächsten Jahrzehnte werden vor allem Indien, Nigeria, Pakistan, Äthiopien, Tansania, Indonesien, Ägypten und die Demokratische Republik Kongo maßgeblich sein.

Afrikas Anteil am Klimawandel ist heute sehr klein. Hier setzt die Auswirkung mit der vollen Tragweite voraussichtlich erst in 20–30 Jahren ein, wenn sich die Bevölkerung nochmals verdoppelt und der Pro-Kopf-CO_2-Ausstoß sich zum Beispiel jenem Indiens angeglichen hat.

Vor dem Hintergrund einer schwindenden verfügbaren landwirtschaftlichen Nutzfläche zur eigenen, nachhaltigen Nahrungsmittelproduktion wird es in vielen Staaten der »Dritten Welt« und in Schwellenländern vor allem darum gehen, den Kampf gegen Armut, Hunger und für bessere Gesundheits- und Bildungseinrichtungen zu gewinnen.

Der Klimawandel wird in vielen Schwellenländern ein Thema für Forderungen an den Westen nach mehr Entwicklungshilfe werden, weil er gerade jene Länder am stärksten treffen wird, die aus allen »Bevölkerungsnähten« platzen.

KLIMATREIBER KOHLENDIOXID

Anfang der 1990er-Jahre wurde die für Umweltfragen allmählich sensibilisierte Öffentlichkeit mit einer neuen Gefahr konfrontiert: der Erderwärmung, dem drohenden Klimawandel, ausgelöst durch den Menschen und verursacht durch Emissionen der Industriegesellschaft. Hauptklimakiller ist Kohlendioxid (CO_2).

Die Umgebungsluft enthält etwa 0,04 % (= 400 ppm) CO_2. Die Luft, die der Mensch ausatmet, enthält hundertmal so viel, nämlich etwa 4 % CO_2. Anders als etwa Schwefeldioxid, das im »sauren Regen« den Wäldern zusetzte, war CO_2 nie ein Luftschadstoff. Vielmehr ist es ein für den Menschen ungiftiges Gas, außer es tritt so hoch konzentriert auf, dass es den Luftsauerstoff verdrängt. Kohlendioxid entsteht bei der Verbrennung, bei der »Zellatmung«, beim Zerfall organischer Substanzen (Sterben von Pflanzen, Tieren und Menschen), bei Vulkanausbrüchen und bei fast jedem chemischen Prozess, in dem Kohlenstoff oder Kohlenwasserstoffe involviert sind. Es war – in der Wahrnehmung – so neutral wie der Stickstoff, der 78 % der Luft ausmacht.

WAS IST NUN DER UNTERSCHIED ZUR LUFTVERSCHMUTZUNG VON FRÜHER?

Im Gegensatz zu all den »klassischen« Luftschadstoffen wie Stickoxiden, Schwefelverbindungen oder Kohlenmonoxid lässt sich CO_2 weder herausfiltern, kaum abscheiden[12] noch mit Katalysatoren unschädlich machen. Es ist ein Gas, das man nur vermeiden kann, indem man aufhört, kohlenstoffhaltige Brennstoffe zu verwenden: Kohle, Erdöl, Erdgas. Alles, auf dem die moderne Industriegesellschaft aufgebaut ist.

DIE KLIMAKONFERENZEN UND DIE GLOBALE ERWÄRMUNG

Nicht erst seit Greta Thunberg und ihrer »Fridays for Future«-Bewegung ist das Thema Klimawandel international präsent.

Erste Prognosen zum Treibhauseffekt finden sich bereits 1850. 1960 gab es erste internationale Gespräche dazu, 1972 nahm der Club of Rome darauf Bezug und 1995 fand die erste UN-Klimakonferenz

(COP) statt. 20 Jahre und 20 Klimakonferenzen später, in Paris 2015, einigten sich immerhin 195 Staaten auf verbindliche Klimaziele und darauf, dass die Erwärmung der Welt auf 2 °C begrenzt werden soll. Dafür sollten die Nettotreibhausgasemissionen in der zweiten Hälfte des 21. Jahrhunderts auf null reduziert werden.

Seit damals hat sich in der weltweiten öffentlichen Meinung viel verändert.[13]

- Knapp über 80 % halten die »globale Erwärmung« (den Klima-wandel) für wahrscheinlich.
- Nur mehr etwa 20 % halten den Klimawandel für unwahrscheinlich.

Auf der COP 26, 2021 in Glasgow, übertrafen sich die Staaten mit Ankündigungen zum Zeitpunkt ihrer Klimaneutralität: Finnland 2035, **Österreich 2040**, Schweden und **Deutschland 2045**, EU, UK, Japan, USA, Brasilien, Australien und **Schweiz 2050**, Türkei 2053, Russland und Saudi-Arabien 2060, **China**, **Russland**, Nigeria und Saudi-Arabien **2060**, **Indien 2070**.

Auf der COP 26 wurden ein »weichgewaschener« Ausstieg aus Kohle beschlossen und Regeln verabschiedet, die das weitverbrei-tete, lukrative Schummeln bei den Emissionszählungen eindämmen sollen. Die schon zuvor versprochenen jährlichen 100 Milliarden US-Dollar Finanzhilfe für Schwellenländer zur Anpassung an den Klimawandel wurden nochmals bestätigt.

Beim afrikanischen COP in Ägypten war das Hauptthema der weltweite Geld-Verteilungskampf in Form des Unterstützungsfonds für Schadenersatz und wer dazu Beiträge leisten soll. Dies wird sich auch beim COP 28 in den Emiraten fortsetzen. Klimapolitik wird immer mehr zu Entwicklungshilfe-Politik.

 Bei Klimakonferenzen geht es vor allem um das Klima.

 Nein, bei Klimakonferenzen geht es vorwiegend um Geld, Macht und wirtschaftliche Entwicklung.

DIE KLEINEN LÜGEN ZUR ENERGIEEINSPARUNG

Die Staaten versprechen also weltweit die Vermeidung von CO_2-Emissionen. Sehr oft wird dies im öffentlichen Diskurs mit der Notwendigkeit der Veränderung des persönlichen Verhaltens gleichgesetzt. Ja, persönliche Verhaltensänderungen können etwas bewirken. Aber: Nein, persönliche Verhaltensänderungen sind nicht der entscheidende Faktor, um den CO_2-Ausstoß zu reduzieren. Eher sind es die Entscheidungen, die Sie täglich beim Kauf von Produkten treffen.

DIE PERSÖNLICHE VERHALTENSÄNDERUNG

Keine Frage! Ja, Sie sollen umweltfreundlich und nachhaltig leben, konsumieren, essen, reisen, mobil sein. Wenn Sie es gut machen, werden Sie einen Teil Ihrer CO_2-Emissionen einsparen können. Damit leisten Sie einen Beitrag zu einer saubereren Umwelt und nachhaltigen Produktion von Gütern und Lebensmitteln.

Aber glauben Sie bitte nicht, dass Ihr persönlicher Lebensstilwandel in Bezug auf den Klimawandel viel bewirkt. Alles zusammengerechnet, wenn sehr viele mitmachen, wären es optimistisch vielleicht 10–15 % der erforderlichen Treibhausgasreduktion.

Persönliche Verhaltensänderungen haben einen wesentlichen Einfluss auf den Energieverbrauch und CO_2-Ausstoß.

Nein, Studien zeigen, dass Verhaltensänderungen in Summe kaum mehr als 5–15 % Einsparungen (die höhere Zahl nur während kurzfristiger Notsituationen) bringen. Die richtigen Investitionen in effizientere Technologien in den Haushalten, der Industrie, der Energieerzeugung, der Mobilität, den Netzen und Speichern müssen für die restlichen 85–95 % der Emissionsreduktion sorgen.

Die IEA prognostiziert sogar, dass von den jährlichen CO_2-Einsparungen (gegenüber 2020) bis 2050 nur etwa 4 % aus Verhaltensänderungen kommen werden[14], die restlichen 96 % aus Technologien, die es bereits gibt, und aus solchen, die sich noch in Entwicklung befinden.

Es ist eine Binsenweisheit, dass langlebige und qualitativ hochwertige Erzeugnisse, recycelte Produkte oder regionale, saisonale Lebensmittel meist eine viel bessere Lebenszyklusbilanz haben. Aber wie oft greifen wir trotzdem zum anderen, billigeren Produkt?

Sie können etwa bei der Beleuchtung 80 % Energie einsparen, indem Sie von Glühlampen auf LED-Beleuchtung umrüsten. Sie können auch 80 % einsparen, wenn Sie Ihr Verhalten drastisch ändern und auf Beleuchtung weitgehend verzichten. Was, glauben Sie, ist wahrscheinlicher?

Die wesentlichste »Verhaltensänderung« sollte daher sein, schon beim Kauf die sparsamsten Technologien einzusetzen, sei es im eigenen Wohnbereich, bei Mobilität und Konsum oder dort, wo wir im privaten und beruflichen Bereich die Möglichkeit haben, uns für oder gegen Energieeffizienz und Nachhaltigkeit zu entscheiden.

Das Schlüsselwort für die großen Entscheidungen lautet »Energiewende«, und die besteht zumindest aus zwei Säulen:

– Der Elektrifizierung aller Lebensbereiche (Mobilität, Wohnen, Industrie): Kaum jemandem ist bewusst, wie stark die dadurch bewirkte Primärenergieeinsparung ist. Durch die Umstellung auf Strom verdoppelt sich zwar der Stromverbrauch bis 2050, gleichzeitig erwarten optimistische Prognosen aber eine Halbierung des Primärenergieeinsatzes!
– Der Energieherstellung: Fast 80 % der Klimathemen haben mit den Primärenergiequellen, mit der Energieverteilung, der Energieumwandlung in Kraftwerken, Motoren, Industrieprozessen, der Mobilität sowie der Energiespeicherung zu tun. Darauf haben Sie als Konsument meist wenig Einfluss.

EU-VORGABEN

Das Glühlampen-Verbot der EU war nur einer von vielen EU-Beschlüssen und Vorgaben. Ähnliches gibt es auch zu Staubsaugern, Kühlgeräten, Netzteilen, elektronischen Displays, Waschmaschinen, Elektromotoren, Heizkesseln, Servern, Raumklimageräten, zur Energieeffizienzkennzeichnung, zu Schweißgeräten, Lüftungsanlagen, Leistungstransformatoren, Haushaltsbacköfen, -kochmulden, Dunstabzugshauben, Geschirrspülern, Warmwasserbereitern, Wasserpumpen und vielem mehr.

Diese Beschlüsse und Designvorgaben führen zu weiteren Stromeinsparungen. Dennoch steigt der Strombedarf und wird zwischen 2020 und 2050 wahrscheinlich um den Faktor 1,8–2,4[15] wachsen.

Woher kommt das?

- Der Konsum hat sich verändert. Die Haushalte haben mehr elektrische und elektronische Geräte als je zuvor, insbesondere die Unterhaltungselektronik und die Kommunikationstechnologie sind hier die Treiber.
- Das Geschäftsleben wurde elektrifiziert, immer mehr Geschäftsprozesse zwischen Unternehmen bzw. zwischen Unternehmen und Privaten laufen nur mehr elektronisch ab.
- Und der Hauptfaktor:
  Der Klimaschutz verlangt eine weitgehende Elektrifizierung. Raumwärme (Wärmepumpen statt Gaskessel), Mobilität (E-Auto statt Verbrenner) und viele Industrieprozesse müssen umgestellt werden.

WAS SIE SONST NOCH TUN KÖNNEN

- Investieren Sie in Energiesparmaßnahmen, erneuerbare Energie und die zugehörige Infrastruktur.
- Stehen Sie neuer Infrastruktur, die der Energiewende dient, aufgeschlossen gegenüber: »grüne« Kraftwerke (Wind, Solar, Geothermie, Biomasse, Wasserkraft), Strom- und Gasnetze sowie Speichertechnologien, auch wenn keine dieser Technologien ohne negative Auswirkungen ist, und auch wenn sie gerade in Ihrer Nachbarschaft errichtet werden soll.

– Lassen Sie sich nicht zu sehr von Gütesiegeln, Zertifikaten und Nachhaltigkeitsberichten verwirren, suchen Sie sich lieber ein grünes Projekt, an dem Sie selbst aktiv mitwirken.

BEISPIEL: DIE NACHHALTIGE MODE

Anhand der Modeindustrie zeigt sich, wie schwierig es ist, Nachhaltigkeit selbst bei vermeintlich »einfachen« Produkten zu erreichen. Die Textilwirtschaft zählt zu den weltweit wichtigsten Wirtschaftszweigen und ist nach der Lebensmittelindustrie die zweitgrößte Konsumgüterbranche. Jeder sechste arbeitstätige Mensch weltweit ist in der Textil- und Bekleidungsbranche tätig. Heute wird in Europa Kleidung nicht einmal mehr halb so lange getragen wie vor 15 Jahren, der Konsum hat sich dagegen fast verdreifacht, während die Preise für Kleidung immer weiter sinken. »Die Modeindustrie setzt weltweit jährlich 1.300 Mrd. US$ um und produziert etwa 60 Mio. Tonnen Bekleidung. Um die Kleidung herzustellen, werden Chemikalien für den Baumwollanbau, das Färben, Waschen und Behandeln eingesetzt. Kleidung ist für 3% der weltweiten CO_2-Emissionen verantwortlich. 60% aller Bekleidungsstücke enthalten Kunstfasern, 35% des Mikroplastiks im Meer stammt von Textilien. Schweizerinnen und Schweizer haben zum Beispiel im Schnitt 118 Kleidungsstücke im Schrank, kaufen jedes Jahr 60 neue Stücke dazu. 40% ihrer Kleider tragen sie fast nie (0–4-mal). Jedes Jahr werden 6,3 kg Altkleider pro Person weggeworfen.«[16] In Deutschland und Österreich werden sich die Zahlen nicht gewaltig unterscheiden.

Das Schlüsselwort ist »Recycling« und hier im Speziellen »Upcycling«, also das Wiederverwenden der enthaltenen Rohstoffe, um wieder neue, bessere Produkte aus alter Kleidung herzustellen.

Dazu gibt es erste Technologien, aber es fehlt technisch, regulatorisch und organisatorisch noch vieles, um eine gesellschaftsverträgliche und wirtschaftliche Kreislaufwirtschaft herzustellen. Selbst in Staaten wie Deutschland, Österreich oder der Schweiz existiert kein flächendeckendes Recyclingsystem, außer für »gut erhaltene und gepflegte Kleidung«. Die Technologien und Kapazitäten für ein effizientes und wettbewerbsfähiges Sammeln, Sortieren und Recyceln von Textilien fehlen. Erhebliche Investitionen in Forschung, Entwicklung und Umsetzung werden nötig sein für Produktdesign (Design für Recycling), Sortierprozesse, Materialien, Faserherstellung und effiziente Recyclingprozesse. Innovation Hubs ähnlich dem »Dutch Circular Textile Valley« oder dem Innovationsraum »BioTex-Future« in Deutschland sollten gefördert und ausgebaut werden.

Die weltweite Bekleidungs-Recyclingquote beträgt nur 1 %[17], das ist etwa die gleiche Menge, die als Mikroplastik ins Meer geschwemmt wird. Obwohl 95 % der Textilien (theoretisch) recyclingfähig wären, werden nur 12 % in Anwendungen mit geringerem Wert wie Isoliermaterialien und Putzlappen zurückgeführt, der Rest landet auf Deponien oder wird verbrannt.

DIE KLEINEN LÜGEN ZU DEN URSACHEN

Es gibt ein paar Schlagworte, die in kaum einer Diskussion zum Klimawandel fehlen, wie die Kunststoffverpackung, der Kurzstreckenflug, der Grünstrom und der Fleischkonsum.

Gerade zu diesen Themen gibt es viele Falschinformationen. Täglich wird man mit Aussagen zum Klima bombardiert. Es ist nicht leicht, fundierte und gut recherchierte Informationen von Meinungen und Irrtümern auseinanderzuhalten.

KUNSTSTOFFVERPACKUNGEN

2021 wurden im Auftrag der Allianz Versicherung Österreich 1500 Personen befragt, welche Maßnahmen besonders wirkungsvoll für erfolgreichen Klima- und Umweltschutz seien. Mit 83 % hat die Vermeidung von Kunststoffverpackungen und -flaschen »gewonnen«, vor dem Einkauf regionaler und saisonaler Produkte mit 77 %.

Die Verzerrung in der Wahrnehmung ist unglaublich: Tatsächlich aber beträgt der durch Kunststoffverpackungen verursachte Anteil am CO_2 in Deutschland, Österreich und der Schweiz gerade einmal 0,4 %. Die heiß diskutierten Plastikstrohhalme, die in der EU verboten wurden, ergeben nochmals weniger als ein Tausendstel davon. Die Kunststoffverpackung ist also für das Klima nahezu irrelevant, nicht jedoch für die Meeresverschmutzung.

Dieses Unwissen soll aber niemandem vorgeworfen werden. Wer hat schon die Zeit, die Zahlen zu recherchieren, und die Detailkenntnis, um seriöse von unseriösen Aussagen zu unterscheiden.

Verpackungsmaterial verursacht im Lebensmittelbereich etwa 2–7 % der Emissionen, die Verschwendung bzw. Vernichtung von Nahrungsmitteln etwa 40–45 %.

Die Kunststoffhülle sorgt dafür, dass Lebensmittel länger frisch bleiben. Ob Verpackung aus Kunststoff besser oder schlechter für das Klima ist als jene aus Karton oder Papier, hängt von vielen Faktoren ab und lässt sich nicht pauschal beantworten. Wesentlich ist, dass die Energie, die zur Herstellung und zum Transport von Verpackung und den eingesetzten Rohstoffen verwendet wird, erneuerbar ist. Die eingesetzten Rohstoffe müssen weitgehend wiederverwendet werden. Sollte eine stoffliche Wiederverwertung nicht vollständig möglich sein, so dürfen Reststoffe jedenfalls nicht im Meer landen, sondern müssen zumindest energetisch verwertet werden, um daraus Strom und Wärme zu gewinnen.

KURZSTRECKENFLÜGE

In der oben genannten Umfrage von 2021 bezeichneten 55 % umweltbewusstes Reisen und den Verzicht auf Flugreisen sowie die Nutzung öffentlicher Verkehrsmittel als besonders wirkungsvoll bei der Eindämmung von Kohlendioxid. Hält diese Aussage dem Faktencheck stand?

Deutsche Inlandsflüge tragen mit etwa 0,3 % zu den Emissionen auf dem Gebiet der BRD bei. Allerdings haben sich diese Flüge auf kurzen Distanzen in den letzten 15 Jahren um fast ein Viertel verringert und werden aufgrund des Bahnausbaus weiter zurückgehen.

Unter 500 Kilometern ist es bereits heute meist sinnlos, das Flugzeug statt der Bahn zu nehmen. Wenn es gut ausgebaute Hochgeschwindigkeitszugverbindungen gibt wie in Frankreich, Italien oder China, hat sich der Kurzstreckenflug schnell erledigt.

GRÜNSTROM/ÖKOSTROM

In der gleichen Befragung nannten 74 % den Wechsel zu Grün- bzw. Ökostrom als äußerst wirkungsvolle Maßnahme zur Verringerung des CO_2-Ausstoßes. Ist das tatsächlich so?

Wenn Sie Ihren Strom von einem ausgewiesenen Ökostromanbieter beziehen, müssen Sie trotz aller Zertifikate und Labels davon ausgehen, dass der Strom, den Sie während der Nacht, im Winter, bei Windstille oder Niedrigwasserperioden der großen Flüsse beziehen, nicht aus sauberer Energie stammt.

An Fließgewässern schwankt die Stromerzeugung von ca. 35 % in wasserarmen Winterwochen bis zu 100 % in wasserreichen Wochen, Windstrom schwankt großflächig von etwa 10 bis 100 %, Photovoltaik hingegen von 0 bis maximal 100 %, und zwar täglich.

Der Ökostromanbieter ist zwar bilanziell »öko« – er produziert übers Jahr gesehen gleich viel Ökostrom, wie er verkauft –, aber praktisch bedeutet es, dass die Versorgungsschwankungen mit Kohle-,

Gas- oder Atomstrom gedeckt werden müssen. Der Strom, den Sie damit aus der Steckdose beziehen, ist »grau«.

Der Herkunftsnachweis gilt nämlich für den ganzen Strom, den der »Grünstromerzeuger« das Jahr über produziert. Das Zertifikat des »Überschussstroms« vom Sommer macht plötzlich Ihren Winterstrom grün. Wenn der Hersteller ihn nicht selbst produziert, kauft er nur das Zertifikat zu. Bis vor Kurzem waren solche am Markt noch sehr billig zu haben. So können Sie isländischen Ökostrom beziehen, obwohl es von dort gar keine Stromleitung nach Europa gibt. Vom tschechischen Kohlekraftwerk, von dem der Strom hingegen tatsächlich kommt, gibt es die Stromleitung – und aus Island die Post, die Ihrem Anbieter das Zertifikat sendet.

Ähnlich verhält es sich bei den meisten Unternehmen, die behaupten, 100 % erneuerbare Energie einzusetzen – meist gilt das nur »bilanziell«.

Sie können das nicht glauben? Wie könnte dann ein Wind- oder Wasserkraftbetreiber 100 % seines Stroms als grünen Strom verkaufen, wo er doch zuverlässig nur 10 % (bei Wind) oder 35 % (bei Wasserkraft) grünen Strom zu jedem Zeitpunkt liefern kann? Sehen Sie sich die Bilanzen an, es ist keine Raketenwissenschaft, dies herauszufinden.

Erst wenn die starke Nachfrage nach Ökostrom bewirken würde, dass tatsächlich zusätzliche Wasserkraftwerke erbaut werden, dass Speicherkraftwerke errichtet und wirtschaftlich betrieben werden können, dass zu jedem Windpark auch eine Wasserstoff-Elektrolyseanlage und möglichst auch diverse Gasspeicher angelegt werden, dann wäre es mehr gewesen als eine Gewissensberuhigung für Sie oder eine Werbemaßnahme für Ihren Unternehmens-Nachhaltigkeitsbericht. Dafür gibt es aber keinerlei Anhaltspunkte. Diverse »Grünstrom-Label« verpflichten den Anbieter, in innovative Projekte und Maßnahmen, die die Energiewende qualitativ verbessern und beschleunigen, zu investieren. Jedoch käme selbst der größte Ökostromanbieter Deutschlands mit etwa 500 000 Kunden damit gerade mal auf 12 Millionen Euro. Hiermit könnte er 10 Megawatt Windenergie errichten, also ein bis zwei große Windräder pro Jahr. Die Energiewende würde so noch 500 Jahre dauern.

Mit Ökostrom und den sonstigen Gütesiegeln wird vor allem eine Armada an Gütesiegelausstellern, Zertifizierungsstellen, Umwelt-Ratingagenturen, Nachhaltigkeits- und Umweltbeauftragten in

Unternehmen, bei Förderstellen, Beratungsunternehmen, Zertifikathändlern sowie in öffentlichen Institutionen finanziert und ein großes Webebudget bewegt. Die erstellten Ökobilanzen, Nachhaltigkeitsberichte, Gemeinwohl-Ökonomie-Bilanzen, Umweltberichte und Corporate-ESG-Berichte sehen gut aus und sind gut gemeint, bewirken aber – außer gutem Image – recht wenig.

In der Schweiz will man etwa zur Überbrückung der Winter-Stromlücke Gaskraftwerke betreiben. Um das öffentlichkeitsverträglich zu machen, hat man angekündigt, als Ausgleich CO_2-Zertifikate anzukaufen. Dass die Winter-Grünstromzertifikate vorwiegend im Sommer produziert werden, weil es im Winter schlicht zu wenig erneuerbare Energie gibt, weiß kaum jemand.

 Grünstrom-/Ökostromeinkauf ist gut für die Umwelt.

 Nein, es ist fast irrelevant, welchen Strom Sie einkaufen. Gut wäre, wenn der Anteil von Grünstrom im Netz über den ganzen Jahreszyklus weiter steigt. Öko-Label tragen dazu jedoch unter der Wahrnehmungsgrenze bei.

Gibt es Lösungen dafür?

Ja. **Der Handel mit Emissionszertifikaten muss auf viel kleinere Zeiträume heruntergebrochen werden – Stunden statt Jahre –, damit der gewünschte Steuerungseffekt der Zertifikate eintritt.** Über geeignete elektronische Börsen sollte das kein technisches Problem darstellen und der administrative Aufwand überschaubar bleiben.

Erst damit würde sich ein Marktanreiz ergeben, Energiespeicher und »grüne Energieerzeuger« zur Überwindung der »Erneuerbaren-Strom-Lücken« zu errichten und Technologien zu forcieren, die einen dauerhaften Ausstieg aus den fossilen Brennstoffen ermöglichen. Es gäbe wahrscheinlich Zeiträume, in denen Zertifikate damit ein Vielfaches kosten als im Durchschnitt. Wenn die Politik dann nicht in Panik verfällt und den Markt behindert, könnten jedoch gute Lenkungseffekte eintreten. Trotz der mittlerweile stark gestiegenen Preise für Emissionszertifikate sind sie heute noch kein besonderer Treiber für Investitionen. Auch eine stärkere geografische Einschränkung wäre sinnvoll, damit nicht so absurde Beispiele wie isländischer oder norwegischer Strom im Schweizer Strommix auftreten. Dieser hat keine Lenkungseffekte und reduziert kein Gramm CO_2, denn Island und Norwegen würden den Strom sowieso grün produzieren. Es wird keine einzige zusätzliche grüne Energieversorgungsanlage errichtet, nur die Erlöse bei diesen bestehenden Anlagen werden erhöht.

FLEISCH UND LEBENSMITTEL

Jeder weiß heutzutage, dass die Intensivtierhaltung nicht gut ist für die Umwelt, das Tier und letztlich auch nicht für den Menschen. Das sind Rauchen, Alkohol und zu wenig Bewegung auch nicht. Deswegen wird man nicht alles verbieten.

Aber man kann vor allem über die Preise lenkend eingreifen. Gesundes Leben und gesunde Tierhaltung sollen gefördert, das Gegenteil sanktioniert werden. Klare und transparente Regeln und Kosten sind dafür das beste Mittel. Aber sehr schnell ist man hier bei Themen, die nichts mehr mit Klimaschutz zu tun haben, sondern wo es um soziale Fragen geht. Wie leistbar ist Klimaschutz für niedrige Einkommen?

In Europa ist der Pro-Kopf-Fleischkonsum seit 2010 etwa konstant, in den reicheren Ländern eher rückläufig. Weltweit steigt der Fleischkonsum um etwa 2,1 % jährlich.[18] In den letzten 57 Jahren sogar jährlich um 3 %. Jedes Jahr![19] Der Anteil von Geflügel und Schweinefleisch steigt.

Es ist also nicht realistisch, dass bei dem weltweiten Bevölkerungswachstum und dem globalen Wohlstandszuwachs der Fleischkonsum sinken wird, wenn es nicht insgesamt eine starke Verknappung an Lebensmitteln gibt. Positive Klimaauswirkungen aus dieser Quelle sind daher – auch wenn der Anteil an Rindern zurückgeht – nicht zu erwarten.

2.
AUSWIRKUNGEN

Da der Klimawandel eine unvermeidbare Tatsache ist, die uns bis weit in das nächste Jahrhundert begleiten wird, sollten Sie auch wissen, was auf uns zukommt.

Legt man die vier Milliarden Jahre Erdgeschichte auf ein Kalenderjahr um, so ist der Mensch erst in den späten Abendstunden des 31. Dezember entstanden. Eine Minute vor Mitternacht schmolzen die letzten Gletscher der Eiszeit, und vor kaum drei Sekunden entdeckte Christoph Kolumbus Amerika. Der Erde ist das Klima egal – uns Menschen, den Tieren und den Pflanzen kann es nicht egal sein.

Zu behaupten, das Ende der Erde wäre nahe, »nur« weil die Temperatur um ein paar Grad Celsius ansteigen wird, ist falsch. Es bedeutet aber das Ende des Lebens, wie wir es heute kennen.

In diesem Kapitel sind die wichtigsten Erkenntnisse über die Auswirkungen des Klimawandels auf Mensch und Natur zusammengefasst. Einen genaueren Überblick gibt der aktuelle IPCC-Bericht.

MENSCH

MIGRATION

Schon heute flüchten laut UNO jährlich mehr als 26 Millionen Menschen aufgrund von Klimaveränderungen aus ihrer Heimat. Das sind deutlich mehr als durch gewaltsame Konflikte. Der Klimawandel gilt als »Risiko-Multiplikator«, der bereits bestehende Probleme verstärkt und vor allem die Lebensgrundlagen von Menschen in armen Regionen der Erde bedroht. Die Vereinten Nationen[20] rechnen mit über 200 Millionen Klimamigranten bis 2050, der größte Teil davon in Subsahara-Afrika. Es wird sich jedoch vorwiegend um Inlandsmigration handeln. Internationale Migration hat seine Ursachen in der gesamtwirtschaftlichen Verschlechterung der Lebensbedingungen, die indirekt ebenfalls durch den Klimawandel mitverursacht wird.[21]

In Afrika wird sich die Bevölkerungszahl vom Jahr 1950 bis 2050 von 240 Millionen auf 2,5 Milliarden verzehnfacht haben. Ob mit oder ohne Klimawandel: Dass die Nahrungsmittelproduktion, die Wasserressourcen für Lebewesen und Landwirtschaft, die gerechte Ressourcenverteilung und die Deckung der wichtigsten Grundbedürfnisse bei dieser rapiden Entwicklung nicht leicht mithalten können, ist leicht nachzuvollziehen. Dass korrupte Regierungen sowie militärische Eskalationen ihren Beitrag leisten, ebenfalls. Aus der Kombination von Klimawandel und Bevölkerungswachstum ergibt sich daher, dass in den nächsten Jahrzehnten noch viel schlimmere Dürrekatastrophen anstehen als bisher, die immer wieder massive Flüchtlingswellen auslösen werden.

ERNTEAUSFÄLLE UND NAHRUNGSMITTELMANGEL

Der Klimawandel wird darum die Ernährungsunsicherheit, von der heute bereits mehr als zwei Milliarden Menschen betroffen sind, beschleunigen. Die Erwärmung sorgt für geringere Erträge und eine stärkere Belastung unserer Nahrungsmittelsysteme. Schon in den letzten 30 Jahren ist das Ertragspotenzial von Reis, Weizen und Mais um 2–6 % gesunken, obwohl man meinen müsste, dass die Landwirtschaft in dieser Zeit große Fortschritte gemacht hätte. In den Hoheitsgewässern von fast 70 % der Küstenländer ließ sich in den letzten 15 Jahren ein Anstieg der durchschnittlichen Meeresoberflächentemperatur feststellen. Dies spiegelt eine zunehmende Bedrohung der marinen Ernährungssicherheit dieser Länder wider. Weltweit sind 3,3 Milliarden Menschen auf Meeresfrüchte angewiesen.[22]

In weniger als 15 Jahren hat sich die weltweit konsumierte Menge an Fisch um 25 % auf 160 Millionen Tonnen erhöht. Die Meere werden leer gefischt und mit dem Beifang ganze Arten ausgerottet. Fangquoten werden ignoriert, afrikanische Küsten unter Mitwirkung lokaler Regierungen von internationalen Fischereiflotten ausgebeutet, einheimische Fischer fangen nichts mehr.

KRANKHEITEN

Krankheitserreger werden sich aufgrund der Temperaturerhöhung weiterverbreiten. In den dicht besiedelten afrikanischen Regionen werden Krankheiten aufgrund der zunehmenden Bevölkerungsdichte und daraus folgender Effekte mehr Personen betreffen. Großen Einfluss auf hoch entwickelte Länder erwarten Experten aufgrund der westlichen Gesundheitssysteme trotzdem nicht.

NATUR

VERLUST DER BIOLOGISCHEN VIELFALT

Bei 2 °C Erwärmung erwartet IPCC einen Verlust der Artenvielfalt bei Insekten von 18 %, bei Pflanzen von 16 % und bei Wirbeltieren von 8 % sowie ein Verschwinden von 99 % der tropischen Korallenriffe. Die Insektenbiomasse hat in Deutschland in den letzten 30 Jahren um 75 % abgenommen.

Die erwarteten 3–4 °C Temperaturerhöhung bis zum Ende des Jahrhunderts werden noch viel dramatischer in die Artenvielfalt eingreifen und erdgeschichtlich ein Massensterben auslösen. Dies dürfte vielen von uns gar nicht besonders auffallen, weil es »ohnehin« nur Arten sind, die wir kaum kennen und mit denen wir nichts zu tun haben. Dass damit aber ganze Nahrungsmittelkreisläufe zusammenbrechen, werden wir alle bemerken.

HITZEWELLEN, AUSBREITUNG VON DÜRREZONEN UND WALDBRÄNDE

Bei 2 °C Erwärmung sind 28 % der Weltbevölkerung mindestens alle 20 Jahre einmal extremen Hitzewellen ausgesetzt, bei 3 °C liegt man schon nahe bei der Hälfte der Weltbevölkerung.

2020 wurden Temperaturrekorde in der Arktis und der Antarktis erzielt: Die seit 1885 betriebene meteorologische Beobachtungsstation in Werchojansk, 115 Kilometer nördlich des Polarkreises, meldete am 20. Juni 2020 38 °C, in der Antarktis wurden 18,3 °C gemessen, im US-amerikanischen Death Valley 54,4 °C und auf Sizilien 2021 48,8 °C.

Waldbrände in der sibirischen Taiga, den borealen Nadelwäldern, werden heftiger, ebenso in den USA und weltweit. 2021 war ein »Feuersommer«, der seine prominentesten Schauplätze in Kalifornien, im westlichen Kanada, in Sibirien, Griechenland, der Türkei, Australien, in Spanien und im Amazonas hatte. Dadurch gelangen mehrere Milliarden Tonnen CO_2 in die Atmosphäre. Ein Kreislauf, der sich selbst verstärkt, solange der Wald nicht nachwächst. Die erhöhten Temperaturen verstärken die Intensität und das Ausmaß der Waldbrände. Eine Studie der PNAS[23] behauptet, dass die Hälfte der

1984–2015 im US-amerikanischen Westen verbrannten Fläche auf den Klimawandel zurückzuführen sei und dass die von Waldbränden betroffene Fläche von 1984 bis 2020 um das Elffache zugenommen habe, von jährlich unter 0,1 % der Gesamtwaldfläche auf etwa 1 %.

Die Entwicklung wird sich fortsetzen und sich auch in höhergelegene Regionen ausweiten. Keine gute Neuigkeit für Hausbesitzer und Landwirtschaft. Neben Feuerwehren werden Biologen und Forstwirtschaft gefordert sein, genauso wie Raumplaner und viele andere.

Die Temperaturen in Zürich werden so sein wie jene in Turin heute, die Temperaturen in Wien wie jene Mailands und auch Berlin wird eine »südliche Metropole« werden.

WETTEREXTREME

Hurrikans und Tornados werden häufiger und stärker, die Niederschlagsmengen, die in kurzer Zeit Landstriche treffen, höher. Waldbrände, Hangrutschungen und Felsstürze nehmen zu, weltweit. Baulicher Schutz und Vorsorgemaßnahmen haben dafür gesorgt, dass die Anzahl der durch Naturkatastrophen getöteten Menschen im Verlauf der letzten 100 Jahre trotzdem stetig abgenommen hat. Schutz wirkt.

MEERESSPIEGELANSTIEG

Die Schätzungen für den Anstieg des Meeresspiegels gehen zwischen den verschiedenen Quellen beachtlich auseinander. Für die in Paris »geträumte« Erderwärmung um 2 °C schätzt das IPCC bis 2100 einen Anstieg um 0,6–1,3 Meter.

Wenn man von den Auswirkungen des steigenden Meeresspiegels spricht, denkt man zuerst oft an die Niederlande, die Malediven oder an Bangladesch. Man übersieht leicht, dass viel mehr Regionen bedroht sind:

– Bei einer Erwärmung um 2 °C sind weltweit etwa 130 Millionen Menschen betroffen, bei einer Erwärmung um 4 °C bis zu 760, in Deutschland 1,3–3,5 Millionen. Das Hochwasserrisiko erhöht sich um ein Vielfaches.

- In Europa wird es vorwiegend die Niederlande, Belgien, Norddeutschland, Dänemark und das östliche Großbritannien betreffen. Dämme müssen erhöht und befestigt werden. Ab einer gewissen Höhe werden die Dämme nicht mehr ausreichen und Land muss aufgegeben werden.
- Städte wie New Orleans sind bereits dem Untergang geweiht, ein geringfügiger Anstieg des Meeresspiegels in Kombination mit Hurrikans und Sturmfluten reicht dafür aus.
- Die Philippinen, bestehend aus mehr als 1000 Inseln, sind bereits heute bedroht. Viele Millionen Menschen müssten umgesiedelt werden.
- Inseln im Pazifik werden versinken, Kleinstaaten dort könnten komplett verschwinden.

Zwei Dinge sind gewiss: Die Folgekosten des Meeresspiegelanstiegs abzuschätzen, ist fast unmöglich, und die arme Bevölkerung ist immer stärker betroffen, da sie sich eine Umsiedlung nicht leisten kann.

Die Umsiedlung von Städten ist auch in reichen Regionen kaum leistbar. Manche Bereiche wird man mit baulichen Maßnahmen schützen können, andere hingegen aufgeben müssen. Steigt der Meeresspiegel an, erodieren Küsten, versalzen Felder oder taut der Permafrost auf, fällt für viele Menschen die Lebensgrundlage weg und sie müssen wegziehen.

ABSINKEN DES GRUNDWASSERSPIEGELS

Der absinkende Grundwasserspiegel, der sich in vielen Regionen der Welt beobachten lässt, ist üblicherweise kein direkter Effekt des Klimawandels, sondern oft das Ergebnis von zu starker oder falscher landwirtschaftlicher Nutzung. Die Auswirkungen werden durch den Klimawandel und die erhöhten Temperaturen verstärkt, ebenso intensiviert sich durch die gestiegenen Temperaturen der Bedarf an Wasser. Dieser Kreislauf führt zur weiteren Reduzierung unseres Lebensraums und stellt ein zusätzliches Risiko für die Lebensmittelversorgung dar.

ABSCHMELZEN DER EISMASSEN UND GLETSCHERSCHMELZE

Gletscherschmelze: Bei 1,5 °C sind im Jahr 2100 50 % der Gletschermasse von 2015 abgeschmolzen, bei 2 °C 60 %.[24]

Ein globaler Temperaturanstieg um 3–4 °C wird sich im Alpenraum mit vielleicht 5–7 °C auswirken. Damit verschieben sich die Null-Grad-Grenze sowie insgesamt die Temperatur am Berg um weitere 600–900 Höhenmeter nach oben. Betrachtet man die Lage der Gletscher heute, ist davon auszugehen, dass in den Alpen nur mehr sehr wenige Gletscher bestehen bleiben.

Für die Arktis erwartet das IPCC bei 2 °C Anstieg bereits alle zehn Jahre einen eisfreien Sommer.

PH-WERT-ABSENKUNG DES MEERES

Der pH-Wert ist ein Maß dafür, wie »sauer« oder »basisch« eine Flüssigkeit ist. Normales Wasser hat einen pH-Wert von 7 und ist damit »neutral«. Meerwasser ist leicht basisch mit einem pH-Wert von knapp über 8. Durch die Aufnahme von CO_2 aus der Atmosphäre »versauert« das Meer, der pH-Wert nimmt ab.

Von den Hunderten Milliarden Tonnen Kohlendioxid, die in die Atmosphäre emittiert wurden, haben die Meere etwa 30 % aufgenommen[25], was den pH-Wert um etwa 0,1–0,15 gesenkt hat. Für das Ende des 21. Jahrhunderts wird mit einer weiteren Absenkung des pH-Wertes um 0,2–0,4 gerechnet.

Die Folge ist, dass immer mehr kalkbildende Organismen (Korallen, Seeigel, Seesterne und Muscheln) in untersättigte Schichten geraten, wo ihre Kalkschalen durch Auflösung gefährdet sind.

KIPPPUNKTE UND KLIMAKATASTROPHEN

Ein Kipppunkt ist eine kritische Schwelle, bei deren Überschreiten sich ein System neu organisiert. Derartige, oft abrupte Prozesse sind häufig selbstverstärkend und kaum umkehrbar. Verglichen mit den vorigen Verhältnissen, wird der »neue stabile Zustand« für den Menschen wahrscheinlich lebensfeindlich sein oder von Nachteil für seine gewohnte Lebensweise.

Wissenschaftliche Belege für globale Klimakipppunkte lassen sich heute noch schwer finden. Sie hängen sehr stark von den angenommenen Szenarien und den zugrundeliegenden Thesen ab. Genaue Vorhersagen sind schwierig, weil das System Klima im Zusammenspiel mit der sich wandelnden Vegetation, den sich ändernden Eigenschaften des Meeres und des Wasserdampfes in der Atmosphäre derzeit einfach zu komplex für zuverlässige Langzeit-Rechenmodelle ist.

Globale Kipppunkte werden in der öffentlichen Diskussion häufig dazu verwendet, um auf die Dringlichkeit des Klimaproblems hinzuweisen. Angst und Panik zu schüren und Weltuntergangsszenarien zu beschwören, sollte sich die Temperatur um 2, 3 oder 4 °C erhöhen, wäre unseriös, dennoch sind die Szenarien ernst zu nehmen.

Der IPCC-Report besagt, dass die Herstellung des Zusammenhanges zwischen spezifischen Temperaturerhöhungen und den Kipppunkten »herausfordernd« ist, also vereinfacht gesagt derzeit nicht ausreichend belegt werden kann und bezweifelt wird, da die Klimamodelle dazu einfach noch zu unsicher sind. Klar ist aber, dass sich die Wahrscheinlichkeit des Auftretens von Kipppunkten erhöht, je weiter sich die Erde erwärmt. Das Überschreiten eines derartigen Kipppunktes im 21. Jahrhundert lässt sich aus den derzeitigen Modellen jedenfalls kaum ableiten.

Regionale Kipppunkte könnten jedoch überschritten werden. Das kann die Ausbreitung von Wüsten und Trockengebieten oder das Verschwinden von Inseln und Küstengebieten betreffen. Die arktische Eisschmelze sowie das Verschwinden der alpinen Gletscher werden passieren. Man ist sich aber mit hoher Zuverlässigkeit sicher, dass dies keinen globalen Kipppunkt darstellt.

Für die antarktische Eisschmelze erwartet man, dass es einen Kipppunkt geben könnte, wenngleich noch nicht klar ist, wo dieser liegen wird – man denkt aber in Zeiträumen von mehreren 100 Jahren.

Das stellt keine Entwarnung dar, aber es gibt derzeit auch keinen Anlass, zu glauben, dass die Menschheit zum Ende des Jahrhunderts untergehen wird oder sie das Klima so zerstört hat, dass ein Weiterleben nur mehr sehr schwierig möglich wäre. Panik wäre der falsche Ratgeber, und Angstmache mit Kipppunkten ist häufig die Ursache für Klimaangst, Klimapanik sowie Endzeitstimmung bei Jugendlichen.

Mögliche Kipppunkte und Theorien:

Auftauen der Permafrostböden
Tauen Permafrostböden auf, entweicht das im Boden gebundene Treibhausgas Methan.
Rund ein Sechstel der Erdoberfläche gilt als Dauerfrostboden. Es ist also nicht nur Sibirien betroffen, sondern umfasst allein auf der Nordhalbkugel auch Kanada, Grönland, Russland bis fast zur Mongolei, Skandinavien und viele alpine Regionen.
Der gefrorene Boden reicht manchmal bis in eine Tiefe von mehr als einem Kilometer, mitunter sind es auch nur wenige Meter. Er besteht aus Gestein, Sedimenten, Erde und Eis und man kann ihn sich wie eine riesige Tiefkühltruhe vorstellen, in der die Überreste von Pflanzen und Tieren seit Jahrtausenden konserviert werden. Taut dieser »Eisschrank« auf, setzt er beim Zerfall der organischen Materialien viel Methan und CO_2 frei. Schätzungen gehen von einer gespeicherten Menge an Kohlenstoff aus, die zweimal so groß ist wie jene, die derzeit in der Atmosphäre enthalten ist. Für einen Kipppunkt-Effekt reichen die in den nächsten Jahrzehnten und Jahrhunderten freigesetzten Mengen nicht aus, sie könnten jedoch die Erderwärmung um 0,1–0,3 °C verstärken.[26]

Methanfreisetzung aus Ozeansedimenten
Eine Erwärmung des Meerwassers könnte die eisartigen Methanhydrate im Ozeanboden zerfallen lassen und zur Emission großer Mengen von Methan führen. Die angenommenen Prozesse laufen jedoch sehr langsam ab, auch eine Durchwärmung des Meeres bis zum Boden ist im Zeitraum von Jahrzehnten unwahrscheinlich. Es handelt sich damit eher um eine theoretische Möglichkeit, die man in Betracht ziehen muss, sollte die Menschheit auch in den nächsten 200–500 Jahren nichts gegen den Klimawandel unternehmen.

Albedo und arktisches Meereis
Schnee und Eis haben eine hohe Albedo (Rückstrahlvermögen des Sonnenlichtes) von bis zu 90 %. Dementsprechend gering ist die Absorption der einfallenden Sonnenenergie. Wasser und Boden absorbieren hingegen 80–90 % und heizen sich dadurch auf. Wenn also Schnee oder Eis abschmelzen, wird mehr Land- oder Wasserfläche frei, was wiederum die Wärmeaufnahme erhöht und sich so weiter

verstärkt. Derzeit ist ein Rückgang der dauerhaft eisbedeckten Flächen zu beobachten (Gletscher, Arktis, Antarktis).

Grönland-Eismassen und Veränderung des Golfstroms

Das Grönlandeis hat eine Dicke von bis zu 3000 Metern. Das vollständige Abschmelzen würde mehrere Jahrhunderte dauern. Es gibt verschiedene Vorstellungen, wie sich das Abschmelzen weiterentwickelt. Eine davon besagt, dass es sich beschleunigen wird, da die Schnee- und Eismassen durch das Abschmelzen in tiefere und wärmere Luftschichten vordringen. Dies bewirkt eine Rückkopplung, die sich immer weiter verstärkt und somit einen Kipppunkt darstellen kann. Zusammen mit dem Süßwassereintrag und dem Wärmegradienten verlangsamt sich der Golfstrom, was das gesamte Klima zum Kippen bringt. Die Abschwächung des Golfstroms auf den niedrigsten Wert seit 1600 Jahren kann angeblich schon gemessen werden, bis 2100 erwarten Wissenschaftler weitere 30–40 % Abschwächung. Wo ein möglicher Kipppunkt liegt, weiß heute niemand.

pH-Wert-Veränderung des Meeres

Steigender pH-Wert → CO_2-Ausstoß: Die Ozeane haben bisher etwa ein Drittel der CO_2-Emissionen des Menschen aufgenommen. Wenn nun Schmelzwasser aus Arktis und Antarktis zufließt, wird der pH-Wert wieder steigen und das in den Jahren zuvor aufgenommene CO_2 wieder an die Atmosphäre abgegeben, der Teufelskreis verstärkt sich.

Entwaldung

Die Rodung tropischer Regenwälder, des Amazonas und der borealen Wälder erhöht die Temperatur weiter, was wiederum zur fortschreitenden Verminderung von Waldflächen führt. Recht unbemerkt von der Öffentlichkeit hat übrigens in den Jahren 2010–2020 Afrika jährlich um 50 % mehr Waldfläche verloren als Südamerika, jedoch nahm die Abholzung in Brasilien 2019–2022 stark zu.

WIRTSCHAFTLICHE CHANCEN UND RISIKEN

INFRASTRUKTUR UND INNOVATION

Noch wird der Markt unterschätzt, der sich durch die Energiewende auftut, der »Hype« beginnt jetzt. Die Energiewende dürfte einen wesentlichen Teil der Wirtschaft der Industrieländer langfristig verändern und einen Infrastruktur-Investitionsschub erfordern, wie es ihn bisher wahrscheinlich noch nie gegeben hat. Sie wird die Energieabhängigkeiten und das politische Gewicht der Regionen dauerhaft verschieben.

In den nächsten 20 Jahren werden Hunderte Milliarden Euro investiert in die Errichtung von Energieinfrastruktur, von elektrischen und Gastransportnetzen, von Windkraft- und Solaranlagen, schwimmenden Plattformen auf dem Meer, Elektrolyseuren, Gasspeichern, einem Wasserstoff-Backbone quer durch Europa, von CO_2-Abscheideanlagen, Gaskraftwerken, neuen Mobilitätslösungen im Pkw- und Lkw-Verkehr und synthetischen Kraftstoffen, in die Entwicklung und Produktion von Batterien und Brennstoffzellen, in neue Industrieprozesse und in viele andere Bereiche beginnend mit der Landwirtschaft und Lebensmittelproduktion bis hin zur dezentralen Energieversorgung, zu Solaranlagen, Gleichrichtern, Wärmepumpen, Fernwärme, Heizen im privaten und öffentlichen Bereich, zu Wärmedämmung und energieeffizientem Bauen.

Teure Energie ist seit 2022/23 keine Neuigkeit mehr. Energie wird auch aufgrund der Energiewende teuer bleiben. Wenn Europa es aber schafft, einen großen Teil der Wertschöpfung aus der Errichtung und dem Betrieb der neuen Infrastruktur hier zu halten, wird es langfristig auch ein wirtschaftlicher Erfolg werden. Unser Kontinent hat eine starke industrielle Basis, liegt jedoch im Bereich vieler Zukunftstechnologien weit hinter China und den USA zurück. Eine der größten Herausforderungen ist dabei, die Rahmenbedingungen so zu gestalten, dass Märkte nicht dauerhaft verzerrt werden, aber dennoch Innovation in Europa geschieht und sich neue Geschäftsmodelle von hier aus in die Welt entwickeln können – mit europäischen Weltmarktführern.

POSITIVE AUSWIRKUNGEN DES KLIMAWANDELS

Bei all dem Schatten auch Licht zu finden, fällt nicht leicht. Die Liste der positiven Argumente ist kurz. Es bleibt jedem selbst überlassen, die gewinnbringenden Auswirkungen und Chancen des Klimawandels den Verlusten und Risiken gegenüberzustellen:

- Das Auftauen der Permafrostböden schafft neue landwirtschaftliche Flächen, Rohstoffe werden zugänglich, Natur und Landwirtschaft in höheren Breitengraden erhalten insgesamt eine längere Vegetationszeit.
- Das Schmelzen des arktischen Eisschildes macht künftig die Schifffahrt in der Arktis auch für Frachtschiffe möglich. Die Passage erlaubt, Waren mit weniger Energieeinsatz von Asien nach Europa oder Nordamerika zu transportieren, und kann sicherer sein, als durch politisch umstrittene Gewässer zu fahren.
- Der Anstieg der mittleren Temperaturen wird den Energiebedarf fürs Heizen in den nördlichen Ländern senken.
- Das Schmelzen des Eisschildes der Arktis und der Antarktis macht Rohstoffe zugänglich.

Die Bedeutung der Arktis

China, Russland und die USA versuchen, die Arktis für sich zu nutzen. China hat ein Weißbuch über die chinesische arktische Seidenstraße veröffentlicht. Es verfolgt massive Militär- und Rohstoffinteressen in der Arktis, ebenso wie Russland. China versucht mit allen Mitteln, Land und Häfen zu erwerben, ist Großinvestor auf der russischen Jamal-Halbinsel und besitzt 30 % am Jamal LNG Terminal. Die Arktis-Schiffspassage spart 15 Tage gegenüber der Suez-Route. Die neue russisch-chinesische Freundschaft erleichtert den Zugang. Chinesische Großinvestitionen in Alaska wurden erst im letzten Moment durch die US-Regierung gestoppt. China nutzt zivile Forschung als Vorwand für militärische Aktivitäten. Für China ist es leichter, ein arktisches Land zu »kaufen«, als eine militärische Invasion durchzuführen. Grönland bietet reichen Zugang zu »Seltenen Erden«. Nicht umsonst hat Donald Trump angefragt, Grönland zu kaufen.

Europäische Investitionen in den arktischen Regionen fehlen nahezu komplett, dabei sind fünf der acht Arktis-Anrainerstaaten EU-, EWR- bzw. EFTA-Mitglieder. Trotzdem spielen die USA, Russland und China eine viel größere Rolle als die EU. Letztere sollte, um die Oberhand zu behalten, jährliche Investitionen von 25 Milliarden Euro in den arktischen Ländern beschließen.

ARBEITSPLÄTZE, INVESTITIONEN UND TECHNOLOGIEFÜHRERSCHAFT

Der Energiewandel wird Auswirkungen auf Arbeitsplätze haben. 40–60 % der Jugendlichen wünschen sich, in einem grünen Job tätig zu sein.[27] In Politikerreden hören wir oft von der deutschen Technologieführerschaft bei den grünen Technologien. Und von den vielen grünen Jobs, die es schon gibt und die geschaffen werden sollen.

Der allergrößte Teil solcher Green Jobs hat entweder mit Müllentsorgung, Wasser- und Abwasserbehandlung, öffentlichem Verkehr und Forstwirtschaft zu tun und nur sehr wenig mit den modernen Technologien wie Windkraft, Solarenergie, Geothermie oder modernen Heizungssystemen. Berufe mit hohem Qualifikationsniveau können ebenso dazugehören wie Lehrberufe oder Hilfsarbeiten.

5 % der Arbeitsplätze (in Vollzeitäquivalenten) in Deutschland, Österreich und der Schweiz sind grün.[28] Die Umweltwirtschaft in Österreich erzielte damit etwa 10 % des Bruttoinlandsproduktes. Das Management der Energieressourcen dominiert dabei, unter anderem sind die Produktion erneuerbarer Energien und Energieeinsparungsmaßnahmen darin enthalten.

Soll der Umbau funktionieren, muss noch viel in die Ausbildung neuer Arbeitskräfte investiert werden. Schon 2020 merkte man, dass es einen deutlichen Mangel an Arbeitskräften in für die

Energiewende wesentlichen Bereichen gab, zum Beispiel im Hoch-
und Tiefbau, bei IT, Maschinenbau, Elektrotechnik, Wasserwirt-
schaft und den spezifischen erneuerbaren Technologien.
Die wahren »Grünen« sind heute die Handwerker, Monteure,
Planer und technischen Fachleute, denn an ihnen liegt es, die Energiewende umzusetzen. Es darf bezweifelt werden, dass in den nächsten Jahren ausreichend Personal verfügbar sein wird, um Investiti-
onsprojekte in der dafür jährlich erforderlichen Größenordnung
durchzuführen.

TOURISMUS

Auch wenn Wintertourismus weltweit keine relevante Bedeutung hat, betrifft er doch die Schweiz, Österreich und Süddeutschland
wirtschaftlich: Bei einem Anstieg von 2 °C und mehr erwartet man
in Höhenlagen bis 2000 Meter jährlich um 20 bis 80 Tage weniger
mit Schneedecke, bei 3–4 °C umso weniger.

Auf den Bergen wird es weiterhin im Sommer kühler sein als
im Tal. Der Tourismus wird also nicht aussterben, vielleicht kommen auch Touristen hinzu, die der Hitze entfliehen. Aber dass es in
den Alpen in 50 Jahren noch viele Skigebiete geben wird, darf bezweifelt werden.

3.
GESELLSCHAFT

DIE 1,5 °C-LÜGE

»Das Pariser 1,5 °C-Ziel ist erreichbar. Wir können den Klimawandel stoppen, wenn wir es nur wollen« – sicherlich haben Sie diese optimistische Botschaft schon gehört.

1990 wurden weltweit 12 % der Energie aus erneuerbaren Quellen hergestellt. Heute, mehr als 30 Jahre später, sind es nur 14 %. Das ist kein großer Fortschritt in einer ganzen Generation. Es bedeutet, dass mehr als 86 %, also mehr als fünf Sechstel der gesamten Erzeugung, aus fossilen Brennstoffen (Kohle, Erdöl und -gas) und aus Atomkraft stammen. Zu erwarten, dass wir in den nächsten 30 Jahren von 14 % auf 100 % kommen, ist unrealistisch. Also, ist das 1,5 °C-Ziel erreichbar? Die nüchterne Antwort darauf lautet:

Nein, wir <u>werden</u> weder das 1,5 °C- noch das 2 °C-Ziel erreichen.

Das ist keine schwierige Prognose und hat nichts mit Pessimismus oder einem Mangel an Visionen zu tun. Es ist die Konsequenz aus natürlichen, technischen, politischen und wirtschaftlichen Rahmenbedingungen, die sich nicht in der Geschwindigkeit verändern, die dafür erforderlich wäre, um nahezu 100 % der Energieerzeugung, der Mobilität, der industriellen Prozesse, der Heizung und Kühlung auf erneuerbare Energien umzustellen.

Nein, wir <u>können</u> weder das 1,5 °C- noch das 2 °C-Ziel erreichen.

Bis 2030 ist das CO_2-Budget für das Erreichen des 1,5 °C-Ziels komplett aufgebraucht. Für das 2 °C-Ziel sind es etwa 15 Jahre mehr.

Die Geschwindigkeit der Änderungen, die erforderlich wäre, ist nicht möglich. Selbst wenn jene Versprechen, die bei den letzten Klimakonferenzen zur Höhe der CO_2-Einsparung von den Staaten abgegeben wurden, eingehalten werden, sagt das IPCC eine Erwärmung um 2,7 °C bis zum Jahr 2100 voraus. Und dass die Versprechen eingehalten werden, scheint unwahrscheinlich.

Allein der Zuwachs an Emissionen in den Schwellen- und Entwicklungsländern wird größer sein als die Reduktionen in den entwickelten Volkswirtschaften. 2050 werden wir also weltweit nicht auf Null-Emission liegen, sondern gerade den Emission Peak[29] hinter uns gelassen haben. Früher als zwischen 2070 und 2100 wird der Klimawandel daher nicht gestoppt werden können, und auch dann nur, wenn wir es schaffen, die komplette Welt inklusive der klimapolitischen Schwergewichte China, Indien und Russland davon zu überzeugen, es Europa gleichzutun.

Es wäre äußerst naiv, zu glauben, dass die fossilen Brennstoffe vom Markt verschwinden, nur weil Europa sie nicht mehr kauft. Die oben angeführten Länder – insbesondere Indien und China – werden den günstigeren Marktpreis für die Rohstoffe gerne annehmen, um ihre Wirtschaften weiter zu stärken, so wie es 2022/23 zu beobachten war.

Auch wenn wir alle Maßnahmen am Weg zum 1,5 °C- oder 2 °C-Ziel einhalten, muss die komplette Infrastruktur dafür erst aufgebaut werden. Rohstoffressourcen und Fachkräftemangel sind hier noch die kleineren Hindernisse. Da CO_2-Emissionen nicht nur aus dem Betrieb stammen, sondern auch aus der Errichtung der Infrastruktur, dem Bau der Windanlagen und Elektroautos und kurzfristig sehr viel errichtet werden muss, wird es mehrere Jahre dauern, bis man eine Nettoeinsparung für die gesamte Lieferkette erreicht. Oder glauben Sie, dass das Elektroauto, das Windrad, der Elektrolyseur oder die Hochspannungsleitung ab dem ersten Tag klimaneutral ist?

Der Widerstand gegen den Aufbau der erforderlichen Infrastruktur ist viel zu groß, als dass er in den nächsten 20–30 Jahren bewerkstelligt werden kann. Stromnetzausbauten wie Hochspannungs-Gleichstromübertragungen oder 380 kV-Hochspannungsleitungen benötigen aufgrund der Auswirkungen und der Einspruchsmöglichkeiten mehrere Jahrzehnte an Genehmigungs- und Errichtungszeit. Ähnliches gilt für den weiteren Ausbau von Onshore-Windkraft, Freiflächen-Photovoltaik, Wasserkraft, Wasserkraftspeichern und sonstiger Infrastruktur, die mit freiem Auge sichtbar ist oder bei der Artenschutz- bzw. Naturschutz-Einwendungen erfolgen können.

Auch Sanierungs- und Effizienzmaßnahmen im Bestandsgebäudebereich sind nur langfristig umsetzbar. Nicht zuletzt ist noch vollkommen unklar, wie die Investitionen dafür aufgebracht werden können. Der Industriebereich benötigt ebenfalls weitreichende Umstellungen. In allen Sektoren werden Investitionen zum größten Teil erst am planmäßigen Ende der wirtschaftlichen Lebensdauer der ursprünglichen Anlagen getätigt werden, weil es sonst für die Betreiber eine immense Kapitalvernichtung wäre, die wahrscheinlich aus öffentlichen Geldern ausgeglichen werden müsste.

Die IEA schreibt: Wenn weltweit das Ziel der Klimaneutralität im Jahr 2050 erreicht werden solle, dürften ab sofort keine Investitionen mehr in neue Erdöl-, -gas- und Kohlefelder sowie -kraftwerke fließen. Vor allem in Asien passiert das Gegenteil.

In Deutschland wurden 2020 etwa 45 % des Stroms aus erneuerbaren Quellen erzeugt.[30] Bezieht man jedoch den gesamten Primärenergieeinsatz ein – also auch Benzin, Diesel, Heizöl, Erdgas für Verkehr, Industrie und Wohnen –, liegt man nur mehr bei etwa 19 % Anteil der Erneuerbaren. Das heißt, dass heute 81 % jener Energie, die in Deutschland verbraucht wird, aus nicht erneuerbaren Quellen stammen. Das liegt im europaweiten Durchschnitt: Fast alle Länder beziehen zwischen 70 und 90 % ihrer Primärenergie aus Öl, Gas, Kohle und Atomkraft!

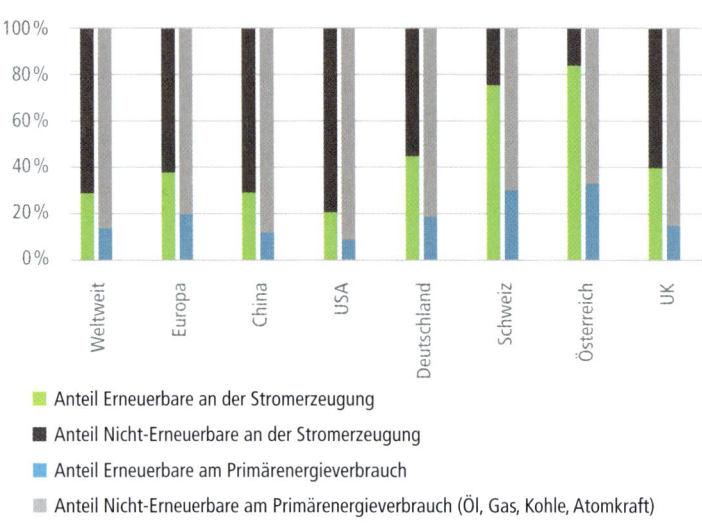

Grafik 6: Anteil erneuerbarer Energie in ausgewählten Ländern (2019/2020)[31]

■ Anteil Erneuerbare an der Stromerzeugung
■ Anteil Nicht-Erneuerbare an der Stromerzeugung
■ Anteil Erneuerbare am Primärenergieverbrauch
■ Anteil Nicht-Erneuerbare am Primärenergieverbrauch (Öl, Gas, Kohle, Atomkraft)

WIR VERPASSEN 1,5 °C – IST DAS DER WELTUNTERGANG?

Die Welt wird nicht untergehen, und wir werden nicht die letzte, vorletzte oder vorvorletzte Generation auf diesem Planeten sein. Aber die Erde wird sich in vielen Regionen in einen lebensfeindlicheren Planeten verwandeln. Lebensräume für Menschen und Tiere werden sich verändern und verloren gehen. Wir werden uns anpassen müssen, und wir werden unsere Lebensräume anpassen müssen. Nicht überall wird es möglich sein, und nicht jeder wird das können.

Wir werden lernen müssen, mit dem Klimawandel zu leben. Wir werden mit baulichen Maßnahmen, mit veränderter Flächennutzung, mit der Umgestaltung der Pflanzenwelt und vor allem mit einem viel schonenderen Umgang mit der Natur und den Ressourcen darauf reagieren müssen. Am stärksten wird sich die Art der Energieherstellung und der -verwendung ändern müssen.

Wenn wir Glück haben, lässt sich das Fortschreiten des Klimawandels bis zum Ende des Jahrhunderts stoppen. Um wie viel Grad es dann schon wärmer ist, kann niemand genau sagen. Ob wir in 150 oder erst in 200 Jahren zu einem ähnlichen Klima wie heute zurückkehren, weiß ebenfalls niemand. Sollten wir 2100 treibhausgasneutral sein, so dauerte es noch immer viele Jahrzehnte, bis ein Großteil des CO_2 abgebaut und wir wieder auf dem Niveau von heute angelangt wären.

DAS ALLMENDE-PROBLEM

»Allmende« ist ein landwirtschaftlicher Begriff, der gemeinschaftlich unentgeltlich genutzte Flächen bezeichnet. Im Alpenraum gibt es so etwas heute noch vereinzelt.

Es meint ein Allgemeingut, das von allen unentgeltlich genutzt werden kann. Da auch Allgemeingüter begrenzt verfügbare Güter sind, funktioniert das nur, solange sichergestellt ist, dass sich die genutzten Flächen von selbst wieder regenerieren können und niemand eine exzessive Nutzung zuungunsten anderer betreibt. Somit wird daraus das Allmende-Problem (das Allgemeingut-Problem).

Allmendegüter sind zum Beispiel:

– Luft und Atmosphäre, solange sie sich von selbst regenerieren.
– Das Meer, solange so wenig gefischt wird, dass der Bestand nachwachsen kann.
– Das Grasland in der Mongolei – solange nicht zu viele Schafe verhindern, dass es nachwächst.

Leider ist der Mensch kein besonders soziales Wesen, wenn er jene, die er begünstigen soll, oft gar nicht kennt. Frei verfügbare, aber begrenzte Ressourcen werden daher eigennützig genutzt und sind durch Übernutzung bedroht, was damit auch die Nutzer selbst gefährdet.

Mit unserer Atmosphäre passiert genau das: Sie wird überbeansprucht. Doch so wie die Nutzung unentgeltlich ist, wird auch jeder Beitrag zur Klimaverbesserung nicht abgegolten. Jeder Wirtschaftsstudent im ersten Semester lernt, dass unter solchen Bedingungen normalerweise niemand einen Beitrag leistet, sondern jeder darauf wartet, dass ein anderer sich diese Mühe macht.

»Trittbrettfahren« ist die rationale Maxime im Klimaschutz. Nationale CO_2-Vermeidung ist teuer und führt zu Nachteilen im internationalen Wettbewerb, daher überlassen die meisten Länder die Klimaanstrengungen lieber den anderen.

TRITTBRETTFAHRER DER ENERGIEWENDE

Es ist ein Teufelskreis. Nach der Spieltheorie müssten eigentlich alle abwarten, bis der andere beginnt, etwas zu tun. Denn (wirtschaftlicher) Verlierer ist jener, der sich als Erster bewegt. Nur wenn viel gegenseitiges Vertrauen besteht, dass der andere nicht ausnützt oder betrügt, werden alle agieren.

Die Energiewende hat nur geringen Einfluss auf die internationale Wettbewerbsfähigkeit und das Überleben der energieintensiven Industrien.

Nein, es wird einige Industrien geben, die aufgrund der erhöhten Energiepreise absiedeln müssen. Energieintensive Produktionen werden dorthin abwandern, wo Energie günstig ist.

Das Null-Emissionsziel sollte für alle gelten, doch sowohl die wirtschaftlichen Voraussetzungen, die derzeitigen Pro-Kopf-Emissionen als auch die Betroffenheit von den Auswirkungen des Klimawandels sind von Land zu Land sehr verschieden.

Wie kann nun dieses Vertrauen geschaffen werden? Die Klimawandel-Vorreiter-Wirtschaftsräume bilden den Klimaclub. Clubmitglieder nehmen Kosten in Kauf, überwachen sich gegenseitig und bestrafen die Nicht-Clubmitglieder. CO_2-Preise und der CO_2-Grenzausgleich als »Strafe« wären probate Mittel. Eine Schwierigkeit ist, Strafen international gegen die Welthandelsvereinbarungen (WTO) durchzusetzen und Vergeltungsmaßnahmen der Nicht-Mitglieder zu vermeiden.

Leider ist die Idee des Klimaclubs schon gescheitert, bevor sie richtig begonnen hat. Während des Klimagipfels in Glasgow 2021 hatten die USA und China publicitywirksam verkündet, in vertiefte Klimaverhandlungen einzutreten. 2022 hat sich jedoch herauskristallisiert, dass die USA nicht zu CO_2-Steuern bereit sind und China jedes außenpolitische Problem – in diesem Fall die Taiwanpolitik der USA – sofort zum Anlass nimmt, die Verhandlungen einzustellen. Dies zeigt ganz klar, dass China wenig eigenes Interesse an der Energiewende hat, sondern eigene Beiträge zum Klimaschutz als Faustpfand gegenüber der EU und den USA sieht.

Ein weiteres Problem liegt darin, dass das Vertrauen in (über-)staatliche Institutionen in verschiedenen Ländern sehr unterschiedlich ausgeprägt ist: In skandinavischen Ländern erweist es sich als sehr hoch, daher funktionieren auch höhere CO_2-Abgaben; in Südeuropa oder gar in Autokratien fällt es sehr niedrig aus. Daher wird auch den Partnern nicht vertraut. Außerdem wird es immer Paria-Staaten geben, die sich nicht beteiligen.

Europa und den entwickelten Volkswirtschaften wird auf absehbare Zeit dennoch nichts anderes übrig bleiben, als die Vorreiterrolle zu übernehmen und den – streng rational gesehen sinnlosen – Versuch anzugehen, lokale Emissionslimits zu definieren, in der Hoffnung, dass der Druck auf andere Länder steigen wird, sich dem »Klimaclub« anzuschließen und nach und nach verbindliche internationale Verträge aufzusetzen. Neben Europa, Japan, Südkorea, Taiwan und Australien wäre die Einbindung der USA, Chinas und Indiens entscheidend, denn damit wären bereits weit mehr als 60 % der weltweiten Emissionen einbezogen. Große Öl- und Gasproduzenten wird man wohl nie ins Boot bekommen.

Weil dies wahrscheinlich nicht passieren wird, ist es nicht unwahrscheinlich, dass wir uns in 15 Jahren in einer Situation befinden, in der viele internationale Klimavereinbarungen nach und nach aufgekündigt werden, da der Klimaclub seinen eigenen Wohlstand nicht mehr weiter zugunsten der Trittbrettfahrer aufgeben will.

Es ist zwar nicht so, dass die Vorreiter dauerhaft zu den wirtschaftlichen Verlierern zählen müssen. Windenergie und Photovoltaik können zu sehr niedrigen Preisen Strom erzeugen, und die ersten 70–80 % der europäischen Dekarbonisierung können sich mittelfristig auch wirtschaftlich rechnen. Doch die verbleibenden 20–30 % der Dekarbonisierung sind so teuer, dass jene Volkswirtschaft, die alleine die Vorreiterrolle übernimmt, wirtschaftlichen Selbstmord begeht. Welcher Prozentsatz es tatsächlich sein wird, hängt von den dann verfügbaren Technologien und deren Wirtschaftlichkeit ab.

NETTO-NULL-TREIBHAUSGASE: DIE 150-JAHRES-WETTE

Es dauert 150 Jahre, bis CO_2 auf natürlichem Weg in der Atmosphäre abgebaut wird. Folglich reicht es nicht, die Emissionen zu reduzieren. Um den CO_2-Gehalt in der Atmosphäre nur zu stabilisieren, darf weniger als 1 % der heutigen CO_2-Jahresmenge emittiert werden. Zu seiner Senkung muss man das »Netto-Null-Treibhausgas-Emissionsziel« in diesem Jahrhundert erreichen. Dessen ungeachtet ist es aber reichlich optimistisch, anzunehmen, dass die gesamte Menschheit komplett auf fossile Brennstoffe und damit auf Wohlstand verzichten wird.

Sogar die Frage, ob wir in Europa überhaupt Klimaschutzmaßnahmen setzen sollten, wenn doch jeder in China oder Indien investierte Euro wesentlich effizienter zur CO_2-Vermeidung eingesetzt wäre, muss man stellen. Wozu macht man sich Gedanken über »Carbon Capture and Storage«, wenn gleichzeitig neue Kohlekraftwerke am Fließband errichtet werden.

Eine Klimapolitik, die Wohlstand vernichtet oder die Entwicklung zum besseren Lebensstandard der Bevölkerung behindert, lässt sich in Demokratien nur bis zur nächsten Wahl aufrechterhalten. So schwer dies vor der Perspektive der bevorstehenden Auswirkungen des Klimawandels auch vorstellbar ist, es zählt auch, ob es gelingt, der wahlberechtigten Bevölkerung die Notwendigkeit und die Prioritätensetzung verständlich zu machen. Selbst in Autokratien hängt die Stabilität der Regierungen vom empfundenen Wohlstand der Bevölkerung ab.

ZIELKONFLIKTE

Die Welt lässt sich nicht auf einen Politikbereich reduzieren. Natürlich hat der Klimaschutz existenzielle Bedeutung. Aber Gesundheit, Lebensmittel, Bildung und die Sicherung des Wohlstandes sind ebenfalls existenzielle Fragen.

So würden beispielsweise Landflächen, die für die Erzeugung von Biomasse mit dem Ziel der CO_2-Reduktion genutzt werden, nicht mehr zur Verfügung stehen, um dort Nahrungsmittel anzubauen. Es könnten also mögliche Zielkonflikte zwischen der Vermeidung der globalen Erwärmung und der Bekämpfung von Hunger in der Welt entstehen.

Aus Sicht hoch entwickelter mitteleuropäischer Länder könnte man glauben, dass es nichts Wichtigeres als den Stopp des Klimawandels gibt. Das mag stimmen. Aus globaler Perspektive stellt sich das anders dar, wie die nachfolgend zitierte Umfrage verdeutlicht.

 Energie und Klima sind weltweit das drängendste Problem.

 Nein, viele Schwellenländer haben Probleme, die größer sind: Gesundheit, Lebensmittelversorgung, Bildung, Armut, Korruption, Gewalt. Im »privilegierten« Westen wird das oft vergessen.

UNO-75-STUDIE

Im Jahr 2020 hat die UNO über eine Million Menschen weltweit befragt[32]:

»Was sind die drängendsten Probleme und Herausforderungen heute?«

Weltweit:
1. Zugang zu Basisversorgung: Gesundheitsversorgung, sauberes Wasser, Hygiene
2. Bildung
3. Solidarität: globale Solidarität, Ausgleich von Ungleichheiten und Geschlechtergerechtigkeit, Unterstützung für die am stärksten von Covid betroffenen Bereiche

Europa:
1. Zugang zur Gesundheitsversorgung
2. Überdenken der globalen Wirtschaft
3. Bekämpfen der Klimakrise

»Welche Entwicklungen werden unsere Zukunft am meisten beeinflussen?«

1. Umweltthemen (inklusive Klimawandel)
2. Gesundheitsrisiken
3. Bewaffnete Konflikte und Regierungsgewaltanwendung
4. Massenvernichtungswaffen
5. Bevölkerungswachstum

»Wenn Sie sich die Welt in 25 Jahren vorstellen, welche Dinge sollten in der Prioritätenliste ganz oben sein?«

1. Umweltschutz
2. Eine bessere Gesundheitsversorgung
3. Die Menschenrechte
4. Besserer Zugang zu Bildung
5. Weniger Konflikte

»Was fürchten Sie am meisten?«

In Entwicklungsländern:
1. Armut
2. Korruption
3. Lokale Gewalt

In den 14 größten Ländern (Beitragszahler) der UNO hingegen:
1. Terrorismus
2. Cyberattacken
3. Atomare Waffen

Optimistisch sind:
– Die Jugend
– Zentral-, Süd-, Ost- und Südostasien sowie Subsahara-Afrika

Pessimistischer sind:
– Die Älteren
– Europa, Nord-, Süd- und Lateinamerika, Ozeanien, Nordafrika und westliches Asien

Quintessenz des Reports ist, dass es weltweit sehr verschiedene Prioritäten gibt, und dass sich die kurzfristigen Prioritäten, abgesehen von der Gesundheitsversorgung, zwischen den Entwicklungsländern und den entwickelten Ländern signifikant unterscheiden. Langfristig (in einer 25-Jahres-Sichtweise) hat jedoch der Umweltschutz weltweit eine sehr hohe Bedeutung. Wie hoch hier das Ranking des Klimawandels im Vergleich zu Artenvielfalt, Erhaltung von lokaler Natur, Regenwäldern, sauberen Gewässern und Böden etc. liegt, lässt sich aus dem Bericht nicht herauslesen.

UNO-ENTWICKLUNGSZIELE

Diese Multidimensionalität und die unterschiedlichen Prioritäten spiegeln sich auch in den 17 Entwicklungszielen der UNO wider, von denen eines der Klimaschutz ist, sechs weitere betreffen den Umweltschutz.

Aus dem Blickwinkel hoch entwickelter und überalterter europäischer Volkswirtschaften sieht die Sache mit den Prioritäten schon wieder anders aus. Gesellschaftliche Prioritäten und damit auch Konfliktthemen der Ressourcenzuordnung sind:

- Pensionen, Renten, Pflege, Gesundheit
- Internationale Wettbewerbsfähigkeit, Neue Technologien, IT, Glasfaser, künstliche Intelligenz, Biotechnologie, Plattformbusiness, Exportwirtschaft, Produktion
- Arbeit, Ausbildung, Bildung
- Soziales und Verteilungsgerechtigkeit
- Sicherheit
- Und vieles mehr (Migration, Armut, Korruption, Bevölkerungswachstum, Demokratie, Umweltverschmutzung und Zerstörung, Zerstörung des Lebensraums für Tiere und Pflanzen)

Es ist schwierig, Probleme isoliert anzugehen, insbesondere wenn man wiedergewählt werden will – das betrifft auch die Bekämpfung des Klimawandels. CO_2-Preise sind wesentlich, um Lenkungseffekte zu erzielen. Doch wie geht man mit all den anderen Themen um, die ebenfalls wichtig sind: Inflation, Lebensmittel- und Energiepreise, Wohlstand, Beschäftigung, gesunde Produktionsbedingungen bis hin zu den Umweltstandards in Schwellenländern?

Man muss kein Mitleid mit Politikern haben, sie haben den Beruf selbst gewählt. Dennoch ist es nicht leicht, zukunftsorientierte Entscheidungen zu treffen, wenn die ersten wirklich messbaren Ziele des Klimaschutzes erst in fünf bis acht Wahlperioden erreicht werden, die negativen Auswirkungen wie Preiserhöhungen jedoch sofort eintreten, jedenfalls noch vor der nächsten Wahl. Praktisch muss man sogar davon ausgehen, dass die messbaren positiven Klimaeffekte erst zu einem Zeitpunkt wirken werden, zu dem fast alle heute Erwachsenen nicht mehr leben werden.

LEBENSMITTEL, ENERGIE UND WOHNEN

In wirtschaftlich starken westeuropäischen Ländern führten bisher die steigenden Lebensmittelpreise selten zu Protesten, eher schon die zu geringen Erlöse der Landwirtschaft für ihre Produkte. Dass Energie den Zündfunken für Aufstände bilden kann, zeigte sich in Frankreich 2018 bei den Protesten der »Gelbwesten«. Bei europäischen Inflationsraten von mehr als 10 %, wie sie 2022 erstmals seit den 1970er-Jahren wieder auftraten, sieht die Sache jedoch anders aus, insbesondere für Personen mit geringem Einkommen.

International sieht es schon lange anders aus. In den letzten 20 Jahren gab es fast jährlich große Demonstrationen wegen Energie und Nahrungsmittelpreisen, die größten vielleicht zu Beginn des »Arabischen Frühlings« 2011. Steigende Nahrungsmittelpreise sind in Schwellenländern ein größeres Problem als in Industriestaaten, weil der Anteil von Agrarprodukten an den Ausgaben privater Haushalte besonders hoch ist. Die Ausgaben für Nahrungsmittel betragen in Indien fast 50 %, in China und Brasilien über 30 %, in der EU hingegen im Durchschnitt nur rund 20 % und in den USA 15 %. Auch in hoch entwickelten Volkswirtschaften wie Deutschland, Österreich und der Schweiz werden Wohnen und Lebensmittel immer teurer. Die Energiewende wird die Preise weiter nach oben treiben, die Einsparungen werden sich erst viel später bemerkbar machen.

Was steht der Welt bevor, wenn sich die Energie- und Lebensmittelpreis-Explosion von 2022/23 fortsetzt? Hungersnöte, Revolutionen, Umstürze, Kriege?

GENERATIONENGERECHTIGKEIT

Eigentlich sollte Politik »enkeltauglich« sein. Es sollte verboten sein, auf Kosten der nächsten Generation zu leben, egal ob es sich um Rentensysteme oder um aufgetürmte Umweltschäden handelt. Aber das bleibt wahrscheinlich ein frommer Wunsch. Als Mensch mit Moral sollte man die Ambition haben, eine gewisse Generationengerechtigkeit herzustellen. Leider sind wir in dieser Hinsicht meist blind. Zugegeben, es fällt schwer, 30 oder 40 Jahre in die Zukunft zu blicken – und wer sagt es uns schon deutlich, dass wir in so vielen Bereichen auf Kosten der nächsten Generationen leben. Wir halten die Lebenslüge und Illusion in mehrerlei Hinsicht aufrecht und sind uns meist gar nicht bewusst, wie sehr die Alten die Jungen benachteiligen, wie viel von den Jungen zu den Alten verteilt wird:

- Umlageverfahren für Pensionen, Altersvorsorge, Pflege, Gesundheit, die nur mehr für diese Generation funktionieren werden, sind ein klassisches Pyramidenspiel. Vor 30 Jahren hatten wir 13 Jahre Lebenserwartung nach Pensionsantritt, nun fast doppelt so viel.
- Die hohen Staatsverschuldungen, die den nächsten Generationen den Handlungsspielraum nehmen, sind im Vergleich zu den oben genannten langfristigen Verpflichtungen schon fast »Peanuts«.
- Umwelt, Klima, Lebensraum: Auch hier nehmen die »Alten« einen Kredit bei den »Jungen« auf und hinterlassen Schäden, die erst über Jahrzehnte wieder repariert werden können.

Um das wieder umzustellen, würden wir in der Übergangsphase Geld verlieren. Jeder Politiker, der das angeht, kann seine nächste Wahl vergessen. Erst nach der Übergangsphase würde die Phase des Wohlstandes zurückkehren. Warum die Jugend nicht auf die Barrikaden geht, und warum sich die Älteren derart ungeniert auf Kosten der Jugend bedienen und auch noch glauben, dass ihnen das nie einbezahlte Geld zustehen würde, ist nicht nachvollziehbar. Es hängt aber vielleicht damit zusammen, dass in Deutschland, Österreich und der Schweiz die Mehrheit der Wählerschaft älter als 50 Jahre ist.

Was hat das alles aber mit dem Klimawandel zu tun?
Auch klimatisch leben wir auf Kosten der nächsten Generation. Der durchschnittliche Mitteleuropäer verursacht in seinem Leben 500 Tonnen CO_2. Bei einem angenommenen CO_2-Preis von 150 Euro je Tonne sind das 75.000 Euro pro Person. Das betrifft nicht nur die »Boomer«, sondern auch die Generationen »X, Y, Z und Alpha«, die heute auf Kosten der nächsten Generationen leben.

NIMBY UND WIDERSTAND

Jeder will »grüne Energie« – keiner will »grüne Kraftwerke«! Die Mehrheit der Bevölkerung ist gegen den Neubau von Kraftwerken – ganz egal, welche Energieform man betrachtet, gleichgültig, ob es sich um Photovoltaik, Windparks oder um Wasserkraft handelt! Laut einer Fraunhofer-Studie von 2021 liegen die Zustimmungsraten dazu bei lediglich 30–45 %. Das bedeutet, dass die erforderliche Verdrei- bis Verfünffachung der Erneuerbaren-Kraftwerkskapazität gegen den Willen der Mehrheit der Bevölkerung durchgeführt werden muss. Das hat auch damit zu tun, dass in der Öffentlichkeit über die letzten zwei Jahrzehnte der Eindruck vermittelt wurde, der eigentliche Ansatzpunkt zum Stopp des Klimawandels liege in der individuellen Verhaltensänderung. Wenn man nun glaubt, es würde einen wesentlichen Einfluss haben oder gar reichen, dass alle ihr Verhalten ändern, wäre es nur logisch, gegen den Ausbau von Energieinfrastruktur zu sein.

NIMBY steht für »not in my backyard« (oder »Florianiprinzip«: »Heiliger Sankt Florian, verschon' mein Haus, zünd andre an!«) im Sinne von: Wenn schon ein Windrad errichtet werden muss, dann nicht in meinem Sichtfeld, sondern bei jemand anderem. NIMBY ist im Zusammenhang mit der Akzeptanz von Windrädern, Stromleitungen, PV-Anlagen und sonstiger Infrastruktur sehr verbreitet. Neben den individuellen Einwänden besinnt man sich dann oft auf den Artenschutz und verlangt den Stopp des Projektes.

Wenige Menschen sind über Veränderungen glücklich und sehen darin Chancen, die meisten wollen die Dinge so belassen, wie sie sind, was ihr eigenes Umfeld betrifft. Die Veränderung soll doch lieber wo anders (NIMBY) stattfinden, selbst wenn klar ist, dass ein Windrad, eine Stromleitung, ein Speicher oder eine Elektrolyseanlage irgendwo gebaut werden muss, um die Energiewende zu ermöglichen.

Weitere Motive sind oft:

- Ein grundsätzliches Misstrauen gegenüber (neuen) Technologien. Deutschland, Österreich und die Schweiz zählen zu den skeptischsten Ländern in der Akzeptanz neuer Technologien.
- Eine grundsätzliche Skepsis gegenüber dem Wirtschaftssystem.

- Die Meinung, dass es nur eine Einschränkung des Konsumverhaltens bräuchte.
- Die Klimaangst und das damit verbundene Fehlen von Zukunftsaussichten: Die Universität Bath fragte 10 000 junge Menschen zu ihren Gefühlen angesichts des Klimawandels. Rund 45 % der Teilnehmenden gaben an, dass ihre Sorgen und Ängste bezüglich der Erderwärmung auch ihren Alltag beeinflussen würden. 60 % meinten, »sehr oder extrem besorgt« über den Klimawandel zu sein. 40 % sagten, dass sie nicht wissen, ob sie angesichts der Zukunftserwartungen überhaupt noch Kinder haben wollen. Die Generation Z und Alpha schaut extrem besorgt in die Zukunft.

Die Bekämpfung des Klimawandels erfordert jedoch – neben Verhaltensänderungen – auch die Akzeptanz neuer Infrastruktur. Das ist je nach Technologie und Land ganz verschieden ausgeprägt. In Frankreich oder Tschechien wird Atomkraft im Wesentlichen akzeptiert.[33] In Deutschland oder Österreich trifft selbst der Ausbau von Wind- oder Wasserkraft oft auf erbitterten Widerstand.

Politik und Projektentwickler müssen daher viele Aspekte berücksichtigen:

- Menschen brauchen umfangreiche Information: Wofür ist gerade dieser Windpark oder gerade diese neue Stromtrasse nützlich, wie profitiert die Umwelt davon und wie nützt es dem Einzelnen?
- Rechtzeitige Bürgerbeteiligungen, auch finanziell, sowie Bürgerenergiegenossenschaften, gesellschaftliche Trägerschaft und das Vermeiden der Begünstigung einzelner Grundstückseigner
- Vereinfachung und Vereinheitlichung des Artenschutzrechtes
- Vereinfachung der Verfahren und zeitliche Zusammenfassung der Einspruchsmöglichkeiten
- Festlegung von Windvorrang- bzw. Windausschlussgebieten
- Alle Regionen müssen dabei im Sinne der Dezentralisierung einen Anteil leisten, der sich auch in den Flächenwidmungen zeigen muss.
- Die Vermittlung ist wichtig, dass auch die Veränderung zum Positiven – zu einer Umwelt ohne kalorische Kraftstoffe und ohne Treibhausgasemissionen – Einschnitte in unsere Umwelt, das Landschaftsbild und die Natur erfordert. Schwierig ist, wenn

als Antwort immer kommt, man sollte doch vorher Energie sparen. Dass es genau dieses Sparen von Energie und die dafür notwendige Umstellung auf elektrischen Strom sind, die neue Infrastruktur erfordern, lässt sich oft schwer vermitteln. Klimaaktivismus heute müsste auch heißen, für neue Infrastruktur zu stehen.

Sowohl die EU als auch die nationalen Regierungen müssen sich überlegen, ob sie mit ihren Vorgaben zum Umweltschutz nicht den Ausbau der Erneuerbaren konterkarieren. Die Wasserrahmenrichtlinie macht es de facto unmöglich, Wasserkraft auszubauen; die Sichtung eines Rotmilans[34] kann jedes Windkraftprojekt verhindern; und der Vorrang der landwirtschaftlichen Monokulturen verhindert großflächige PV-Anlagen. Das aktuelle Umfeld (Recht, Gesellschaft, öffentliche Meinung) macht es rechtlich einfacher, bei den bisherigen fossilen Energieträgern zu bleiben.

DIE GUTEN UND DIE BÖSEN

In jedem erfolgreichen Film gibt es einen Guten und einen Bösen. Es macht uns das Denken und das Handeln leichter, wenn wir kategorisieren und einfach zuordnen können. Wir hätten zwar gerne alle Informationen, um uns eine Meinung zu bilden. Es ist aber sehr anstrengend und aufwendig, sich jede Entscheidung und jedes Urteil, das man trifft, überlegen zu müssen. Die Vorurteile, welche auf den Erfahrungen unseres Lebens aufbauen, auf der »Blase«, in der wir leben, entlasten uns von einer reizüberflutenden Informationsfülle und machen ein »normales« Leben überhaupt erst möglich. Viele dieser Erfahrungen können wir jedoch gar nicht selbst machen, sondern übernehmen sie von jenen, denen wir vertrauen. Wir gehen mit einem Filter an unsere Informationen heran: Je besser sie reinpassen in unseren Filter, desto lieber hören wir sie. Wir treffen Annahmen, die den Weg zur Entscheidung abkürzen. Manchmal ist jedoch die »Blase«, aus der wir unsere Information beziehen, zu klein und die Information zu einseitig.

DIE GUTEN

Ob der »beste« Klimaschützer der kommenden Jahre vielleicht der Installateur, die Elektrikerin, der Maurer, die Ingenieurin oder IT-Spezialistin ist oder doch derjenige, der seinen persönlichen Klima-Fußabdruck durch vegane Ernährung, bewussten Konsum, konsequentes Recycling und Fortbewegung zu Fuß und mit dem Fahrrad erreicht, wissen wir heute noch nicht. Es ist letztlich auch nicht entscheidend. Es sind alle vonnöten.

In der öffentlichen Darstellung wird es oft anders gesehen: Die »Guten« sind die Klimaaktivisten und die Parteien, die sich die Bekämpfung des Klimawandels auf die Fahnen geschrieben haben. Die Systemkritiker, die schon immer gewusst haben, dass unser Gesellschafts- und Wirtschaftssystem geradewegs in den Abgrund führt. Die Solidarischen, die einen sozialen Ausgleich fordern, für alle Folgen des Klimawandels.

- »Echter Wandel ist möglich, es müssen nur genügend Leute wollen!«
- »Es wäre schon viel gewonnen, wenn die Politik endlich aufhören würde, das Falsche zu tun.«
- »Das 1,5 °C-Ziel ist unverhandelbar.« »Jetzt haben wir noch die Chance, die Klimakatastrophe und die größte Menschheitskrise zu verhindern!«
- »Taten statt Worte!« »Politik muss Verantwortung übernehmen und *die* globale Katastrophe unserer Zeit verhindern.«
- »Wir brauchen jetzt nicht nur ambitionierte Ziele, sondern es ist schnelles Handeln gefragt.«
- »Wir wollen nicht, dass die Politik und die Konzerne ihre moralische Verantwortung für die Klimakrise auf uns abladen.«

Sie können diesen Schlagworten glauben, oder Sie können die Lösungen hinterfragen. Die vielen »Klimaschauspieler« (aus Politik, Kunst, Wirtschaft, Medien, öffentlichem Leben und sonstiger Prominenz) lassen sich damit meist recht einfach identifizieren. Die lauteste Meinung hat oft nicht die leiseste Ahnung.

DIE BÖSEN

Wenn es um Schuldzuweisungen geht, wird schnell auf die Wirtschaft, Industrie, Großkonzerne, Finanzwelt, Politik und Regierungen der reichen Länder gezeigt. Manche bezeichnen sie als die »Klima-SCHMUTZ-Lobby«, eine undurchsichtige, verschwörerische Geheimgesellschaft, die alles daransetzt, den Wandel zu behindern, zu verzögern und wenn möglich zu verhindern. Auch jene, die behaupten, dass sich der Klimawandel in diesem Jahrhundert nicht mehr aufhalten lässt, gehören dazu.

Unternehmen haben heute ein Problem, wenn sie keine gute Klimabilanz darstellen können: Schnell stehen sie am Klimapranger. Soziale Medien und die Öffentlichkeit differenzieren nicht so genau, was in deren Einflussbereich liegt und was sie gar nicht beeinflussen können.

PR und Greenwashing sind die Lösung. Man präsentiert gute Ideen und Projekte, die vielleicht ein paar Tonnen CO_2 vermeiden, aber in einer Gesamtunternehmensbetrachtung irrelevant sind, als Feigenblatt oder »Pilotprojekt«, weil es für die echten Probleme und

Herausforderungen die erforderlichen Lösungen häufig noch nicht gibt, oder die Lösungen so teuer sind, dass man sich selbst aus dem Markt verdrängen würde. Selbst die größten Rohstoff- und Kohleförderunternehmen gehen mittlerweile offensiv an die Öffentlichkeit. Sie betonen, dass sie bis 2035 ihre Emissionen um 50 % reduzieren werden, die Kohleförderanlagen auf verantwortungsvolle Weise herunterfahren und langfristig, bis 2050, weg von Kohle, hin zu den für die Energiewende erforderlichen Rohstoffen wie Kupfer, Kobalt und Nickel gehen. Ist das nun Greenwashing oder ist es eine langfristige, nachhaltige Strategie? Wahrscheinlich beides.

Die energieintensive Industrie, die Energiewirtschaft und auch die Finanzinstitutionen geraten in der Öffentlichkeit immer stärker unter Druck. Sie können die Erwartungen der Öffentlichkeit an die CO_2-Einsparungen nicht erfüllen. Nachhaltigkeitsberichte und Energieeffizienzfortschritte helfen nicht mehr. Das wirkt sich auf Börsenkurse, öffentliche Einflussnahme auf Unternehmen, die Möglichkeit, Investitionskapital vom Kapitalmarkt zu beziehen, und auf das Unternehmensimage aus. Es belastet die Weiterentwicklung der »unbelasteten« Unternehmensbereiche.

Banken haben nach der Finanzkrise 2008 »Bad Banks« kreiert, mit dem Zweck, alle faulen Kredite darin zu bündeln und kontrolliert und unter Zuhilfenahme von Staatshilfe herunterzufahren. Energieversorger und die Industrieunternehmen suchen ebenfalls nach Auswegen. Unternehmen kreieren ihre »Bad Corporations«, in denen sie alles sammeln, was ein schlechtes Image hat. Das Ziel ist hier jedoch nicht, die Unternehmen herunterzufahren, sondern über den (Teil-)Rückzug der »Bad Corporations« von der Börse für beide Unternehmensteile (den guten und den bösen) das Leben zu vereinfachen.

EWIGES WACHSTUM UND DAS WIRTSCHAFTSMODELL

Sehr oft wird das Ende des Klimawandels mit der Forderung nach der Änderung des Gesellschafts- und Wirtschaftsmodells sowie der Beendigung des Wirtschaftswachstums gleichgesetzt. Ist qualitatives Wachstum einem quantitativen Wachstum gleichzusetzen? Kann ewiges Wirtschaftswachstum gut gehen? Oder bedeutet das automatisch die Zerstörung des Planeten? Ist Klimaschutz wichtiger als alle anderen politischen und gesellschaftlichen Ziele? Die Kritik am Wachstum ist nicht neu. Sie ist berechtigt, besonders wenn es ein Wachstum auf Kosten der Ressourcen und der Umwelt ist.

Die Bertelsmann Stiftung machte kurz nach der Finanz-/Eurokrise der Jahre 2008/2009 eine Umfrage[35]: Neun von zehn Deutschen und Österreichern schlossen sich der Aussage an, dass wir als Folge der Wirtschafts- und Verschuldungskrise eine neue Wirtschaftsordnung brauchen, bei der der Schutz der Umwelt, der sorgsame Umgang mit Ressourcen und der soziale Ausgleich in der Gesellschaft stärker berücksichtigt werden. Auf die »Selbstheilungskräfte« der Märkte bei der Lösung der Probleme, die durch die Wirtschafts- und Verschuldungskrise hervorgerufen wurden, vertraute hierzulande nur jeder Vierte.

Würde man die Umfrage in Bezug auf die Energiekrise und den Klimawandel wiederholen, käme man wahrscheinlich zum gleichen Ergebnis.

In *Die Grenzen des Wachstums* hatte Dennis Meadows im Auftrag des Club of Rome bereits 1972 eine Studie erstellt, die Szenarien für die weitere Entwicklung von Ressourcen, Bevölkerung, Landnutzung, Ernährung, Umwelt und Wirtschaft darstellte, unter der Annahme, dass nichts dagegen unternommen würde. Ergebnis war der Zusammenbruch der Zivilisation bis zum Ende des 21. Jahrhunderts, weil Ressourcenverbrauch, Umweltzerstörung und Bevölkerungswachstum den Planeten kaputt machen.

Wenn man es sich einfach macht, könnte man sagen, dass nichts davon eingetroffen ist. Die Studie unterschätzte die Kreativität des Menschen, sie stufte die technologischen Entwicklungen, die Fortschritte in Medizin, Biologie, Chemie, bei der Herstellung von Lebensmitteln und auch in der Bildung falsch ein. Die Marktwirtschaft und die daraus folgenden Preissignale bei einer Verknappung von Rohstoffen sowie die damit zusammenhängende Re-Allokation von Ressourcen hatte man überhaupt nicht berücksichtigt.

Aber so einfach ist es nicht. Zweifellos richtig war: Ressourcen sind nicht unendlich, und weder Land, Rohstoffe noch die Umwelt können immer weiter und immer stärker beansprucht werden. Auch ein weiteres Bevölkerungswachstum wird auf Kosten des Lebensraums von Tieren und der Natur insgesamt gehen.

Für eine Industriegesellschaft, die auf einem linearen Wirtschaftsmodell basiert – »Produzieren, Konsumieren und Wegwerfen« –, kann ewiges Wachstum natürlich nicht funktionieren.

Für eine Gesellschaft, wo Dienstleistungen dominieren, mit einem immer kleiner werdenden Produktionssektor, der mehr und mehr auf die Wiederverwertung der Rohstoffe setzt, sieht die Sache freilich anders aus. Das Wirtschaftswachstum koppelt sich vom Energie- und Rohstoffverbrauch ab. Gerade die Energiewende und eine verbesserte Kreislaufwirtschaft zeigen, dass Wachstum und vernünftige Ressourcennutzung einander nicht ausschließen. Weiteres Wirtschaftswachstum und die Erhaltung eines lebenswerten Planeten sind daher kein grundsätzlicher Widerspruch.

Europa könnte dabei Vorreiter sein, ob die vielen Schwellenländer, deren Bevölkerung und Ressourcenverbrauch pro Kopf wachsen, dabei mittun werden, ist ungewiss. Gewiss ist, dass der Planet Erde weder den heutigen noch einen wachsenden Ressourcenverbrauch dauerhaft aushalten würde. Ressourcenverknappung führt zu höheren Preisen und Innovation, aber auch zu einer skrupelloseren Ausbeutung von Rohstoffen. Der Mensch wird also gezwungen sein, kreativ zu werden. Je früher er vom linearen Wirtschafts- zu einem Kreislaufmodell umschwenkt, desto besser. Verhaltensänderungen, rechtliche Rahmenbedingungen und technologischer Fortschritt sind dafür erforderlich.

So wie die Marktwirtschaft im Laufe der Jahrzehnte in Westeuropa um den Begriff der »sozialen« Marktwirtschaft erweitert wurde, kommt vielleicht irgendwann auch noch die »nachhaltige« Marktwirtschaft hinzu. Ob eine Änderung des Gesellschaftsmodells erforderlich ist, ist eine weltanschauliche Frage. Mit dem Klimawandel und der Energiewende hat sie jedoch wenig zu tun.

WARUM ÄNDERT SICH ALLES SO LANGSAM?

- Der wesentliche, in der öffentlichen Debatte meist unterschätzte Grund ist, dass kaum jemand weiß, welche technischen Lösungen machbar und langfristig wirtschaftlich sein werden. »Nur« Windkraft und Photovoltaik auszubauen, ohne gleichzeitig auch das Thema der Speicher, Netze und Reservekapazitäten anzugehen, bringt zu wenig Verbesserung der Klimaauswirkungen, gefährdet aber aufgrund der hohen Fluktuation die Versorgungssicherheit und die Netzstabilität.

- Wenn frühzeitig kalorische Energieerzeuger stillgelegt werden und nicht als Stand-by-Anlagen verfügbar bleiben, bis die erforderlichen Speichertechnologien verfügbar sind, besteht das hohe Risiko von Netzausfällen. Damit wird die Machbarkeit und Glaubwürdigkeit der Energiewende gefährdet und man macht sich wirtschaftlich und politisch abhängig und erpressbar.

- Lange Genehmigungsprozesse behindern den Klimaschutz. Natur-, Arten- und Klimaschutz müssen in Umweltverträglichkeitsprüfungen abgewogen werden – aber nicht zehn Jahre lang. Die Verfahren bieten sehr viele Möglichkeiten für Verzögerungen und Einsprüche und sind kosten- und zeitaufwendig. Überraschungen stehen an der Tagesordnung und scheinbar schon abgehandelte Themen werden mehrfach »aufgewärmt«. Die gesetzlichen Rahmenbedingungen liegen in vielen Bereichen nicht ausreichend vor oder sind zu kompliziert und widersprechen einander.

- Willkürliche Staatseingriffe und Förderstrukturen verzerren Märkte so stark, dass Investitionsentscheidungen oft nur mehr nach Förderungs-, nicht aber nach Sinnhaftigkeitsüberlegungen getroffen werden. Energie wird die neue »EU-Landwirtschaft«, also ein Bereich, der durch Förderungen und Marktverzerrungen dominiert wird.

- Es geht nicht nur um eine »Energiewende« (die Umstellung auf erneuerbare Energieerzeugung), sondern auch um eine weitreichende Umstellung von industriellen Prozessen sowie die Wärme- und die Mobilitätswende – das alles gleichzeitig umzusetzen, benötigt viel Zeit, man denke nur an die vielen gasbeheizten Wohnhausanlagen in Städten.

Dass die Politik sich nur auf die Festlegung geeigneter Randbedingungen konzentrieren soll, ist leider eine Minderheitsmeinung. Mehrheitlich werden tiefe Eingriffe in jeden einzelnen Aspekt des Marktes bevorzugt. Politik und Kommissionen sind jedoch nicht geeignet, die passendsten Technologien zu erkennen. Technologieneutralität, Zurückhaltung und der Wunsch der Politik, das Füllhorn publikumswirksam auszuschütten, vertragen sich schlecht. Die Politik verzettelt sich daher in Detailregulierung, statt sich auf eine gute Gestaltung der Rahmenbedingungen zu konzentrieren und die Ausgestaltung dem Wettbewerb der besten Ideen, Konzepte und Projekte zu überlassen.

– Singuläre, kurzfristige Maßnahmen wie das Verbot des Verbrennungsmotors klingen zwar gut, müssen aber gestaffelt und über einen so langen Zeitraum vorgenommen werden, dass die erforderliche Infrastruktur mitwachsen, sich die Technologie der batterieelektrischen Autos noch verbessern (Recyclingfähigkeit, Rohstoffeinsatz) und die grüne Stromversorgung auch im Winter mitwachsen kann.
– Jede einzelne erneuerbare Technologie nach neuen, undurchschaubaren und länderweise verschiedenen Regeln zu fördern, mag zwar für die nächsten Wahlen Stimmen bringen, für die Energiewende bringt es nichts.

Die Industrie steht vor vielen sehr schwer zu überwindenden Problemen:

– Sie setzt vielfach auf Eigenstrom- und Wärmeerzeugung aus Erdgas sowie seit dem Gaspreisschock 2022/23 sogar aus Öl. Der Ersatz der Eigenstromproduktion durch Strom aus erneuerbaren Quellen ist aufgrund der Residual-/Winterlücke heute nicht vollständig möglich, somit müsste die Eigenerzeugung aus Erdgas vorerst jedenfalls als Reserve aufrechterhalten bleiben.
– Viele Prozesse brauchen Temperaturen, die mit Elektrifizierung noch nicht erreicht werden können. Auch wenn es theoretisch möglich sein sollte, gibt es oft noch keine Anlagen entsprechen-

der Größe, das Investitions- und Prozessrisiko ist damit erheblich.

- In der energieintensiven Stahl-, Aluminium-, Zement- und Glasindustrie kann die erforderliche Wasserstoffinfrastruktur nicht allein durch die Industrie aufgebaut werden. Sie ist wirtschaftlich derzeit uninteressant, und die Gesamtwirkungsgrade liegen teilweise noch bei unter 30 %. Nur wenige dieser Anwendungen eröffnen verfahrenstechnische Möglichkeiten zur Qualitäts- und Wertsteigerung der Produkte.
- Eigene CO_2-Abscheideanlagen sind sehr teuer. Die Weiterverwendung des CO_2 oder das unterirdische Speichern hängt stark von den lokalen Gegebenheiten ab. Großer öffentlicher Widerstand ist zu erwarten. Eine Wasserstoff- oder CO_2-Infrastruktur gibt es auch in Industrieclustern bisher nicht, Pläne dafür existieren kaum.

RECHT UND GERICHTE

UNTERNEHMEN

Immer häufiger gehen Klimaaktivisten gegen Unternehmen oder Regierungen gerichtlich vor, fordern die auf internationalen Konferenzen eingegangenen Klimaverpflichtungen ein und gewinnen. Das Versäumnis der Regierung, das Klima für künftige Generationen zu schützen, sei verfassungswidrig, hieß es in einer der Entscheidungen.

In den Niederlanden wurde Shell verurteilt, seinen Schadstoffausstoß bis 2030 gegenüber 1990 um 45 % zu senken.[36] Das Gericht inkludierte auch jene Emissionen, die der von Shell produzierte Brennstoff im Pkw verursacht, also nicht nur jene, die (in-)direkt durch die Shell-Produktionsstätten hervorgerufen werden. Shell verlagerte daraufhin seinen Hauptsitz nach London und schloss das zweite Headquarter in den Niederlanden.

Wenn man die Emissionen in der Wertschöpfungskette nach oben und nach unten inkludiert und mit den internationalen Klimavereinbarungen argumentiert, wird jedes produzierende Unternehmen für ein umfassendes globales Problem verantwortlich gemacht und ist damit existenzgefährdend verklagbar: Autobauer, Chemieunternehmen, Papierhersteller, Baustoffproduzenten, Energieversorger.

Ein Hauseigentümer und Umweltaktivist, dessen Haus in Peru durch die Gletscherschmelze infolge des Klimawandels bedroht wird, klagt den deutschen Energieversorger RWE auf Kostenbeteiligung an den Schutzmaßnahmen.[37] RWE hat in Peru keinerlei Geschäftstätigkeit, hätte aber 0,47 % Anteil an den weltweiten Treibhausgasemissionen, also solle RWE einen Anteil der Kosten der Schutzmaßnahmen tragen. Eine erfolgreiche Klage gegen RWE wäre der erste Schritt, viele weitere würden folgen. Holcim, ein Schweizer Zementhersteller, ist mit einer ähnlich gelagerten Umweltklage aus Indonesien konfrontiert.[38] Vanuatu, der südpazifische Mikrostaat, der weitgehend zu versinken droht, will durch den Internationalen Gerichtshof klären lassen, ob die menschengemachte Erderwärmung ein Verstoß gegen die Menschenrechte ist.

Letztlich kann es jeden treffen: Jede Art von Landnutzung (Wohnbau, Straßen, Infrastruktur), der Finanzsektor (Finanzierung der zuvor angeführten Aktivitäten) und viele weitere könnten unter Druck kommen. Ob diese Entwicklung tatsächlich zu Verbesserungen bei den Treibhausgasemissionen oder nur zur Aufgabe von Geschäftsbereichen führt, die dann aus Europa wegverlagert werden, ist nicht klar. Die EU muss hier deutlich Stellung beziehen.

Auch Lieferkettengesetze gehen in eine ähnliche Richtung. Die Schweiz hat ein derartiges Gesetz in einer Volksabstimmung knapp abgelehnt. Deutschlands Lieferkettengesetz trat im Januar 2023 in Kraft: ein Bürokratiemonster. Die EU-Kommission hat im Frühjahr 2022 einen Vorschlag vorgelegt, die BRD hat ihr Lieferkettengesetz bereits im Herbst 2021 verabschiedet. Es wird interessant werden, was nach der Beratung im Europäischen Parlament und dem Rat beschlossen wird, wie Missstände in der Lieferkette qualitativ und quantitativ bewertbar gemacht werden und welche Effekte es auf die Einklagbarkeit von emissionsverursachten Umweltschäden haben wird.

SCHADENERSATZ

Anpassungskosten, Vorbeugekosten und Schadenersatz waren schon in Glasgow und in Ägypten ein großes Thema und werden es auf den kommenden Klimakonferenzen weiterhin sein. Entwicklungsländer wollen die Schäden, die ihnen aufgrund des Klimawandels entstehen, durch die entwickelten Länder abgegolten bekommen.

Auf der COP 15 in Kopenhagen versprachen »die reichen Nationen«, jährlich 100 Milliarden US-Dollar an ärmere Länder in Form von Transferzahlungen und Krediten weiterzuleiten, damit diese Adaptierungs- und Vorbeugungsmaßnahmen finanzieren können. Die tatsächlichen Zahlen lagen 2013 bis 2019 zwischen 55 und 80 Milliarden US-Dollar jährlich, viele Budgets wurden einfach nur umbenannt.

Die Entwicklungsländer pochen nun darauf, dass es auch um den Ersatz für Schäden geht, die durch die Auswirkungen des Klimawandels entstehen, und nicht nur um die Vorbeugungsmaßnahmen dagegen. 2022 wurde in Ägypten die Einrichtung eines Fonds dafür vereinbart. Ob das klappen wird, wenn Länder wie China sich auf der Empfänger- und nicht auf der Geberseite sehen, darf bezweifelt werden.

Es bleibt zu hoffen, dass nicht immer noch mehr unerfüllbare Versprechungen erfolgen, sondern sich die Verantwortlichen mehr auf die Umsetzung bereits versprochener Punkte konzentrieren. Auch wird der klimapolitische Rückwärtsgang, den europäische Regierungen angesichts der Energiekrise 2022/23 einlegen mussten, großen Einfluss auf die weitere Dynamik haben. Man wird dem »scheinheiligen« Westen den Spiegel vorhalten und zeigen, dass »das Fressen immer vor der Moral kommt«, nicht nur in Entwicklungsländern.

RECHT

Europäische Rechtsordnungen und die europäische Politik (insbesondere in Deutschland, Österreich und der Schweiz) tendieren in wirtschaftlichen Rechtsfragen und im Energierecht oft zu einer Überregulierung. Die rechtlichen Grundlagen und Förderstrukturen sind bereits heute kaum mehr durchschaubar und regional teils sehr verschieden.

Recht wird in diesem Zusammenhang oft als Mittel dazu verwendet, Status quo und Technologien langfristig festzuschreiben. Das schafft zwar Investitionssicherheit, verhindert aber den Wettbewerb der besten Ideen.

Wesentlich für die europäische Weiterentwicklung wird sein, ob CO_2-Emissionen technologie- und sektorenübergreifend rechtlich und wirtschaftlich gleichbehandelt werden, oder ob sich weiterhin Interessengruppen durchsetzen, um einzelne Technologien und Sektoren zu bevorzugen.

EU – »FIT FOR 55« – VERMINDERUNG DER EMISSIONEN UM 55 %

Braucht es zur Bekämpfung des Klimawandels und für die Energiewende neue EU-Gesetze und Vorschriften? Ja. Zweifellos müssen die Rahmenbedingungen, die Ziele und der Weg dorthin formuliert werden. Die Kunst liegt darin, einerseits das Korsett nicht zu eng zu schnallen und damit die Technologieneutralität zu gefährden sowie gute Innovationen zu verhindern, und andererseits so klare Vorgaben zu machen, dass die gesamte Gesellschaft sich darauf einstellen und langfristig planen kann.

Manchmal schießt die Europäische Kommission übers Ziel hinaus und formuliert Vorgaben zu eng. Ziel der Kommission sollte es sein, mit so wenig Vorschriften und Verboten wie möglich auszukommen. Zentralisiertes Mikro-Management hat schon in der Planwirtschaft nicht funktioniert.

Die EU hat sich im Nachgang der Klimagipfel von Paris und Glasgow das Ziel gesetzt,

- die Treibhausgasemissionen bis 2030 um 55 % gegenüber 1990 zu vermindern,
- den Primärenergieeinsatz bis 2030 um 36 % zu verringern,
- den Anteil der Erneuerbaren bis 2030 auf 40 % zu steigern,
- den Anteil der erneuerbaren Energie in der Mobilität bis 2030 auf 14 % zu erhöhen.

Im Juli 2021 stellte die EU-Kommission Vorschläge vor, die wegweisend für die europäische Klimapolitik sein sollen. Das »Fit for 55«-Paket betrifft ein Bündel aus 13 Gesetzesvorschlägen (davon acht Überarbeitungen und fünf neue Gesetze) zur Zielerreichung 2030 und für den weitergehenden Wandel in den Bereichen Klima, Energie und Treibstoffe, Transport/Mobilität, Gebäude und Bodenverwendung, Land- und Forstwirtschaft.

WESENTLICHE GESETZESPAKETE

- **ETS II:** ein *erweitertes Emissionshandelssystem*, das Gebäude und Verkehr[39] beinhalten wird.
- Ein **Klima-Sozialfonds**, damit die Nationalstaaten Investitionen in Energieeffizienz, neue Heiz- und Kühlsysteme sowie sauberere Mobilität fördern können.
- Die **Lastenteilungsverordnung**, nach der den Mitgliedsstaaten neue, strengere Emissionssenkungsziele zugewiesen werden.
- **RED II:** eine überarbeitete *Erneuerbare Energien Richtlinie* mit verpflichtenden Erneuerbaren-Anteilen in der Mobilität und der Industrie. Ziel wäre eine Erhöhung der bisherigen Ziele für 2030 und eine 70 %-Reduktion bis 2050. Biotreibstoffe der zweiten und dritten Generation, Wasserstoff und die Produktion von Treibstoffen aus Abfall sollen forciert werden.
- Die **Energieeffizienz-Richtlinie (EED)**
- Die **EU-Taxonomie**[40], die CO_2-arme Technologien definieren, deren Finanzierung bevorzugen und die Planungssicherheit für Investoren erhöhen soll, darunter fallen auch die Atomkraft und erdgasbetriebene Kraftwerke.
- Die **Verordnung über Landnutzung, Forstwirtschaft und Landwirtschaft**, um natürliche Senkungen im Umfang von 310 Millionen Tonnen CO_2-Emissionen bis 2030 festzulegen.
- **CBAM**[41]: Ein CO_2-Grenzausgleichsmechanismus soll die EU wettbewerbsfähig halten.
- Eine **erneuerte Energiebesteuerungsrichtlinie**
- **FuelEU Maritime** soll die Treibstoffverwendung in der Schifffahrt verändern.
- **ReFuelEU Aviation** soll die Treibstoffverwendung in der Luftfahrt verändern und den CO_2-Ausstoß reduzieren, indem vermehrt nachhaltige Treibstoffe[42] eingesetzt werden.

RePowerEU wurde als Reaktion auf die russische Invasion vorgelegt und soll helfen, den Energieverbrauch zu senken, sauberere Energie zu erzeugen und die europäische Energieversorgung zu diversifizieren. Es erhöht einige der bereits im »Fit for 55«-Programm definierten Ziele, etwa die Ausbauquote erneuerbarer Energien bis 2030 von 40 auf 45 %, des Effizienzzieles von 9 auf 13 % Reduktion sowie im Bereich der Wasserstoffherstellung.

EU-ETS-EMISSIONSHANDELSSYSTEM

Zehn Jahre lang waren die CO_2-ETS-Zertifikatepreise spottbillig. Sie verursachten daher kaum Lenkungseffekte.

Seit 2020 hat sich der Preis deutlich erhöht. Preistreibend sind das ambitionierte EU-Klimaziel und die damit zusammenhängende Verknappung der verfügbaren Zertifikate. Vorläufig noch kostenlose Zertifikate sollen ab 2026 schrittweise gekürzt werden und ab 2034 auslaufen. Die Zertifikatepreise werden also noch weiter deutlich steigen und zuvor unwirtschaftliche Technologien im Vergleich wirtschaftlich machen. 60–100 Euro pro Tonne sind schon eine interessante Schwelle dafür.

Grafik 7: ETS-Zertifikatekosten (EUA)[43]

€/t CO_2

Weltweit sind jedoch weniger als 10 % der Emissionen über CO_2-Zertifikate erfasst. Ob die Zertifikatepreise eine Industrieabwanderung aus der EU verursachen oder sich CO_2-arme Technologien durchsetzen werden, ist noch nicht absehbar.

Das Emissionshandelssystem (ETS) ist der marktwirtschaftliche Kernmechanismus zur Reduktion der Treibhausgasemissionen in der EU. Der Emissionshandel und CO_2-Preise basieren auf der Idee, dass angeleitet durch den Marktpreis von den Unternehmen und Konsumenten entschieden wird, wo die Einsparungen mit welcher Technologie am besten und kostengünstigsten erreicht werden. Derzeit sind in der EU die CO_2-Emissionen etwa zur Hälfte mit diesem Handelssystem abgedeckt. Dieses umfasst etwa 11 000 Anlagen mit Leistungen über 20 Megawatt und aus den folgenden Industriebereichen in 30 Ländern:

- Papier und Zellstoff
- Zement und Kalk
- Eisen und Stahl
- Raffinerien, Kokereien und Cracker
- Glas, Keramik und Ziegel
- Chemische Industrie
- Nichteisenmetalle
- Sonstige Verbrennung
- Mineralverarbeitende Industrie

Die Zuteilung freier Emissionszertifikate – die derzeit noch einen großen Teil der energieintensiven Industrien betrifft – orientiert sich daran, wie nahe man sich an den jeweiligen Branchenkennzahlen (»Benchmarks«) für Emissionen befindet. Diese errechnen sich aus den durchschnittlichen Emissionskennzahlen der besten 10 % des jeweiligen Sektors. Damit entsteht für den ganzen Sektor ein Antrieb, jeweils die besten verfügbaren Technologien einzusetzen und auch bei bestehenden Anlagen damit nachzurüsten. Auch im privaten Bereich, zum Beispiel bei Treibstoffen, wird man die Preisauswirkungen wahrnehmen.

Für Sektoren, bei denen man Industrieabwanderung befürchtet (»Carbon Leakage«), sollen CO_2-Zertifikate weiterhin im Rahmen von »CBAM« gratis zugeteilt werden. Die Abwanderung hätte zur Folge, dass zwar nominal die EU-CO_2-Emissionen sinken, es aber keinen positiven Effekt auf das Klima gibt. Gleichzeitig wirkt es sich massiv negativ auf die europäische Wirtschaft, Arbeitsplätze sowie Steuereinnahmen aus.

Die ETS-Erlöse fließen in die Budgets der Mitgliedstaaten anstatt an die ETS-Marktteilnehmer zurück, was ein schwerwiegender Fehler ist, weil damit mögliche Lenkungseffekte verschenkt werden und Geld aus dem Klimaschutz abgezogen wird.

LEBENSZYKLUSBETRACHTUNG

Für die umfassende Betrachtung von Emissionen und Energieverbrauch eines Produktes ist der ganze Lebenszyklus einzubeziehen. Wenn bereits für ein iPhone mehr als 1000 Firmen aus 45 Ländern Komponenten liefern, kann man sich vorstellen, dass das nie eine exakte Wissenschaft wird.

Grafik 8: Cradle to Grave und Cradle to Gate und ETS

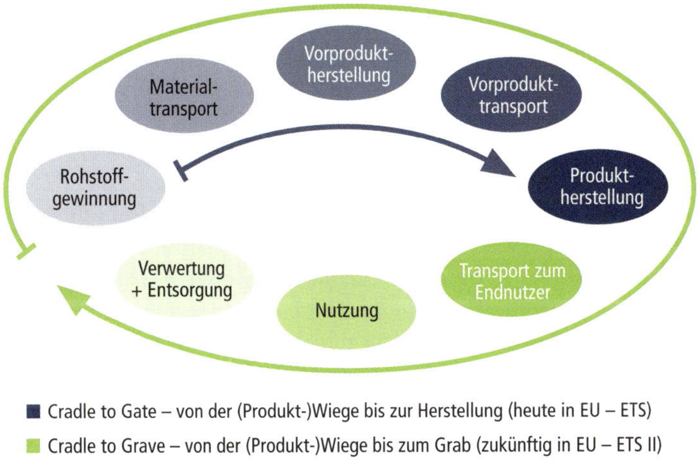

- Cradle to Gate – von der (Produkt-)Wiege bis zur Herstellung (heute in EU – ETS)
- Cradle to Grave – von der (Produkt-)Wiege bis zum Grab (zukünftig in EU – ETS II)

Mit dem »EU Green Deal« (»Fit for 55«) sollen beim ETS II weitere Sektoren einbezogen werden, in einem ersten Schritt Verkehr und Wohnen. Damit würde sich der Anteil der abgedeckten EU-CO_2-Emissionen von 50 auf etwa 80 % erhöhen. ETS II wurde im Dezember 2022 mit den Mitgliedsstaaten ausverhandelt:

- Der Straßenverkehr wird ab 2027 – zusätzlich zu den CO_2-Limits aus den Abgasvorschriften – voll in den Emissionshandel nach ETS II eingebunden. Die Abrechnung erfolgt über den Mineralölvertrieb und wird die Treibstoffpreise erhöhen.
- Was die Luftfahrt betrifft (kostenlose Zertifikate sollen bis 2027 auslaufen), werden Flüge innerhalb der EU sind von ETS erfasst. Für internationale Flüge, also fast 60 % der Flugkilometer, gilt das Handelssystem CORSIA, das deutlich kostengünstiger für die Fluglinien ist. Hier prüft die EU noch die einseitige ETS-Einführung ohne Zustimmung der USA und Chinas.
- Die Schifffahrt wird ab 2026 in ETS II eingebunden.
- Gebäude werden voll in den Emissionshandel eingebunden.
- Methan und N_2O werden in den Emissionshandel einbezogen.
- Der Grenzausgleichsmechanismus CBAM soll 2026 starten, mit einer Übergangsphase von 2024 bis 2025.

Kritikpunkte am ETS gibt es viele: Hauptkritikpunkt ist die Nicht-Zweckbindung der Einnahmen für das Energiesystem. Das ETS-II-Geld wird nicht jenen zurückgegeben, die am umweltfreundlichsten agieren, sondern wird nach Gutdünken der Lokalpolitik in den Ländern verteilt. Dazu werden Deckmäntel wie ein »sozialer Klimafonds«, ein »Innovationsfonds« und ein »Modernisierungsfonds« geschaffen. Dieses Geld fehlt für die Energiewende und den Klimaschutz. Die EU-Kommission setzt damit die Fehlinterpretation ihres Mandats fort, so wie sie kürzlich die »Market-Stability-Reserve« plünderte, um kurzfristig Geld für Corona-Maßnahmen zu generieren.

Wegen der großen Anzahl involvierter Stellen, der hohen Summen und der Komplexität des ETS-Systems kommt es immer wieder zu Betrügereien. Diese werden sich nicht komplett ausschließen lassen, waren aber bisher im Verhältnis zum Handelsvolumen klein. Als besonders betrugsanfällig gelten die CDM- und JI-Zertifikate, bei denen – manchmal fingierte – Emissionsminderungen bei Projekten im Ausland auf die eigenen Klimaziele gutgeschrieben werden.

Die Politik betont immer wieder, dass das Emissionshandelssystem keine negativen Auswirkungen auf die Wirtschaft habe. Das ist natürlich falsch. Wie könnten mehr als eine Milliarde in Deutschland am EEX Spot- und Terminmarkt gehandelte Zertifikate, die zu 2022/23-Preisen etwa 80 Milliarden Euro kosten werden, also etwa 2 % des deutschen BIP, keinen Einfluss auf Investitions- und Standortentscheidungen der Wirtschaft haben?

CO$_2$-STEUERN UND CO$_2$-GRENZAUSGLEICHSMECHANISMUS (CBAM)

Angenommen, 1000 Kilo Stahl werden in die EU importiert. Man könnte sie mit einer CO$_2$-Importsteuer beaufschlagen, die gleich hoch ist wie jene, die europäische Produzenten im Inland bezahlen.

Folgerichtig müsste aus der EU exportierter Stahl von der CO$_2$-Steuer befreit werden, damit EU-Produzenten international zu gleichen Bedingungen anbieten können und nicht langfristig mit ihren Produktionsstätten abwandern oder den Wettbewerb verlieren.

Wenn es in anderen Ländern bereits CO$_2$-Steuern gibt, dann wäre jeweils nur die Differenz zu verrechnen – so wie im Mehrwertsteuersystem.

Daraus ergeben sich ein paar Hindernisse:

- China, Indien und viele andere werden den CO$_2$-Ausgleichsmechanismus als Protektion und unfaires Handelshemmnis vor der Welthandelsorganisation (WTO) bekämpfen und wahrscheinlich recht bekommen – womit wieder die Weltpolitik ins Spiel kommt. Selbst wenn Europa es schaffen würde, die westliche Welt mit USA, Japan, Südkorea, Australien, Neuseeland, Kanada etc. ins Boot zu holen, wäre damit noch nicht viel gewonnen.
- CO$_2$-Emissionen für internationale Exportgüter gratis zu vergeben, ist politisch kaum durchsetzbar. Die bisher – auch unter diesem Gesichtspunkt – gratis zugeteilten Zertifikate laufen schrittweise bis 2034 aus. Es gibt jedoch keinen Mechanismus, der jetzt oder in Zukunft ein »ebenes Spielfeld« zu den internationalen Wettbewerbern herstellt. Eine Deindustrialisierung Europas mit negativen Auswirkungen auf europäische Arbeitsplätze und auf den weltweiten CO$_2$-Ausstoß droht.

- Die praktische Umsetzung von CBAM wäre beim oben beschriebenen Stahl noch recht einfach. Die Wertschöpfungskette lässt sich leicht nachvollziehen, man weiß ungefähr, bei welchen Prozessschritten wie viel Energie verbraucht und wie viel CO_2 erzeugt wird. Wie macht man das jedoch bei komplexen Produkten wie Pkw oder Handy und deren Wertschöpfungsketten – wenn man oft nicht einmal weiß, aus welchem Land die Rohstoffe kommen und wo die Produktionsanlagen stehen? Jedes Produkt hat einen unterschiedlichen CO_2-Fußabdruck, der sich auch noch in der Wertschöpfungskette verändert. Wie gestaltet man so ein Steuersystem, ohne dass die Verwaltung dafür ins Unermessliche wächst?

Selbst wenn mit den USA oder anderen Drittländern nicht die gleichen CO_2-Steuersätze bzw. Emissionszertifikatepreise vereinbart werden können, wäre die Einigung auf die gleichen Bewertungsregeln und Grundsätze bereits ein großer Fortschritt.

Sehen wir uns das bei so einem einfachen Produkt wie einem T-Shirt an. Wie könnte der CO_2-Nachweis beim T-Shirt geschehen?

Ein typisches T-Shirt besteht aus 100 % Baumwolle, wiegt 220 Gramm, erfordert in der Herstellung 2700 Liter Wasser und verursacht 11 Kilogramm CO_2-Emissionen, die an folgenden Stellen entstehen[44]:

- 12 % Baumwollanbau
- 28 % Herstellung
- 2 % Verpackung
- 14 % Katalog/Internetwerbung/Suchmaschinen
- 3 % Transporte
- 8 % Distribution
- 2 % Entsorgung

Weitere Emissionen entstehen beim Gebrauch.

- 31 % Gebrauch (44 x Waschen)

> Wenn man das für jedes T-Shirt oder jede Ladung Textilien überprüfen müsste, wüsste man nicht, wo man beginnen sollte und nach welchen Messkriterien man vorgehen könnte.

Um ein importiertes Erzeugnis einem innerhalb der EU hergestellten Produkt, für das im Zuge der verschiedenen Produktionsschritte CO_2-Abgaben erhoben wurden, gegenüberstellen zu können, bräuchte es klare und nachvollziehbare Messgrößen, Kennwerte und Grenzwerte. Die gibt es nicht! Selbst die Festlegung von Richtwerten wäre eine sehr große Herausforderung. Ebenso würden mit weltweiten CO_2-Zertifizierungsstellen wahre Bürokratiemonster geschaffen. Dies ist auch einer der Gründe, warum in bisherige CO_2-Steuern nur die ganz großen und verhältnismäßig leicht zu kontrollierenden Sektoren einbezogen wurden.

Aber was ist die Alternative? – Darauf gibt es bis heute keine zufriedenstellenden Antworten.

CO₂-STEUERN UND WOHLSTAND

Die Umstellung von Produktionsprozessen in Industrie und Energiewirtschaft ist investitionsaufwendig und verlangt eine hohe Planungssicherheit.

Aufgabe der europäischen Politik wäre es, die Rahmenbedingungen zu schaffen, damit die Industrien erhalten werden, egal ob es sich um energieintensive Industrien handelt oder nicht, denn die Verlagerung ins steuersparende Ausland verhindert kein Gramm CO_2-Ausstoß. Die europäische Deindustrialisierung würde dem Klima nichts bringen, sondern schaden und zusätzlich zu einem erheblichen Wohlstandsverlust in Europa führen.

Abgesehen davon muss uns auch klar sein, dass es nicht möglich und nicht sinnvoll ist, jede energieintensive Produktion in Europa zu halten, wenn es Orte gibt, an denen erneuerbare Energie deutlich günstiger produziert werden kann.

Soll CO$_2$ dort eingespart werden, wo die Einsparung am kostengünstigsten erfolgen kann, würde es bedeuten, dass wir in Europa fast alle Klimaschutzmaßnahmen einstellen und sämtliche Finanzmittel in China, Indien, Südostasien, Südamerika und Afrika investieren müssten, bis deren Industrie dieselben Energie- und Umweltstandards wie unsere erreicht hat.

Der US-Vorschlag auf der Klimakonferenz in Ägypten zielte genau in diese Richtung: Jeder (also beispielsweise US-Unternehmen) darf sich internationale Einsparungen, die er in einem beliebigen Land erzielt, voll anrechnen lassen können. Das wäre weltweit gerechnet viel günstiger und würde dem Weltklima viel mehr nützen, als die Finanzmittel nur in den Industrienationen zu investieren.

Ein in Entwicklungsländern eingesetzter Euro oder US-Dollar wirkt dort mit einem vielleicht zwei- bis fünffachen Faktor, da bei veralteten Technologien noch viel mehr Optimierungspotenzial besteht.

Wir westlichen Länder würden unsere Klimaziele dann »bilanziell« erreichen. Faktisch würden wir im Inland fast nichts mehr tun, weil wir unsere CO$_2$-Einsparungen in den Schwellenländern erzielt hätten.

ESG

Die Anwendung von ESG auf internationale Lieferketten ist ein exzellentes Beispiel für »gut gemeint«.

ESG beinhaltet alles, was wir als westliche Gesellschaft mit den Menschenrechten, unseren gesellschaftlichen Errungenschaften sowie unserer Gesetzgebung zum Thema Umwelt erreicht haben und damit als ethischen Standard für die weltweite Wirtschaft definieren wollen:

Umweltstandards (E … Environment):
- (Regionale) Emissionen in die Gewässer, die Luft und den Boden sowie Schall
- Wasser- und Grundverbrauch, Effizienz, Lieferwege, Energiequellen

Sozialstandards (S ... Social):
- Keine Kinder- und Zwangsarbeit, »gerechte« Löhne, Geschlechtergerechtigkeit
- Arbeitssicherheit und gesunde Produktionsbedingungen, Weiterbildung
- Persönliche, politische und religiöse Freiheit
- Gute Bedingungen auch bei Sub-Unternehmern und Lieferanten
- Soziale Auswirkungen der Produkte

Unternehmensführung (G ... Governance)
- Maßnahmen gegen Korruption, wettbewerbswidrige Praktiken und für Transparenz
- Korrekter Umgang mit Steuern
- Vielfalt und Chancengleichheit
- Unabhängige Kontrollorgane
- Gesellschaftliche Auswirkungen der Produkte

ESG gießt die genannten Kriterien in Zahlen. Übrig bleibt **eine** Zahl – das »Rating«, das definiert, wie hoch in der ethischen Bewertung ein Unternehmen oder ein Projekt steht.

Dieses Rating soll Anreiz für Unternehmen sein, sich künftig in den ESG-Kriterien zu verbessern. Zudem soll es ein Anreiz für Investoren und Gesellschaft sein, vorwiegend dort zu investieren, wo das Ranking hoch ist, und »unethische« Firmen systematisch von Investments auszuschließen.

Es wäre selbstverständlich gut, wenn sich weltweit in allen Unternehmen Menschenrechte und westliche Gesellschafts-, Sozial- und Umweltstandards durchsetzten.

Doch ESG hat einen missionarischen, kolonialistischen Charakter, mit all den positiven und negativen Aspekten. Es setzt neben den geltenden Gesetzen zusätzliche »westliche« ethische Standards, die über eine Zahl vergleichbar gemacht werden sollen. Es erfüllt damit den Wunsch der Menschen nach einer einfachen Unterscheidung zwischen Gut und Böse.

Bei konsequenter Umsetzung von ESG muss man jedoch zwangsläufig zu dem Schluss kommen, dass eine Differenzierung zwischen autokratischen Staaten und seinen Unternehmen kaum möglich ist. Eine konsequente Durchsetzung von ESG würde daher bedeuten, dass westliche Staaten nur mehr mit gleichgesinnten Ländern Handel betreiben.

Im Zusammenhang mit internationalen Lieferketten hat ESG daher ein grundlegendes Problem:

- Entweder müssen die ESG-Kennwerte und -Kriterien gebeugt und geschönt werden.
- Oder die konsequente Anwendung der ESG-Kennwerte stoppt die Hälfte des Welthandels.
- Oder man begnügt sich damit, Kennzahlen zu ermitteln, ohne Konsequenzen daraus zu ziehen.

Weitere Kritikpunkte sind:

- ESG mischt Management- und Bewertungssysteme, ergänzt sie mit moralischen Kriterien und reduziert sie auf eine einzige Zahl: ISO 9001 Qualitätsmanagementsysteme plus ISO 14001 Umweltmanagementsysteme plus allgemeine westliche arbeitsrechtliche, Moral- und Gesellschaftsvorstellungen ergibt ESG.
- Nach Lean Management, Six Sigma, etwas Balance Scorecard und der agilen Organisation ist ESG eine weitere Philosophie, die von Beratungsunternehmen, PR- und Ratingagenturen, Lobbyisten und NGOs gehypt wird. Es ist ein Riesengeschäft, Millionen von Arbeitsstunden fließen hinein, um Zahlenmaterial zu sammeln, Präsentationen zu halten und Schulungen durchzuführen.
- Der konkrete Nutzen der ESG-Klassifizierung, die größtenteils auf geschätzten Werten basiert, ist unklar, weil sich wenig davon messen lässt.
- Die Transparenz der Ratings ist gering. Auch die Kosten-Nutzen-Betrachtung der ESG-Ziele ist nicht eindeutig.
- Die Bürokratie erhöht sich, was besonders für kleine Unternehmen bremsend wirkt und damit eher für Beharrung und Veränderungswiderstand sorgt.
- Wenn man ESG ernst nimmt, müsste man konsequenterweise, wie beim CO_2, abhängig von der ESG-Bewertung eine Importsteuer einführen. Das wird jedoch nie passieren, weil jeder, der sich damit beschäftigt, weiß, dass ESG-Bewertungen größtenteils Fantasiezahlen sind.

4.
EUROPAS ENERGIE UND DIE WELT

Der russisch-ukrainische Krieg, die Wirtschaftssanktionen mit den Auswirkungen auf die europäische Energieversorgungssicherheit und die Energiepreise haben europaweit die eingefahrenen Sichtweisen ins Wanken gebracht, insbesondere zu den Energiethemen.

Die Notwendigkeit einer Energiewende, die bisher eher unter »Grünbewegten« in akademischen Zirkeln diskutiert worden ist und deren Konsequenzen sich kaum jemand in Politik und Gesellschaft bis zum Ende vorstellen wollte, ist plötzlich viel realer geworden.

Einen totalen Stopp des Erdgas- und -ölimports aus dem Hauptlieferland Russland konnte sich 2021 noch niemand in Europa vorstellen. 2022/23 wurde das Szenario Wirklichkeit und es wurden Notfallpläne erforderlich, um kurzfristig andere fossile Brennstoffquellen zu erschließen. Mehr dazu und zu den Energiepreisen finden Sie in Kapitel 6, »Energiemarkt«.

Welche weitere Entwicklung der Krieg nehmen wird, bleibt offen. Sicher ist, dass die ökonomischen Folgen für die ganze Welt dramatisch sind: steigende Energiepreise, Inflation, Lebensmittelengpässe, Rohstoffmangel, unterbrochene Lieferketten, gefährliche politische Allianzen.

Die Folgen für die Energiewende und die Bekämpfung der Erderwärmung sind ebenso offen. Zu erwarten ist, dass kurzfristig weniger Wirtschaftskraft verfügbar sein wird für die Energiewende, es dieser jedoch mittelfristig einen gewaltigen Schub verleihen sollte, da erstmals klar wurde, wie sehr die Weltwirtschaft und insbesondere Europa von einzelnen Akteuren am Energiemarkt abhängig sind: neben Russland auch von der OPEC, den USA, China und anderen Schlüsselspielern.

DIE NEUE ORDNUNG DER WELT

Ausgelöst durch den russisch-ukrainischen Krieg zeigt sich recht deutlich, wie die neue Machtaufteilung der Welt in den 2020er-Jahren aussieht. Angesichts dieses Konfliktes mussten viele Länder bekennen, wo sie stehen. Folgende Karte zeigt die Staaten und ihr jeweiliges Stimmverhalten bei der UNO-Resolution ES-11/1 zur »Missbilligung der russischen Aggression«:

Grafik 9: Die neue Machtaufteilung der Welt[45] –
Stimmverhalten zur Resolution ES-11/1

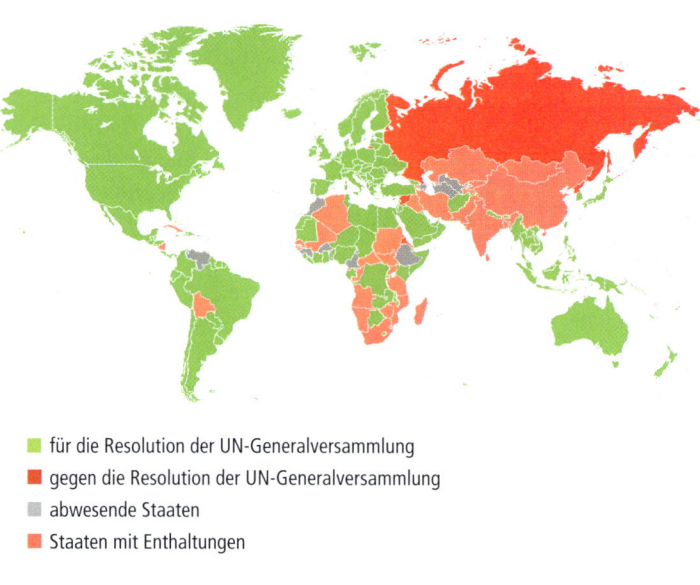

- ■ für die Resolution der UN-Generalversammlung
- ■ gegen die Resolution der UN-Generalversammlung
- ■ abwesende Staaten
- ■ Staaten mit Enthaltungen

Ein westlicher Machtraum aus EU und Nordamerika steht einem östlichen, asiatischen Machtraum aus China und Russland gegenüber. Afrika ist zersplittert zwischen den Blöcken, Südamerika mehrheitlich dem westlichen Lager zuzuordnen. Die »freie Welt« von Japan über Südkorea bis Australien rechnet sich ebenfalls mehrheitlich »dem Westen« zu.

Nach Bevölkerungszahl verurteilt der »autokratische Block« mit einer deutlichen Mehrheit (ca. 61 %) das Vorgehen Russlands nicht! Nach Ländern – und das ist es, was bei einer UNO-Abstimmung zählt – verhält es sich zum Glück umgekehrt: Hier verurteilen 141 Länder (73 %) die russische Aggression.

Wesentliche »Wackelkandidaten« in diesem weltpolitischen Machtspiel sind Indien, Pakistan sowie eine große Anzahl afrikanischer Staaten, die wechselweise von westlicher, chinesischer oder russischer Wirtschafts- bzw. Militärhilfe abhängig sind. In manchen dieser Staaten ist Russland nicht nur der größte Waffenlieferant, sondern auch militärisch vor Ort präsent. Dasselbe gilt für China, das derzeit in Afrika vorwiegend wirtschaftlich präsent ist, aber dessen militärische Präsenz stetig wächst.[46] Südostasiatische Staaten, wie Indonesien, Malaysia und die Philippinen, stehen mit China im Streit um Inseln im Südchinesischen Meer und unterstützten die Resolution, Vietnam enthielt sich.

China und Russland sind kein stabiler und unveränderlicher Block. International überlagern sich jedoch viele Interessen und vor allem die Ablehnung einer westlichen kulturellen, politischen und wirtschaftlichen Dominanz.»Beide haben sich von demokratischen Experimenten abgewandt und kämpfen gegen die unterstellte Verunreinigung der heimischen Kultur mit westlichen Werten, wie Individualismus, Demokratie und einklagbaren Menschenrechten. Beide blicken gerne auf ihre ruhmreiche Geschichte zurück und begründen ihre Machtansprüche mit der These, sie seien vom Westen historisch unterdrückt und daran gehindert worden, zu wahrer Größe aufzusteigen«, sagt Peter A. Fischer in der NZZ.[47] Langfristig wird China als Gewinner aus dem russisch-ukrainischen Krieg hervorgehen: ein geschwächtes Russland, günstige Rohstoffzugänge zu einem sonst überall isolierten Land, eine De-facto-Abtretung des rohstoffreichen Sibiriens an China und eine Abhängigkeit Russlands vom chinesischen Wohlwollen, zusätzlich ein wirtschaftlich geschwächter Westen, der nicht in der Lage ist, sich so auf den Pazifik zu konzentrieren, wie es erforderlich wäre.

Was hat das nun alles mit Energiewende und Klimawandel zu tun?

Ganz einfach: Jede internationale Vereinbarung zum Klimawandel wird auch von nationalen politischen, wirtschaftlichen und militärischen Interessen getrieben. Jene Staaten ins Boot zu holen, die nicht das westliche Weltbild teilen, aber 60% der Weltbevölkerung repräsentieren, wird nicht leicht sein. Es ist außerdem eine Gratwanderung zwischen»Appeasement und Konfrontation«[48], deren Gewichtung sehr stark vom eigenen Weltbild und der Einschätzung jener Staaten abhängt. Wie falsch man dabei liegen kann, war im Vorfeld des russisch-ukrainischen Krieges zu sehen, als Deutschland der Meinung war, es könne einen »Wandel durch Handel« herbeiführen. Die Grenzen der Zustimmung zu internationalen Klimaschutzvereinbarungen verlaufen ähnlich. Klimapolitik wird von vielen der ärmeren Länder auch als Entwicklungspolitik gesehen. Es ist zu befürchten, dass etliche »Wackelkandidaten« einer Bekämpfung des Klimawandels nur zustimmen werden, sobald sie Entwicklungshilfe bekommen (wirtschaftlich, politisch, militärisch) und wieder weg sind, wenn »der andere Machtblock« sie stärker unterstützt.

EUROPA

Die EU hat von allen großen Wirtschaftsräumen weltweit die ambitioniertesten Klimaziele und viele Gesetzespakete dafür auf den Weg gebracht. Ob Europa in der Lage sein wird, die Ziele im Umfeld der erwähnten »Mitspieler« durchzusetzen, ohne seinen eigenen Wohlstand zu gefährden, ist, wie oben schon angesprochen, fraglich – insbesondere, wenn man bedenkt, wie teuer die letzten 20–30 % der CO_2-Einsparungen kommen werden. Es ist daher unwahrscheinlich, dass die EU mehr als 70–80 % der Klima- und Energiewendeziele erreichen wird.

Europa ist nicht energieautark und hat noch kaum schlagkräftige Institutionen und Entscheidungsgremien entwickelt, um seinen Willen gegenüber den oben genannten Regionen durchsetzen zu können. Wenige der heutigen Energie-Lieferländer sind demokratische Vorzeigestaaten, Russland und die wesentlichen arabischen Lieferländer keine Demokratien.

Auch unsere westlichen Demokratien erweisen sich als anfällig. Was sich in den europäischen Staaten abzeichnet, ist eine immer stärkere Polarisierung der Gesellschaft. Die Auswirkungen der Corona-Krise und des russisch-ukrainischen Krieges haben in der europäischen Gesellschaft einen Einschnitt verursacht, der stärker ist als der Zusammenbruch des »Ostblocks« 1989. Trennlinien und weltanschauliche Auseinandersetzungen haben sich deutlich verstärkt. Es gibt jedoch keine einheitlichen Trennlinien, sondern je nach Themenbereich sehr unterschiedliche »Blöcke«. Gemeinsam ist den Entwicklungen jedoch die Vehemenz, mit der die Auseinandersetzungen geführt werden.

Die Corona-Pandemie barg viele Fragezeichen und Ungewissheiten, und bis heute bestehen fundamental unterschiedliche Ansichten zu den Corona-Auswirkungen und -Maßnahmen. Die Klimakrise mit ihren Ursachen, Auswirkungen und Maßnahmen ist mindestens genauso kompliziert. Die persönliche Bedrohung durch den Klimawandel wird regional und individuell sehr unterschiedlich empfunden. Dennoch gibt es einen stark wachsenden Anteil an der Bevölkerung – insbesondere die Jugend –, der unzufrieden mit den Maßnahmen gegen den Klimawandel ist. Zu erwarten, dass über die Ursachen, Maßnahmen, Auswirkungen und vor allem über den richtigen und ausreichenden Einsatz von Mitteln Einigkeit erzielt werden kann, wäre naiv. Selbst die vielen in diesem Buch angeführten Aspekte stellen nur ein kleines Spektrum dar und sind nicht unumstritten.

Es gibt genügend Kräfte außerhalb der demokratischen Länder Europas, die nur darauf warten, die Spaltungen zu verstärken und die Schwächen auszunützen. Doch auch wenn Demokratien oft schwerfälliger sind als Autokratien – Demokratie ist kein superschneller Prozess, die Checks and Balances brauchen Zeit –, sind sie letztlich deutlich erfolgreicher als jene.

Wer also wirklich etwas zum Positiven bewegen will, muss – auch wenn er die besten Absichten hat – gut überlegen, welche Systemveränderungen er haben will, welche Mittel ihm dafür recht sind und laufend seine eigene Informations- und Meinungsblase hinterfragen.

Finanziell wird die EU zur Bewältigung der Klimakrise wahrscheinlich das versuchen, was sie schon während der vergangenen Krisen getan hat: Sie wird Geld drucken und ungedeckte Staatsanleihen aufkaufen. Ob dies jedoch nach dem Energiepreis- und Inflationsschock 2022/23 noch die gleiche Priorität hat und ob es überhaupt noch funktioniert, scheint fraglich.

Deutschland verliert dabei weiter an wirtschaftlicher Attraktivität. Schwache Infrastruktur und unzuverlässige Energieversorgung sind kein Willkommensgruß an Investoren. Traditionell schlecht wirtschaftende EU-Länder verlangen, dass Zukunftsinvestitionen wie für »die Bewältigung der Klimakrise« oder »die Digitalisierung« nicht in die »strikten« Schuldenregeln der EU eingerechnet, also »gute Schulden« gemacht werden dürfen, und schwächen damit den Euro weiter.

Kredite, für die Bewältigung der Klimakrise und die Finanzierung der Energiewende, sind besser als andere Schulden. Sie sollten daher aus den Schuldengrenzen ausgenommen werden.

 Nein. Wohl gibt es einen Unterschied zwischen Schulden, die heutigen Konsum finanzieren, und jenen, die Infrastrukturinvestitionen finanzieren, die zukünftigen Generationen zugutekommen. Quintessenz ist aber, dass Schulden, die wir heute eingehen, jener Wohlstand sind, den wir den nächsten Generationen wegnehmen, um unseren Lebensstandard nicht einschränken zu müssen. Ob das angesichts ungedeckter Renten-, Pflege- und Gesundheitssysteme moralisch auch noch zu rechtfertigen ist, ist fragwürdig.

Da nahezu jede Investition mit den oben genannten Themenblöcken Klimakrise und Digitalisierung in Verbindung gebracht werden kann, bedeutet eine Schuldenausnahme, dass es keine gemeinsamen Finanzregeln mehr gibt. Jene Staaten, die am hemmungslosesten Geld ausgeben, werden am meisten von den anderen Euro-Ländern profitieren. Der Zusammenhang mit der Klimakrise ist dabei ein rein zufälliger.

RUSSLAND UND DIE ERDGASERPRESSUNG

Politik und Wirtschaft

Russland hat es seit Gorbatschow und Jelzin nicht geschafft, eine demokratische Entwicklung oder wesentliche ökonomische Fortschritte zu erzielen. Die große Privatisierung der Wirtschaft unter beiden Staatsmännern kam privilegierten und/oder kriminellen Oligarchen zugute. Putin kehrte die Entwicklung um, indem er die Oligarchen unter seine politische und ökonomische Kontrolle bekam, vertrieb oder Schlimmeres mit ihnen anstellte.

Während die chinesische Wirtschaft eine sehr kapitalistische und wettbewerbsgetriebene Wirtschaft ist, die jedoch durch politische Vorgaben und Rahmenbedingungen gelenkt wird, hat es Putin nie verstanden, die Wirtschaft zum Nutzen des Landes oder seiner

Bevölkerung weiterzuentwickeln. Russlands Bruttoinlandsprodukt ist kleiner als jenes Italiens. Russlands Wirtschaft ist schwach, hängt zum größten Teil an den Rohstoffexporten und dem Militär. Sie wird zentral gelenkt und durch den Staat ineffizient geführt. Die Korruption lähmt das Land. Monopole und Kartelle herrschen vor. Die wenigen leistungsfähigen Unternehmen aus den Sektoren Energie, Rohstoffe und Militär sind eng mit der politischen Führung verbunden. Ohne einen repressiven Staat mit Geheimdiensten und Militär sowie einer das System finanzierenden, staatlich kontrollierten Oligarchie könnten sich Staat und Wirtschaft in dieser Form nicht aufrechterhalten. Das bildet die Basis, auf der die russische Energie- und Klimapolitik ruht.

Nach diesem Krieg wird auch für Russland alles anders sein: Das Land wird noch autoritärer, noch isolierter und noch stärker von seiner verbliebenen Nabelschnur zur Außenwelt – China – abhängig. Putin hat es in den mehr als 20 Jahren seiner Amtszeit geschafft, Russland auf den Status von Nordkorea zurückzuentwickeln: ein Land, das man nicht ignorieren kann, da es die Atombombe hat, das aber sonst kaum mehr weltpolitisch bedeutsam ist. Die russische Bevölkerung wird das teuer bezahlen. Ebenso bezahlt Europa einen hohen Preis dafür, sich freiwillig abhängig gemacht zu haben.

Russland und die europäische Energiewende

Europas Energiewende benötigt mindestens 30, wahrscheinlich aber eher 50 Jahre, um den Einfluss derzeitiger Energielieferanten, also von Russland und dem Nahen Osten, zu reduzieren. Diese Länder werden sich langfristig für einen wesentlichen Teil ihrer bedeutendsten Einkunftsquelle, nämlich Erdöl und -gas, neue Abnehmer suchen müssen. Die Einnahmen werden mittelfristig zurückgehen.

Jede Prognose für Russland ist heute schwierig. Klar ist, dass Russland neue Abnehmer für seine Rohstoffe finden muss, und dass sich die russische Gas- und Ölförderung aufgrund der schrumpfenden Fördermöglichkeiten und Reserven in Westsibirien weiter in den Osten verlagert. Die Gebiete sind noch zu erschließen, der auftauende Permafrost macht die Errichtung von Verkehrswegen und Industrieanlagen nicht einfacher. Seit der internationalen Isolierung wird es schwieriger, an Finanzierung und Technologien zu kommen. China unterstützt Russland nicht uneigennützig, die russischen Nettoerlöse werden sich vermindern.

Eventuelle CO_2-Steuern oder Grenzabgaben (CBAM) aus dem »Fit for 55«-Paket werden im Vergleich dazu nur geringen Einfluss haben.

Die eigene Energieversorgung dürfte Russland nicht umstellen, solange der Druck von außen nicht zu groß wird. Zu kostengünstig ist dafür die Energie aus Erdgas, Kohle und Erdöl. Russland ist aber einer der stärksten Exporteure von Atomkraft. Rosatom, die »föderale Agentur für Atomenergie Russlands«, errichtet Atomkraftwerke in China, dem Iran, Indien und Ungarn.

Die Erpressung

Hier die Erpressung zu beschreiben, ist überflüssig. Ganz Europa hat sie 2022/23 wahrgenommen, beginnend mit leeren Erdgasspeichern und Lieferreduktionen 2021 bis hin zu weitgehenden Lieferstopps.

Verstärkt wird dies durch die hohe Erdgasabhängigkeit Deutschlands, die auch durch den Kohle- und Atomausstieg verursacht wird. Die BRD hat sich selbst ohne Notwendigkeit sämtlicher Reservekapazitäten beraubt und damit extrem erpressbar gemacht. Aufgrund der Größe des Landes vergisst man aber leicht, dass viele EU-Staaten abhängiger waren von russischem Gas als Deutschland: Bulgarien, Tschechien und die Slowakei, Österreich, Slowenien, Ungarn und Polen. Die baltischen Staaten und Finnland haben sich in den letzten Jahren unabhängiger gemacht: Der Baltic Connector, eine Gaspipeline, ein großes LNG-Terminal sowie ein Atomkraftwerk nehmen ihnen die Angst vor einem russischen Erdgasstopp. In Deutschland muss Erdgas – nach dem Kohle- und Atomkraftausstieg – die komplette Residuallast abdecken. Die verstärkte Erdgasabhängigkeit wurde nicht durch Nord Stream II, sondern durch die ungeschickte Energiewende verursacht, die russischen Erpressungsmöglichkeiten hingegen durch Nord Stream II erleichtert.

Nord Stream I und II haben fast den gleichen Verlauf und nominell die gleiche Transportkapazität von je 55–60 Milliarden Kubikmetern Erdgas pro Jahr.

Das entspricht

- 2 x 600 Terawattstunden (TWh) Heizwert
- oder etwa 82 Gigawatt elektrischer Kraftwerksdauerleistung, was der elektrischen Leistung **aller** in Deutschland im August 2021

in Betrieb befindlichen und als Netzreserve gehaltenen Kohle-, Erdgas-, Reststoff- und Atomkraftwerke im Vollbetrieb entspricht.

Europa hat zugelassen, dass Russland europäische Staaten in trojanische Pferde umfunktioniert, darunter Bulgarien, Griechenland, Italien, Luxemburg, Malta, Österreich, Portugal, Slowenien, Ungarn, Zypern und Serbien. Das hat die europäische Sicherheit und Handlungsfähigkeit lange Zeit gefährdet.

Russlands Staatshaushalt speist sich zu etwa einem Drittel aus Öl- und Gaseinnahmen, in manchen Jahren fast zur Hälfte, 80 % davon Öl, 20 % Gas. Wenn es also für Europa darum geht, auf die Erpressung zu reagieren, müssen Öl und verflüssigtes Erdgas (LNG) mitgedacht werden. Innerhalb der nächsten fünf Jahre muss Europa daher zusätzliche LNG-Entladeterminals bauen, eigene Gasfelder aktivieren und reaktivieren, Bezugsquellen und Pipelines diversifizieren und gegebenenfalls den strategischen Gaseinkauf bündeln, um zum Herbst jeweils volle Gasspeicher zu haben. Klarerweise bringt das keinen Nutzen für die Energiewende oder die CO_2-Emissionen, aber kurzfristig hat die Versorgungssicherheit Priorität.

Das Klima

Die Folgen des Klimawandels werden Russland wahrscheinlich stärker treffen als viele andere Staaten. Etwa 70 % der Landesfläche sind Permafrostboden. Dieser wird verstärkt auftauen, Infrastruktur wird teurer werden, bestehende Infrastruktur durch das Auftauen der Böden zerstört. Die zusätzlichen landwirtschaftlichen Flächen bestehen jedoch zu großen Teilen aus Sand und Eis und beinhalten wenig organisches Material, sind also nur begrenzt fruchtbar. Dem gegenüber stehen erhöhte Gefahren von Trockenheit im südlichen Landesteil. Bei geeigneter und intelligenter Bewirtschaftung hat Russland hier aber trotzdem noch sehr großes Potenzial. In Deutschland beträgt die Ackerfläche etwa 47 % der Landfläche, in Russland hingegen nur 7 %.

Einen strategischen Vorteil wird der Klimawandel Russland jedoch bringen. Durch die zukünftig eisfreie Nord-Ost-Route in der Arktis lassen sich erstmals viele asiatische Länder direkt und kostengünstig mit russischen Rohstoffen, Öl und Flüssiggas versorgen. Auch militärisch öffnet dies den ganzjährigen Zugang nach Osten und Westen.

Der russische CO_2-Ausstoß beträgt etwa 5% der weltweiten Emissionen. Rund ein Drittel davon stammt wahrscheinlich aus der Förderung und dem Transport von Erdgas und Öl für den Export. Russland hat jedoch andere Prioritäten als Klimawandel und Energiewende. Der flächenmäßig größte Staat der Erde ist, wie gesagt, in einem wirtschaftlich und politisch desolaten Zustand. Er hätte die besten Voraussetzungen, ein reiches Land zu werden und auch an der Klimawende mitzuarbeiten. Der Fokus der russischen Führung liegt aber leider darauf, sich an der Macht zu halten, und nicht darauf, das Land zu Wohlstand und Nachhaltigkeit zu führen. Russland ist eine ehemalige Weltmacht, die sich vom Westen bedroht fühlt und eine alte Weltordnung wiederherstellen will.

Dieses Land wird Öl und Gas fördern, solange es vorhanden ist und die Förderung weniger kostet, als der Verkauf einbringt. Wenn Europa nicht mehr genug abkauft, wird man neue Abnehmer finden: Indien, China, Zentralasien oder lukrativere südostasiatische Märkte, die über die Erdgas-Verflüssigung und die Arktis-Nordost-Passage zukünftig auch besser erreichbar sein werden.

Der einzige in Russland vielleicht erzielbare Erfolg ist, die Lecks in der Förder- und Transportinfrastruktur zu reparieren, damit weniger Methan direkt in die Atmosphäre strömt. Das lohnt sich sogar wirtschaftlich.

Öl- und Gasförderstopp

Weltweit hat bisher kein großes Öl- oder Gasförderland seine Produktion aus Klimagründen heruntergefahren. Auch Russland und die OPEC-Länder werden ihren Reichtum nicht unter der Erde belassen. Solange Öl und Gas vorhanden sind, wird gefördert. Im besten Fall nutzen jene Staaten den Reichtum, um ihre Bevölkerungen langfristig abzusichern, im schlechtesten, um ihre Regierung und ihre Gefolgschaft kurzfristig abzusichern.

Selbst Norwegen, das fast 100% seines Stroms aus Wasserkraft und anderen erneuerbaren Quellen produziert, auf E-Mobilität setzt und insgesamt sehr umweltbewusst ist, verzichtet nicht auf den Reichtum aus seinen Öl- und Gasquellen. Seit über 25 Jahren werden die Erlöse durch einen Staatsfonds auf der ganzen Welt investiert.

CHINA UND DIE ROHSTOFFERPRESSUNG

Warum wird China hier so ausführlich behandelt? China ist der weltgrößte CO_2-Emittent, der wichtigste Lieferant kritischer Rohstoffe für die Energiewende, der drittgrößte Wirtschaftsraum. Es hat die politische und militärische Macht, sein Gesellschaftssystem im indopazifischen Raum durchzusetzen und große Teile des Welthandels nach seinen Vorstellungen zu gestalten. Ohne China gibt es keinen Stopp des Klimawandels. China ist außerdem wirtschaftliches und teilweise auch politisches Vorbild für viele Schwellenländer.

Chinesische Prioritäten

Chinas deklariertes Ziel ist es, zum 100. Jahrestag der Gründung der Kommunistischen Partei Chinas im Jahr 2049 die führende Weltmacht zu sein, beim Wohlstand zum Westen aufzuschließen und Taiwan einzugliedern. China will bis 2035 seine Wirtschaftsleistung verdoppeln, der angestrebte »gemeinsame Wohlstand« soll auch das gewaltige soziale Gefälle zwischen den »reichen« Stadt- und den »armen« Landbewohnern ausgleichen. Wohlstand ist ein wesentlicher Teil der Legitimation der kommunistischen Führung.

Um das zu erreichen, wird sich China nicht von CO_2-Emissionen aufhalten lassen. Die Wahrscheinlichkeit ist groß, dass China den Klimawandel und die Energiewende nur verbal auf die Tagesordnung setzt, tatsächlich aber nichts unternehmen wird, was seine 100-Jahres-Ziele gefährden könnte. Es bleibt zu erwarten, dass China im Gegenteil versuchen wird, jetzt noch so viel wie möglich in kalorische Energie zu investieren, um dann ab 2030 verkünden zu können, dass der Emission Peak erreicht ist, obwohl der chinesische Pro-Kopf-CO_2-Ausstoß heute schon größer ist als der europäische. Nur dort, wo es China auch wirtschaftliche Vorteile bringt, wie im Bereich der Energieeffizienz, wird etwas unternommen. China errichtet heute schon mehr erneuerbare Energie als jedes andere Land und wird in den nächsten Jahren der weltweit größte Einzelinvestor in erneuerbare Energie sein. Pro Kopf und im Verhältnis zum Energieverbrauch hinkt das Land aber gegenüber Europa weit hinterher.

China denkt und handelt langfristig. Auch wenn Klimaneutralität vor 2060 mit China nicht machbar wird, ist ihm jedenfalls zuzutrauen, dass es das Ziel bis 2070 oder 2080 umsetzt. Das wäre vielleicht auch der realistischere Zeithorizont für Europa. China hat einen Plan für die Klimaneutralität. Man hat dafür das Jahr 2060 als Ziel deklariert, so wie Russland. Das Jahr 2060 ist taktisch gewählt. Man kann sich bis 2045 in Ruhe anschauen, was in Europa machbar ist, und hat dann noch immer die Möglichkeit, Irrwege zu vermeiden und gute Entwicklungen zu kopieren. Und sollte Europa das Jahr 2050 verpassen, hat man bei Bedarf eine gute Ausrede, auch die eigenen Ziele zu verschieben. China ist also in einer Position, in der es nur gewinnen kann.

China müsste bis 2060 alle Kohlekraftwerke ersetzt haben und seine gesamte Wirtschaft einem radikalen Wandel unterziehen. Zweifel, dass es das nach deutschem Muster machen wird, sind angebracht. Am wahrscheinlichsten aus heutiger Sicht ist, dass China die Kohlekraftwerke lange davor für flexiblen Betrieb umrüstet, um sie damit zum Ausgleich der Residuallast einzusetzen. Nach Ende ihrer Lebensdauer um das Jahr 2060–2080 werden sie wahrscheinlich nach und nach durch Atomkraftwerke abgelöst. Kohle und Uran sind im eigenen Land abbaubar und außerdem kein großer Kostenfaktor. Bis dahin wird China jedenfalls versuchen, alle wirtschaftlichen Vorteile im internationalen Wettbewerb zu nutzen, die sich aus den billigen Brennstoffen ergeben. China wird sich auch intensiv mit Effizienzsteigerungen beschäftigen, da der mangelnde Kohle- und Energienachschub bereits heute immer wieder zu großflächigen Stromabschaltungen führt. In Deutschland gelingt eine Entkopplung von Wirtschaftswachstum und Primärenergieeinsatz seit 1990, sodass der Primärenergieeinsatz heute geringer ist als vor 30 Jahren. Dies geschah neben der tatsächlichen Effizienzsteigerung auch durch die Verlagerung energieintensiver Produktion ins Ausland. Sollten die chinesischen Wachstumsraten anhalten, ist eine Reduktion des Primärenergieeinsatzes und der Emissionen vor 2060 unwahrscheinlich.

Selbst wenn Europa zwischenzeitlich alle energieintensiven Importe aus China mit CO_2-Strafsteuern belegt, ist die Konsequenz, dass ihm die internationalen Exportmärkte abhandenkommen und es einen massiven Wohlstands- und Machtverlust gegenüber China erlebt, ohne dass positive Auswirkungen auf das Klima spürbar wären. China würde also aus der Taktik des Klima-Trittbrettfahrens massiv profitieren und die europäische produzierende Industrie mit der europäischen »Klimanaivität« zerstören.

Klimaschutz mit China durchzusetzen, scheint eine unlösbare Aufgabe. Es erfordert den Einsatz aller verfügbaren Mittel der Politik, um zumindest ein wirtschaftlich ebenes Spielfeld mit China herzustellen. Europa wird dies nicht allein schaffen können, aber mögliche Allianzen sind rar. Außer den USA, Kanada, Australien, Neuseeland, Japan und Südkorea wird es wenige mögliche Partner geben. Selbst innerhalb der EU dürfte es schwierig werden, eine gemeinsame Linie zu finden.

Dennoch, auch China hat Probleme: Überalterung der Bevölkerung, urbane Jugendarbeitslosigkeit von 20%, Folgen der Ein-Kind-Politik, geringe Geburtenraten und Schrumpfen der Bevölkerungszahl seit etwa 2020, Reich-Arm-Stadt-Land-Gefälle, eine veritable Immobilienkrise, Corona-Lockdown-Auswirkungen, ganze Provinzen und unterdrückte Minderheiten, die nur mit Einsatz des gesamten Machtapparates beherrschbar bleiben, ineffiziente staatliche Lenkung, Korruption, undurchschaubare und potenziell gefährliche Finanzlöcher in Chinas Finanzwelt, im Immobiliensektor, in der Industrie und im Staatshaushalt, ein schrumpfendes Wirtschaftswachstum, politische Unruhen, zunehmende Konfrontation mit dem Westen, Misserfolge bei staatlich gelenkten Initiativen, marktwirtschaftliche Rückschritte seit Präsident Xi Jinping. Ob die Neue Seidenstraße – *Belt-and-Road-Initiative* – ein wirtschaftlicher Erfolg wird, ist noch keine ausgemachte Sache. Wer weiß, wie nahe sich China bereits am Systembankrott befindet?

All diese Probleme machen China jedoch gefährlicher: In einer inneren Schwächeperiode ist leicht ein äußerer Feind gefunden – Klimaschutz und Energiewende spielen dann keine Rolle mehr.

Chinas Nachbarn:
Taiwan und der west- und indopazifische Raum

Jene Region, die die zukünftige Weltpolitik und die Weltwirtschaft dominieren wird, ist der indopazifische Raum: das Süd- und Ostchinesische Meer mit den Anrainerstaaten Malaysia, Indonesien, den Philippinen, Taiwan, Japan und Korea, den Festlandgebieten Laos, Kambodscha und Vietnam und natürlich China selbst, das diesen gesamten Raum dominieren will. Ein Drittel des Welthandels geht bereits heute durch diese Region.

Taiwan, die 23-Millionen-Einwohner-Insel knapp 150 Kilometer vor dem chinesischen Festland mit einer Pro-Kopf-Wirtschaftskraft 2,5-mal so groß ist wie jene Festlandchinas, ist dabei ein besonderer Stachel in Chinas Fleisch. Während sich vor 30 Jahren noch weniger als 20 % der Bewohner als Taiwanesen bezeichneten und 25 % als Chinesen (45 % als »beides«), kehrte sich das bis 2022 um: 63 % fühlen sich als Taiwanesen und weniger als 3 % als Chinesen und 30 % als beides.[49] In Festlandchina hingegen sieht die überwältigende Mehrheit der Bevölkerung Taiwan als integrativen Teil Chinas, 70 % der Chinesen befürworten ein gewaltsames Vorgehen gegen Taiwan[50], Xi Jinping hat die Gewaltoption mehrmals ausdrücklich genannt. China zeigte sein wahres Gesicht, als es nach der Wiedererlangung der Kontrolle über Hongkong das mit Großbritannien vertraglich ausgehandelte Versprechen »Ein Land, zwei Systeme« schlichtweg ignorierte.

China hat vermutlich einen militärischen Zeitplan für eine Vereinigung im Kopf und wird keine Schnellschüsse machen. Es ist jedoch zu erwarten, dass es zwischen 2027 und 2035 so weit sein wird, meinen China-Kenner. Wesentliche Rüstungsprogramme sind 2027 abgeschlossen, dann wird die militärische Macht Chinas so groß sein, dass sich niemand mehr entgegenstellen kann, und es wäre vermutlich noch zu Lebzeiten von Xi Jinping. Ob China tatsächlich das Abenteuer wagen wird, hängt von der Glaubwürdigkeit der USA als Taiwans Schutzmacht und zunehmend auch von Europa ab. Es ist jedoch unwahrscheinlich, dass China sein Ziel aufgeben wird.

Aufgrund der gefährlichen europäischen Abhängigkeit vom chinesischen Absatzmarkt und von Importen aus China werden Sanktionen im Krisenfall möglicherweise kein taugliches politisches Instrument mehr darstellen. Für die EU ist es an der Zeit, den Grad der wirtschaftlichen Abhängigkeit von China zu verringern.

Die »Wiedervereinigung mit Taiwan« ist nicht nur ein Kernbaustein der chinesischen Politik, es wäre auch ein weiterer Baustein zur technologischen Erpressung: Immerhin ist die Insel die wichtigste Chip-Hochburg der Welt mit der gesamten damit zusammenhängenden Lieferkette von Engineering-Unternehmen bis hin zu Chemiefirmen. Die Auswirkungen auf die Weltwirtschaft wären gewaltig: Taiwan dominiert zwei Drittel der globalen Auftragsfertigung von Halbleitern.

Ein Krieg mit all seinen wirtschaftlichen Folgen würde sämtliche Bemühungen um internationale Klimavereinbarungen um viele Jahre zurückwerfen. Die Bekämpfung des Klimawandels wäre de facto gestoppt. Schon im eigenen europäischen Interesse muss China davon abgehalten werden. Auch das weltpolitische Gleichgewicht wäre noch stärker belastet als durch den russischen Angriffskrieg auf die Ukraine, weil unklar ist, ob China nach Taiwan stoppen würde und damit die Sicherheit aller Anrainer im Süd- und Ostchinesischen Meer bedroht wäre. China beansprucht mit der »Neun-Striche-Linie« Hoheitsgewässer und ausschließliche Wirtschaftszonen anderer: Vietnam, die Philippinen, Brunei, Malaysia und Taiwan, das Scarborough Riff, Ölplattformen in vietnamesischen Gewässern, die Paracel-Inseln und die Spratly-Inseln, bestehend aus 130 kleinen Koralleninseln und Riffen. China führt mit seiner quasi-militärischen Fischerflotte seit Jahren einen verdeckten Krieg mit seinen Nachbarn und errichtet dort Militärstützpunkte oder kauft sich Stützpunkte und Verbündete, alles begleitet von einer massiven Aufrüstung seiner Marine und Luftwaffe.

10 % des weltweiten Fischfanges kommen aus dem von China beanspruchten Gebiet, es verfügt über noch unerschlossene Gas- und Ölvorkommen und ein Drittel des Welthandels passiert das Gebiet.

Der chinesische Anspruch geht jedoch noch viel weiter, man möchte chinesische Häfen und Flughäfen auf Papua-Neuguinea, den Salomonen, Vanuatu, Tonga, Kiribati bis zu Darwin Harbour in Australien. Im Konfliktfall will China die Durchfahrt von Japan bis knapp vor Australien blockieren können. Es geht um die Dominanz von Land, Meer, Luft, Weltall und Cyberspace. Der chinesische Traum kann zum Albtraum für seine Nachbarn und letztlich für die ganze Welt werden.

China – Rohstoffe

Um die Energiewende zu schaffen, braucht es Generatoren, Solarzellen, Gleichrichter, Batterien, Elektrolyseure und viele Spezialtechnologien. Und dafür sind Rohstoffe erforderlich. China besitzt einen großen Teil der Rohstoffe, die für die modernen Technologien der Energiewende erforderlich sind. In dem Land werden etwa 90 % der Seltenen Erden verarbeitet. Außerdem sichert sich China weltweit im Rahmen der »Neuen Seidenstraße« Rohstoffe, von Sibirien und Afghanistan bis Afrika und Südamerika. Jedoch hat China wenig Holz, Öl und Wasser, also auch eigene Rohstoffprobleme.

China lenkt den Export nach Kriterien, die nicht vorwiegend ökonomischer, sondern politischer Natur sind. Wer sich gegen dieses

China stellt, bekommt weniger oder keine Rohstoffe; wer dafür ist, wird begünstigt. Prognosen besagen Folgendes[51]: Die Nachfrage nach Stahl, Kupfer, Nickel, Zink und Seltenen Erden wird steigen und das Angebot nicht mitwachsen. Bei Seltenen Erden wird sich die Nachfrage verzehnfachen, bei Cadmium, Gallium, Indium und Germanium bis 2050 um das 40–90-Fache erhöhen.

Weil die EU nur über geringe eigene Rohstoffvorkommen verfügt, müssen wir danach trachten, den Rohstoffeinsatz gering zu halten (Recycling, lange Lebensdauer) und gleichzeitig die Rohstoffquellen zu diversifizieren, sich also nicht in einseitige Abhängigkeiten zu begeben. Wer jedoch glaubt, die Ersatzlieferländer wären lupenreine Demokratien mit hohen Umwelt- und Sozialstandards, bei denen ein Lieferkettengesetz durchsetzbar wäre, irrt wahrscheinlich: Chile, Argentinien, Bolivien, der Kongo, Südafrika, Russland. Die Liste ließe sich fortsetzen.

Technologie und die schiefe Ebene

China hat seine wirtschaftliche Entwicklung von 1980 bis 2020 auch auf dem legalen und illegalen Kopieren von westlichen Technologien aufgebaut. Spionage und Cyberkriminalität, Patentverletzungen und Zwangs-Joint-Ventures sowie ein naiv einfacher Zugang zu westlichem Know-how und den Märkten bildeten die Basis. Wesentliche chinesische Angriffsziele sind Universitäten, Unternehmen und die europäischen Institutionen. Laut USA sei China verantwortlich für 80 % der Wirtschaftsspionage in den Vereinigten Staaten und Huawei eine Cyberwaffe der chinesischen Regierung.

Der Westen erlaubte China, westliche Leitunternehmen aufzukaufen, während wir akzeptierten, dass der Marktzugang nach China nur über Joint Ventures mit chinesischen Unternehmen erfolgen durfte, mit strengen Regeln, staatlichen Interventionen, bürokratischen Hindernissen sowie der totalen Kommunikationsüberwachung und einer Internet-Firewall. Reziprozität war lange kein Thema. Umgekehrt sind die offenen Märkte Europas und der USA extrem verwundbar. Ein Beispiel dafür ist, wenn chinesische Schlüsselkomponenten in unseren zukünftigen 5G- oder 6G-Telekomnetzwerken aus der Ferne beeinflussbar oder sensible wirtschaftlichpolitische Informationen abzusaugen wären. In Summe war es vor allem aus Sicht der USA eine schiefe Ebene. Diese Sichtweise gilt zunehmend auch aus europäischer Perspektive.

Kann Europa China vertrauen? Sind es nur die wirtschaftlichen Interessen der USA, die chinesische Mitbewerber aus dem Markt drängen wollen? Hört Europa die Signale wieder viel zu spät? In den letzten zwei Jahrzehnten hat China große eigene technologische Fortschritte gemacht. Die Universitäten bringen deutlich mehr Absolventen in den MINT-Fächern (Mathematik, Informatik, Naturwissenschaften, Technik) hervor als Europa und die USA zusammen. China ist in wesentlichen Bereichen bereits zum Technologieführer geworden. Der 14. Fünfjahresplan von 2020–2025 ist eine Kampfansage an Europa, an die USA ohnehin. China will die Führungsrolle in Luft- und Raumfahrt, bei Hochgeschwindigkeitszügen, Elektromobilität, im Maschinenbau und in der Umwelttechnik erlangen. Dazu werden weitere europäische Technologie-Unternehmen gekauft (Roboter, Maschinenbau, Mobilität, IT, Pharma- und Biotechnologiefirmen).

Mit den so erlangten Technologien werden beispielsweise Hochgeschwindigkeitszüge mittlerweile in die ganze Welt exportiert, ebenso Solar-Photovoltaik-Paneele, Elektrolyseure und vieles mehr. China erobert mit seinen hochsubventionierten Firmen die Weltmärkte und übernimmt die westlichen Marktbastionen. Die grünen Jobs, die im Westen versprochen werden, wandern wegen der oben beschriebenen schiefen Ebene nach China ab, und der ökonomische Nutzen der Energiewende wird dann dort realisiert.

China hat erstmals eine Wasserstoffstrategie definiert und sieht Wasserstoff als ein Schlüsselelement der Energiewende. Die Volksrepublik hat sich bisher als Weltmeister im Kopieren, Ausrollen und Hochskalieren von Technologien erwiesen und ist in vielen Bereichen konkurrenzlos preisgünstig. Die größte Herausforderung für dieses Land wird nun sein, ob sein politisches und wirtschaftliches System dafür geeignet ist, die für die Energie- und Digitalisierungsrevolution erforderliche Innovation zuzulassen.

Während China Europa und die USA mit allen legalen und illegalen Mitteln daran hindert, von der chinesischen Wirtschaftsentwicklung zu profitieren, schafft China es, in Europa einzelne Länder auf seine Seite zu ziehen. Der einzige Zweck des 16+1-China-Mittel-Osteuropa-Gipfels ist, Europa zu spalten. Die EU lässt das zu, so wie sie auch nichts dagegen unternimmt, dass China Konfuzius-

Institute an Universitäten ansiedelt und bei öffentlichen Infrastruktur-Ausschreibungen als gleichberechtigter Anbieter mitbieten darf, teilweise sogar EU-Mittel dafür anzapft und sich in Häfen oder Eisenbahnen einkauft. An den Häfen von Piräus, Zeebrugge, Rotterdam, Genua, Duisburg, Lüttich, Rotterdam, Antwerpen, Bilbao, Valencia und Hamburg gibt es schon große Beteiligungen, die – wie man annehmen muss – zentral aus China gesteuert werden.

China belohnt und bestraft selektiv europäische Staaten, und Europa lässt sich dies gefallen. Nicht nur dass China – als Reaktion auf die litauische Taiwan-Politik – Litauen als Handelspartner komplett strich, es drohte auch internationalen Unternehmen, sie würden den Zugang zum chinesischen Markt verlieren, sollten sie weiterhin mit Litauen Geschäfte abschließen. Wenn Europa nicht dazu übergeht, eine gemeinsame Außenpolitik zu machen und »automatisch« mit gemeinsamen Gegenmaßnahmen zu reagieren, werden die einzelnen EU-Staaten erpressbar und das Kalkül von Ländern wie China, Russland und anderen aggressiven Staaten wird aufgehen.

Klima und erneuerbare Energieerzeugung

China ist der führende Hersteller von Solarpaneelen. China beherbergt mehrere der Top-10-Windkraftanlagenhersteller, China stellt preisgünstigere alkalische Elektrolyseure her als der Westen und bildet mehr Techniker und Wissenschaftler aus als Europa und die USA gemeinsam. China hat als eine der ersten Regionen grüne Anleihen aufgelegt und ein Regelwerk dafür definiert. China betreibt das weltweit größte CO_2-Emissionshandelssystem. China ist, in absoluten Zahlen, der weltweit führende Investor in Wind- und Solaranlagen. China betreibt also weniger Ankündigungspolitik, als es viele westliche Länder tun.

China wird auch, wie es das schon bisher gemacht hat, beobachten, was im Westen funktioniert und was nicht. Es wird also ebenso wie der Westen die leichter umsetzbaren Maßnahmen angehen und hat hierbei Europa in absoluten Zahlen schon überholt. Es hat 2022 150 Gigawatt erneuerbare Energieerzeuger installiert: 100 GW Wind, 50 GW Solar. Zum Vergleich: Die gesamte bisher installierte Windkraftleistung in Europa betrug 2022 etwa 250 GW.

Den teuren und schwierigen Teil der Energiewende wird China genau wie Europa nicht freiwillig angehen, wenn es damit den Wohlstand gefährdet. Denn Wohlstand ist jenes Versprechen, auf dem die Legitimation »der Partei« und der Regierung beruht.

Klimaneutralität bis 2060 ist mehr »Hoffnung« als »Versprechen« – ebenso wie in Europa bis 2050.

USA UND DER RÜCKZUG AUS EUROPA

Die USA haben das Interesse an Europa schon vor längerer Zeit verloren, lange vor Präsident Trump. Clinton und Obama artikulierten das nicht so direkt, auch Biden tut das nicht. Das Interesse Amerikas begann sich schon Mitte der 1990er-Jahre immer stärker auf China und den Pazifik zu verlagern. Der Kalte Krieg war gewonnen. Die USA sehen in China heute die größte Bedrohung ihres internationalen Einflusses, sowohl in militärischer und politischer als auch in wirtschaftlicher Hinsicht.

Russland ist für die USA nur mehr ein lästiger militärischer Akteur. Mit ihm setzt man sich noch auseinander, um eigene Einflusszonen abzusichern oder den alten europäischen Verbündeten auszuhelfen, die seit den Balkankriegen der 1990er-Jahre nichts dazugelernt haben und 30 Jahre später fast genauso ohnmächtig sind wie damals. Russlands Eindämmung will man mittelfristig vorwiegend Europa überlassen.

Abgesehen von China und der Terrorismusbekämpfung interessieren sich die USA vor allem für ihre eigene Innenpolitik.

Klima- und Energiepolitik

Die USA emittieren etwa 14 % der weltweiten Treibhausgase. Ohne die Vereinigten Staaten wird eine weltweite Senkung der Emissionen kaum möglich sein. Die Pro-Kopf-Emissionen sind hier fast doppelt so hoch wie jene in der EU, damit ist auch das Potenzial für Einsparungen viel größer.

Die Klima- und Energiepolitik hängt in den USA vorwiegend davon ab, ob Republikaner oder Demokraten die Mehrheiten stellen. Eine Vorwahlumfrage im August 2020[52] ergab, dass der Klimawandel für 68 % der demokratischen Wählerschaft ein wichtiges Thema ist, jedoch nur für 11 % der republikanischen. Die Klimapolitik ist damit eines der vielen Spaltungsthemen, die sich in den USA vorwiegend nach Parteipräferenzen gestalten. Eine »Republikanische« USA werden daher einer »europäischen« Klimapolitik nicht zustimmen.

Man sollte jedoch aus europäischer Sicht nicht blauäugig sein und glauben, dass eine Administration unter den Demokraten grundsätzlich anders agieren wird. Es geht um Außenpolitik, Macht, Einfluss und um Wettbewerbsvorteile.

Seit 2008 verdoppelten die USA ihre Erdölproduktion und liegen nun gleichauf mit Saudi-Arabien und vor Russland. Sie sind Netto-Öl-Exporteur und 2021 haben sie bei Flüssiggas den bisherigen Marktführer Katar überholt.

Der Ende 2022 verabschiedete »Inflation Reduction Act« ist das weltweit größte Subventionsprogramm für erneuerbare Energien. Es diskriminiert die europäische Produktion. Die USA werden dadurch viele Investitionen im eigenen Land erzwingen und trotz hoher Ukraine-Kriegsausgaben als wirtschaftlicher Gewinner hervorgehen.

INDIEN UND DAS FEHLENDE GELD

Indien ist ein schlafender Riese, eine potenzielle Supermacht kurz vorm Aufwachen. Indien ist auch der weltweit drittgrößte Verursacher von CO_2-Emissionen und das größte Land der Welt, das man noch zu den Demokratien zählen kann. Der Pro-Kopf-CO_2-Ausstoß liegt bei etwa einem Viertel Europas oder Chinas.

Indien will bis 2070 CO_2-neutral sein, also zehn Jahre nach China und 20 Jahre nach Europa.

Gemeinsam mit China stellt Indien ein Drittel der gesamten Weltbevölkerung. 2025 wird Indien bevölkerungsreicher sein als China, 2050 wird die Bevölkerung etwa 1,7 Milliarden betragen. Indien hat sich als Ziel gesetzt, das Real-pro-Kopf-Einkommen bis 2050 zu verdreifachen, gemeinsam mit dem Bevölkerungswachstum muss die Wirtschaft also knapp um das Vierfache wachsen. In ähnlichem Ausmaß werden vermutlich der Energiebedarf und die Emissionen zunehmen.

Indien ist ein Schwellenland. Einerseits gibt es sehr moderne und reiche Sektoren, andererseits sind ein Drittel der Inder Analphabeten, und ebenso lebt ein Drittel unter der Armutsgrenze. Indien hat eine deutlich jüngere Bevölkerung als China und wird bis zum Ende des Jahrhunderts weiterwachsen, das Durchschnittseinkommen beträgt jedoch nur ein Fünftel des chinesischen. Obwohl Indiens Küstenstädte zu den Hauptbetroffenen des Klimawandels zählen, hat Indien drängendere Probleme.

Kohlekraftwerke dominieren die Energieerzeugung. Indien plant, die erneuerbaren Energien auszubauen, insbesondere die Photovoltaik. Die Verbrauchssteigerungen lassen sich damit kaum kompensieren. Der Konsumenten-Endenergieverbrauch ist stark subventioniert, sodass es geringe Investitions- und Sparanreize gibt. Die Kohleindustrie ist für viele Arbeitsplätze und für den niedrigen Energiepreis verantwortlich. Indien war der wesentlichste Profiteur der europäischen Russlandsanktionen und vervielfachte seine Importe billiger Brennstoffe aus Russland.

Die erneuerbaren Energien tragen etwa zu 28 % zur Stromerzeugung bei, vor 30 Jahren betrug der Anteil noch doppelt so viel, mehr als 55 %. Indien will bereits 2030 wieder 50 % des Strombedarfes aus Erneuerbaren decken, 500 Gigawatt sollen installiert werden, etwa viermal die Leistung der in Deutschland heute installierten Erneuerbaren. Da derzeit jährlich nur ein Drittel der dafür erforderlichen Summe investiert wird, wird Indien dieses Ziel wohl verfehlen. Neben Wind- und Solarkraftwerken wird Indien stark in den Bau von Kohle- und Atomkraftwerken investieren.

Indien kann und will sich eine beschleunigte Energiewende finanziell nicht leisten, ohne seine Wohlstandsziele zu gefährden. Es wird daher bei den nächsten Klimakonferenzen einer der drängendsten Bittsteller um Finanzhilfen für die Transformation seines Energiesektors sein. Argumentiert wird hier auch mit der »historischen Klimaschuld des Westens«.[53]

Da es Finanzhilfen im Ausmaß, wie Indien sie sich vorstellt, wahrscheinlich nicht geben wird, weder in Form von Spenden noch als Investitionen oder Darlehen, wird das Land die Energiewende aufschieben bzw. nur in dem Ausmaß vorantreiben, wie es wirtschaftlich und leistbar ist.

Indien fürchtet die chinesische Dominanz und führt einen Balanceakt zwischen seinen westlichen Verbündeten USA, Australien und Japan und seinem wichtigsten Waffenlieferanten Russland aus. Seine Energiepolitik wird sich wenig an Umwelt- und Klimakriterien orientieren, sondern vorwiegend an den Themen Sicherheit, Wohlstand und Versorgungssicherheit. Von Indien wird daher bis 2050 kein Beitrag zur Reduktion des CO_2-Ausstoßes kommen, sondern die Emissionen werden weiterhin massiv steigen, insbesondere wenn die indische Wirtschaft, so wie prognostiziert, mit 6–7 % pro Jahr wächst. Indien könnte 2050 sogar der weltgrößte CO_2-Emittent sein.

Ob Indien, wenn es die chinesische Wirtschaftsentwicklung nachvollzogen hat, international auch den Weg der Machtpolitik Chinas gehen wird, scheint ungewiss. Indiens Demokratie ist weniger gefestigt, als es sich der Westen wünscht.

AFRIKA UND SEIN BEVÖLKERUNGSWACHSTUM

Der Beitrag Afrikas zu den weltweiten Treibhausgasemissionen beträgt derzeit nur etwa 4 %. Wie sich der Kontinent entwickelt, ist wahrscheinlich am schwersten von allen Erdteilen und Regionen vorhersagbar. Bis 2050 wird sich die Bevölkerung gegenüber 2020 etwa auf 2,6 Milliarden verdoppelt haben und bis 2100 weiterwachsen. Der Emigrationsdruck nimmt zu. Das Wirtschaftswachstum ist schwer vorherzusehen, ebenso die Entwicklung von Hunger, Armut und Wohlstand. Die politische und militärische Abhängigkeit von China und Russland steigt, die Opposition zu westlichen Werten wächst und islamistische Gruppierungen destabilisieren Teile Afrikas.

Die internationalen Energieagenturen IEA und IRENA erwarten bereits 2040 eine Verdreifachung des afrikanischen Stromverbrauches, bis 2050 ergibt sich eine Verfünffachung. Um die im Paris-Agreement eingegangenen Verpflichtungen zu erfüllen, hat McKinsey in einer Studie mit mehreren Szenarien gerechnet.[54] Ein Minus-25 %-Emissionsszenario wäre dafür erforderlich. Ob solche Emissionseinsparungen bei einer Steigerung des Stromverbrauches um den Faktor 5 realistisch sind, bleibt jedem selbst überlassen zu beurteilen.

Eine afrikanische Energiewende erfordert, billige Kohle im südlichen Afrika und billiges Erdgas und Öl im nördlichen Afrika durch erneuerbare Energien zu ersetzen. Sämtlicher Zuwachs müsste mit erneuerbarer Energie erfolgen. Dies verlangt hohe Investitionen. Die Hoffnung auf substanzielle finanzielle Unterstützung »des globalen Nordens« wird sich wahrscheinlich nicht erfüllen.

Jedoch ist das afrikanische Sonnenenergie- und Windkraftpotenzial unglaublich groß. Mit Sonnenenergie könnte etwa der 400-fache erwartete Verbrauch von 2050 abgedeckt werden, mit Windenergie der 250-fache. Das Wasserkraft-, Geothermie- und Biomassepotenzial ist vorhanden, beträgt aber weniger als zwei Tausendstel davon. Eine Energiewende ist daher vielleicht sogar einfacher durchzuführen als auf jedem anderen Kontinent.

Außerdem besitzt Afrika viele Rohstoffe wie Kobalt, Lithium und Mangan. Manche großen Städte sind Zentren der Digitalisierung. Ob der Kontinent diese Chancen nutzen wird und das 21. Jahrhundert Afrika voranbringt, ob es sein Schicksal selbst in die Hand nehmen kann, oder Korruption und Misswirtschaft andauern und der Kalte Krieg hier mit dem neuen Mitspieler China eine Fortsetzung findet – wer weiß?

ANDERE LÄNDER UND REGIONEN

Für weitere Produzenten- und Konsumentenländer von Öl, Gas und Kohle gilt: Erdöl und -gas werden aus den unterirdischen Lagerstätten gefördert werden, solange sie vorhanden sind. Nur weil Europa kein Öl und Erdgas mehr als Primärenergie verwenden will, wird das die Förderung kaum verändern, da genügend Abnehmer dafür bleiben werden.

Saudi-Arabien und die verschiedenen Emirate setzen alles daran, sich für eine Zeit nach dem Erdöl gut aufzustellen. Sie investieren massiv in Erneuerbare und Wasserstoff – heute bereits gleich viel wie in die Öl- und Gasförderung – und werden vielleicht früher CO_2-neutral werden als Europa. Die neue Stadt »Neom City« wird noch viel Aufsehen erregen.

Die **Türkei** ist für Europa gleichzeitig Stabilitäts- und Instabilitätsfaktor. Einerseits stellt sie eine Pufferzone gegenüber dem Nahen Osten und den Kaukasus-Nachbarn dar. Andererseits ist sie mit ihrem eigenen Großmachtstreben, dem Wunsch nach einer Wiederherstellung des osmanischen Einflusses als regionale Führungsmacht und dem damit verbundenen autoritären Auftreten ihres Präsidenten, dem tiefen Misstrauen gegenüber dem Westen und dem Herumlavieren zwischen demokratischen, westlichen und autokratischen, östlichen Allianzen eine ständige Herausforderung für ihre Nachbarländer.

Die Kontrolle der Energierouten nach Europa, weitreichende Hoheits- und Rohstoffansprüche im Mittelmeer, der Einsatz von Bevölkerungswachstum und Migration als Druckmittel sowie militärische und politische Einflussnahme von Armenien bis Somalia und Libyen sind Teil der türkischen Machtpolitik und in der Prioritätenliste weit höher gereiht als die globale Erwärmung oder das Verhältnis zur EU.

DIE HISTORISCHE KLIMASCHULD

Unter »historischer Klimaschuld« werden die kumulierten Emissionen verstanden, die seit vorindustrieller Zeit durch Staaten angehäuft wurden. Der Begriff wird vorwiegend dazu verwendet, um die Schuld für den Klimawandel zuzuweisen. USA, China und Russland liegen in dieser Reihung (Jahre 1750–2017) ganz vorne, Deutschland an sechster, Indien an siebenter Stelle. Die EU hat demnach etwa siebenmal so viel CO_2 wie Indien ausgestoßen.

Bezieht man das Bevölkerungswachstum ein, könnte man aber auch folgendes Gedankenexperiment anstellen, einen Vergleich zwischen Indien und der EU:

- Indien hat heute etwa 2000 kg CO_2-Emissionen pro Kopf, stark wachsend. Die indische Bevölkerung wuchs seit 1950 von 355 Millionen auf 1,35 Milliarden (Faktor 3,8), umgerechnet auf die Einwohnerzahl von 1950 hat Indien Emissionen von 2000 x 3,8 = 7600 kg pro Kopf.
- EU-Europa hat etwa 7000 kg CO_2-Emissionen pro Kopf, die europäische Bevölkerung wuchs von 560 auf 750 Millionen (Faktor 1,34), umgerechnet auf die Einwohnerzahl von 1950 hat Europa Emissionen von 7000 x 1,34 = 9380 kg pro Kopf.

Man liegt somit knapp beisammen. So gerechnet, überholt Indien Europa in wenigen Jahren. 2050 werden Europas CO_2-Emissionen wahrscheinlich weniger als 10 % jener Indiens betragen.

Stellt man eine andere Betrachtung an, indem man die CO_2-Emissionen auf die Anzahl der Personen pro Quadratkilometer bezieht, wird ersichtlich, dass Indien die EU mittlerweile eingeholt hat. Die vierfache Bevölkerungsdichte mit Pro-Kopf-Emissionen von einem Viertel pro Kopf ergibt die gleiche Belastung pro Quadratmeter Fläche. Was Europa an höherem Pro-Kopf-Verbrauch zugelassen hat, hat Indien an höherem Bevölkerungszuwachs zugelassen.

Für Afrika sähe die Bilanz anders aus. Egal wie man es rechnet, ist der afrikanische Beitrag minimal. Aber wie sieht es zum Ende des Jahrhunderts aus?

Hat nun Indien oder Afrika das Recht, einen »fairen Anteil an den CO_2-Emissionen« einzufordern? Wer hat von der Öl-, Gas- und Kohleförderung sowie den Förderlizenzen in den letzten 50 Jahren profitiert? Wird die OPEC den entscheidenden Beitrag leisten? Können sich Europa, die USA, Russland und China komplett aus der Verantwortung stehlen?

Wenige Klimaaktivisten sehen, dass der Kampf gegen den zukünftigen Klimawandel nicht vorwiegend in Europa, sondern eigentlich in Südostasien (mit China, Indien, Indonesien) und zukünftig in Afrika auszutragen wäre, denn dort erfolgen 70 % der klimaschädlichen Aktivitäten und nahezu 100 % des Emissionswachstums.

Es ist auch leichter, ins gemütliche Paris, Glasgow oder Toronto zum Protestieren zu fahren, als sich in Peking, Delhi, Islamabad, Jakarta, Moskau oder Kinshasa mit den Machthabern oder gar der Bevölkerung anzulegen und einen Wandel sowie eine radikale Veränderung der Gesellschaft und des Wirtschaftens einzufordern. Man muss es Greta Thunberg anrechnen, dass sie es gewagt hat, auch die chinesische Führung für die hohen CO_2-Emissionen des Landes zu kritisieren. Dennoch war das eine absolute Ausnahme. Einfacher sind die Kampfbegriffe der »historischen Klimaschuld« oder »der kalorischen Erbsünde«, die wir Westeuropäer seit der Zeit der Kolonialisierung in uns tragen!

Auch für die nächsten Klimagipfel kann man mit Sicherheit davon ausgehen, dass die Verteilung von Geld von Nord nach Süd eines der Hauptthemen sein wird und gewaltige Interessenkonflikte auch durch intensives Feilschen vieler Schwellen- und Entwicklungsländer um neue finanzielle Verpflichtungen der Industriestaaten zur Abgeltung von Klimaschäden ausgetragen werden.

Mit welchem Argument sollte Europa also Ausgleichszahlungen an Indien leisten?

Mit dem Argument, dass der Ausstieg aus den kalorischen Brennstoffen (Erdöl, Erdgas und Kohle) »gerecht« erfolgen soll, möchten sich viele Entwicklungs- und Schwellenländer diesen Ausstieg von den Industrieländern bezahlen lassen. Sollte das nicht passieren, werden die Entwicklungs- und Schwellenländer den Ausstieg nicht mittragen, so die Drohung.

Die ärmeren Staaten hatten sich in Glasgow und Ägypten vor allem dafür eingesetzt, dass ein Geldtopf für Hilfen für Schadenersatz (»Loss and Damage«) eingerichtet wird. Gemeint sind etwa Zerstörungen und erzwungene Umsiedlungen nach Dürren, Sturmfluten oder Wirbelstürmen. Die »reichen« Staaten werden aufgefordert, dafür Geld einzuzahlen. Wie hoch diese Summen sein sollen, blieb aber offen.

Europa und die USA werden keinen signifikanten Beitrag leisten können, zu groß sind die erforderlichen Beträge. Die Bereitwilligkeit dazu ist ohnehin außerhalb der deutschsprachigen und skandinavischen »Öko-Blase« relativ gering.

KORRUPTION

Korruption behindert und verzögert Maßnahmen zum Stopp des Klimawandels. Der Transparency-International-Korruptionsindex[55] listet jährlich auf, welche Länder als am wenigsten korrupt und welche als am korruptesten wahrgenommen werden. Wenig überraschend liegen demokratische nordeuropäische Länder vorn, hingegen Militärdiktaturen, Autokratien und Kriegsgebiete ganz am Ende.

Die potenziellen Empfängerländer von Klima-Transferzahlungen befinden sich auf der Korruptionsskala (CPI) nahezu alle in der »schlechteren« Hälfte ab etwa Rang 90 (Kolumbien, Türkei, Sri Lanka, Indonesien etc.) bis zu den letzten Rängen 180 (Sudan, Venezuela etc.). Es benötigt also nicht sehr viel Fantasie, sich auszumalen, was mit den auf den Klimakonferenzen versprochenen 100 Milliarden US-Dollar Transfergeldern pro Jahr, die durch öffentliche und private Quellen mobilisiert werden sollen, passieren wird und wie viel Bürokratie und Kontrolle es benötigt, das zumindest teilweise zu vermeiden.

Leider sind gerade rohstoffreiche Länder besonders anfällig für Korruption und Diktatur. Dass vor allem diese Staaten freiwillig auf Rohstoffeinkünfte verzichten und sich erneuerbaren Energiequellen zuwenden werden, ist unrealistisch. Dazu gehört auch die Vorstellung, sie in internationale CO_2-Besteuerungssysteme einbinden zu können.

Sie werden ihr Öl und Gas an andere Abnehmer umleiten. Ein Einkommensersatz für »Nicht-Produktion« (etwa in Form von Transfer von CO_2-Zertifikaterlösen) ist wegen der erforderlichen Größe vollkommen unrealistisch. Man kann es nicht oft genug sagen: Öl und Gas werden gefördert und verkauft, solange es etwas davon gibt und solange die Verkaufserlöse höher sind als die Förderkosten.

5.
DIE
ENERGIE-
WENDE

ENERGIEEINSPARUNG UND ELEKTRIFIZIERUNG

Die Energiewende ist der Übergang von fossilen Energieträgern zu erneuerbaren Energien. Sie umfasst aber auch die Energieeinsparung und die Umstellung von Mobilität, Wärme und der Produktionsprozesse sowie die Nutzung erneuerbarer Energien. Energieeinsparung bildet damit einen Kernaspekt der Energiewende, doch vielleicht nicht in der Art, wie man es gemeinhin annimmt. Einsparung von Energie durch Verhaltensänderungen ist zwar wichtig, aber der bei Weitem überwiegende Teil dieser Maßnahme kommt aus der Elektrifizierung. Die Energiewende besteht also aus zwei Kernaspekten:

- Langfristig soll sämtliche Primärenergie aus erneuerbaren Quellen stammen.
- Elektrifizierung, Mobilitäts- und Wärmewende, Umstellung industrieller Prozesse: Fahrzeuge fahren mit Strom, Gebäudewärme wird mit Strom etwa mittels Wärmepumpen erzeugt, und Industrieprozesse werden statt mit Erdgas mit grünem Wasserstoff betrieben.

Elektrifizierung bedeutet Energieeinsparung, denn obwohl sich der Stromverbrauch hierzulande bis 2050 verdoppeln wird, rechnen Optimisten gleichzeitig mit mehr als einer Halbierung des Primärenergieeinsatzes.

Wir brauchen uns nur anzustrengen, dann ist die Energiewende bis 2050 machbar.

Nein, es fehlen uns die Übertragungsnetze, die Energiespeicher und in vielen industriellen Bereichen die Technologien, die im wirtschaftlichen Wettbewerb mit fossilen Technologien bestehen können.

Der einfache und der schwierige Teil der Energiewende

– Bilanziell den Jahresenergieverbrauch aus erneuerbaren Quellen herzustellen, ist noch der »einfachere« Teil der Energiewende. Er wird sich auch wirtschaftlich in Zeiträumen von 10–30 Jahren rechnen und Wertschöpfung zurückholen. Kalorische Anlagen müssen jedoch in Reserve gehalten werden und jederzeit einsatzbereit sein. Trotzdem wird dieser erste Teil der Energiewende den Wohlstand nicht stark belasten und langfristig sogar zu einem Wohlstandszuwachs führen.

– Der schwierige und teure Teil ist, zu jedem Zeitpunkt gleich viel Grünstrom zur Verfügung zu stellen, wie verbraucht wird (Energiespeicher), und schwierige Sektoren im Bereich Mobilität und industrieller Prozesse zu elektrifizieren oder auf erneuerbare Energie umzustellen. Für diese Aufgabe gibt es heute meist nur Technologieideen und Pilotprojekte. Von Wettbewerbsfähigkeit ist man meist noch weit entfernt.

WIRKUNGSGRAD, LEISTUNG UND ENERGIE

Der **Wirkungsgrad** gibt an, wie viel Prozent der zugeführten Energie in die gewünschte Form umgewandelt werden kann. Ein Verbrennungsmotor, dem zum Beispiel fünf Liter Diesel pro Stunde zugeführt werden (5 l/h x 9,8 kWh/l = 49 kW) und der daraus 18 kW Antriebsleistung erzeugt, hat einen Wirkungsgrad von 18/49 = 37 %. Die restlichen 63 % gehen als Abwärme an die Umgebung verloren.[56]

Wie unterscheidet man »**Leistung**« und »**Energie**«?

Stellen Sie sich eine Kerze vor, das Wachs und die Flamme!

Leistung: Die Flamme einer Kerze oder der Motor eines Pkw bringt die Leistung. Diese wird angegeben in Watt (W) oder Kilowatt (kW).

Die Flamme einer Teekerze erzeugt eine Wärmeleistung von etwa 60 W. Erst wenn ich die Leistung über eine gewisse Zeit benötige oder erzeuge, wird daraus Energie.

Ein paar Vergleichszahlen:
- LED-Lampe – ca. 7 W
- Ein Staubsauger oder ein Haarföhn benötigt etwa 1000 W = 1 kW.
- Backofen in der Küche – ca. 4 kW
- Lokomotive – ca. 7 MW = 7000 kW

Stromerzeugung:
- Größte Windräder 2022 – ca. 15 MW
- Größte PV-Anlage Deutschlands – 187 MW
- Onshore-Windpark (Andau in Österreich) – 237 MW
- Gasturbinenkombikraftwerk (1 Block) – ca. 500 MW

- Größte Offshore-Windparks (London Array/175 Windräder) – ca. 630 MW
- Durchschnittlicher Stromverbrauch Hamburg – ca. 1250 MW
- Installierte Kraftwerksleistung BRD (2021) – ca. 220 GW = 220 000 MW
- Installierte Kraftwerksleistung gesamte EU (2017) – ca. 1 TW = 1 000 000 MW

Energie: Das Wachs einer Kerze oder der Tank eines Pkw speichert die Energie. Diese wird angegeben in Wattstunden (Wh).

Das Wachs versorgt die Flamme der Teekerze vier Stunden lang mit Energie. Eine Teekerze hat damit einen Energieinhalt von 60 W x 4 h = 240 Wh. Vier dieser Kerzen haben damit etwa 1 kWh (= 1000 Wh) Energieinhalt.

Ein Pkw-Batteriespeicher hat einen Energieinhalt von etwa 60–100, ein 60-Liter-Pkw-Benzintank etwa 600 kWh.

Was können Sie mit einer Kilowattstunde (kWh) machen?

- Mit 1 kWh können Sie
  - 1 Stunde Haare föhnen,
  - 1 Pizza im Backofen zubereiten,
  - 70 Tassen Kaffee kochen,
  - 1 Tag durchgehend an einem Laptop arbeiten,
  - 1 Woche lang eine 6-Watt-Energiesparlampe betreiben,
  - 5–6 km mit einem Elektroauto fahren
  - oder 10 l Wasser zum Kochen bringen.
- Eine Person verbraucht etwa 3–4 kWh Strom pro Tag im Haushalt, ein Zwei-Personen-Haushalt 2000–3000 kWh im Jahr.

Ein paar Vergleichszahlen:
- Die Photovoltaikanlage Weesow-Willmersdorf mit einer Leistung von 187 MW produziert im Jahr etwa 190 GWh Energie (Strom).
- Die heute größten Offshore-Windparks mit 630 MW erzeugen 2,5 TWh Energie (Strom).
- Deutschland verbraucht im Jahr 500 TWh Strom, eine Stadt wie Hamburg 11 TWh.
- Deutschland verbraucht im Jahr 3400 TWh Primärenergie, das entspricht einem Eisenbahnzug mit 3,6 Millionen Tank-Waggons, der 1,5-mal um die Erde reicht. Jeden Tag wird der Inhalt eines Zuges mit 170 km Länge verbraucht.

Nicht jede Kilowattstunde Energie ist gleich wertvoll. Die hochwertigste Energieform, die wir im Alltag kennen, ist elektrischer Strom. Er lässt sich fast verlustfrei in mechanische Leistung (Antriebsenergie) oder in Wärme umwandeln. Chemische Energie (wie im Benzin) lässt sich leicht in Wärme umwandeln, verursacht aber bei der Umwandlung in mechanische Energie – etwa in Motoren – große Wärmeverluste. Die chemische Energie in der Batterie lässt sich mit geringen Verlusten in Strom und damit in mechanische Energie transformieren.

Energie in Form von Wärme können wir nur dann gut nutzen, wenn die Temperatur hoch ist. Erst die Verwendung von Wärmepumpen ermöglicht auch die Nutzung von niedrigen Temperaturen.

Wenn Ihnen jemand etwas über einen neuen Energiespeicher erzählt, fragen Sie immer nach, wie groß die Leistung (W) und wie groß die Speicherkapazität (Wh) oder die Speicherdauer (h) ist. Nur dann wissen Sie,

- »wie groß die Flamme ist«, also welche Leistung Sie entnehmen können,
- »wie groß die Kerze ist«, also wie viel Energie insgesamt gespeichert werden kann,
- und »wie lange die Kerze brennen kann«.

Einfache Rechenbeispiele:

Beispiel 1: Ein Elektroauto hat einen vollgeladenen Akku mit einer Speichergröße von 100 kWh. Bei einer Durchschnittsgeschwindigkeit von 100 km/h braucht es etwa 20 kW Leistung. Wie weit kommt es?

Antwort: Der Akku reicht für 5 Stunden (100 kWh/20 kW = 5 h), also 5 x 100 km/h = 500 km. Real wahrscheinlich weniger. Würden Sie das Auto mit seiner Maximalleistung von 500 kW betreiben, dann wäre der Akku nach 12 Minuten leer. Wahrscheinlich wäre das Auto aber bereits vorher abgebrannt.

Beispiel 2: Der größte Stromspeicher Österreichs, das Malta-Wasserpumpspeicher-Kraftwerk, hat eine Speicherkapazität von 500 GWh (= 0,5 TWh). Für 2050 wird für Österreich ein Durchschnitts-Winterstromverbrauch von 17,5 GW prognostiziert. Wie viele Stunden könnte der volle Speicher Österreich theoretisch versorgen (wenn die Turbinen groß genug und die Leitungsnetze dazu imstande wären)?

Antwort: 500 GWh : 17,5 GW = 28,6 Stunden, also knapp länger als einen Tag. Große Gasspeicher speichern mehr als 20 TWh Erdgas, also 40-mal so viel Energie.

Zusatzfrage: Wenn alle 4 Millionen Pkw in Österreich durch Elektroautos ersetzt werden würden, jeweils 100 kWh Speicher hätten und alle vollgeladen wären, wie lange könnte man das Land versorgen?

4 Mio. Pkw x 100 kWh (= 400 GWh)/17,5 GW = 22,8 Stunden

DIE FLUKTUIERENDE ENERGIEERZEUGUNG

DUNKELFLAUTE

»Dunkelflaute« ist jene Wettersituation, bei der großflächig Windstille herrscht und aufgrund von Nebel oder Nacht auch kein Solarstrom produziert wird. Die durch Wind und Photovoltaik produzierte Leistung reduziert sich auf wenige Prozent der installierten Leistung.

Woher stammt der Strom, wenn der Wind nicht bläst oder die Sonne nicht auf die Module scheint? – Er kommt von den kalorischen Kraftwerken und aus Atomkraft. Und zu kleinen Teilen gibt es noch Wasserkraft, Biomasse und viele weitere Kleinerzeuger. Oft wird er einfach »aus dem Ausland« bezogen – und man fragt besser nicht, woher. Besonders dann, wenn man doch ein Grünstromzertifikat gekauft hat und es nicht glauben will, dass der Strom trotzdem nicht grün ist.

Laut dem Deutschen Wetterdienst gab es in Deutschland von 1995 bis 2005 im Schnitt zweimal jährlich Situationen, in denen großräumige Flauten und sonnenarme Zeiten über 48 Stunden gemeinsam auftraten.

Vom 16. bis 25. Januar 2017 herrschten nahezu flächendeckend Nebel und Windstille, eine sogenannte Dunkelflaute. Windenergie- und Solaranlagen mit einer gemeinsamen installierten Leistung von 91 GW speisten lediglich etwa 5 GW ins Stromnetz ein – der Stromverbrauch betrug jedoch ca. 63 GW. Ohne Reservekraftwerke und Stromnetze mit ausreichend Reservekapazität auch für den Import aus dem Ausland würde das direkt in den großflächigen Ausfall der Stromversorgung führen. Heute gibt es 10 GW kalorische Kraftwerksleistung weniger als 2017, obwohl fast 30 GW fluktuierende Energieerzeuger aus Wind und PV (»Flatterstrom«, wie er von Gegnern gerne genannt wird) dazugekommen sind. Ohne große Energiespeicher kann man aber kalorische Kraftwerke nicht weiter stilllegen. Man muss sie als (teure) Reservekraftwerke weiterbetreiben, bis es Alternativen für den Winter gibt.

Die Dunkelflaute bildet nur einen kleinen Teil der schon oft angesprochenen Winterlücke, aber sie zeigt recht anschaulich, wie wichtig die langfristige Energiespeicherung ist.

RESIDUALLAST UND WINTERLÜCKE

»Residuallast« nennt man die Differenz zwischen benötigter Leistung in einem Stromnetz und der von nicht steuerbaren Kraftwerken erbrachten Leistung, also jene Strommenge, die von den erneuerbaren volatilen Energieträgern nicht produziert werden kann. Über einen längeren Zeitraum betrachtet, nennt man sie die »Residuallücke« oder hier im Buch vereinfacht die »Winterlücke«. Sie stellt das größte ungelöste Problem der Energiewende dar.

In Deutschland, Österreich und der Schweiz fehlt heute und in Zukunft vor allem im Winter der Strom. Jener Strom, der nicht aus erneuerbaren Quellen produziert werden kann, muss dann in kalorischen Kraftwerken produziert werden.

Ursachen für die »Winterlücke« sind:

- In Wintermonaten werden etwa 20–40 % mehr Strom verbraucht als im Sommer. Der entscheidende Faktor dafür sind die Abendstunden. So wird im Herbst und Winter das Licht früher eingeschaltet, aber auch Geräte wie Fernseher oder Herd und Heizsysteme sind deutlich häufiger in Betrieb (Pumpen und Heizkessel sind elektrisch betrieben, Wärmepumpen laufen). Klimaanlagen sind bisher noch kein großer Faktor.
- Manche Erneuerbaren haben eine verminderte Stromproduktion: Photovoltaik (weniger Sonnenstunden und flacherer Winkel), Biomasse (weniger Biomasse verfügbar), Wasserkraft (weniger Wasser in den Flüssen vorhanden).

Die Windkraft produziert im Winter üblicherweise mehr Strom. Photovoltaik und Windkraft ergänzen sich damit in ihrer Erzeugungscharakteristik im Jahresverlauf recht gut. Daher ist es sinnvoll, beide Technologien im Gleichschritt auszubauen.

Wenn wir Windkraft und Photovoltaik ausreichend ausbauen, lässt sich auch unsere Unterversorgung im Winter lösen.

 Nein, selbst wenn der Ausbau vervielfacht wird, braucht es Speicher, Reservekraftwerke und Lastmanagement, um die Versorgungslücken zu überbrücken. Davon sind wir noch weit entfernt.

Ein kontinuierlicher Ausgleich des Restanteils am Strommix benötigt flexible Kraftwerke. Dazu zählen neben konventionellen Kraftwerken auch Bioenergie- oder Holzheizkraftwerke sowie Wasser-Speicherkraftwerke.

Erneuerbare Energieerzeuger fluktuieren stark, ihr Kapazitätsfaktor ist deutlich kleiner als jener der kalorischen Anlagen. Der Kapazitätsfaktor ist das Verhältnis der durchschnittlichen Jahresleistung zur installierten Leistung oder der »äquivalenten Volllaststunden« zu den Stunden des Jahres (8760 h). Er wird in Prozent angegeben. Bei Offshore-Wind an sehr guten Standorten beträgt er etwa 45–50 %, bei Onshore-Wind etwa 20–30 %, bei Photovoltaik 11 % in Mitteleuropa und 18 % in Spanien. Die Leistung bei Windkraft ist über drei bis fünf Tage gut vorhersagbar. Sie kann aber kaum an den Leistungsbedarf angepasst werden.

Jetzt wird's ein bisschen »technisch«, aber keine Angst, die folgende Grafik wird noch genauer erklärt. Sie zeigt die Stromverbrauchsprognose für Österreich im Jahr 2050 und den Strommangel im Winter. Dabei wurde ein massiver Ausbau von Windkraft und Photovoltaik zugrunde gelegt, Wasserkraft und Biomasse wurden nur geringfügig ausgebaut und es wurde angenommen, dass der Strom zu 100 % aus erneuerbaren Quellen herrührt.

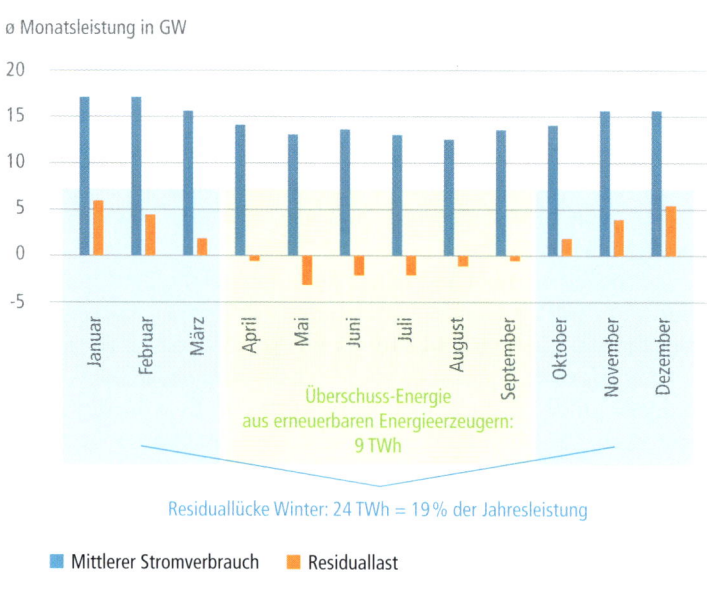

Grafik 10: Prognose Österreich[57]: Stromverbrauch und Residuallast 2050 (Jahresverbrauch: 125 TWh) Annahme: 100 % erneuerbare Stromerzeugung

Die blauen Balken zeigen den durchschnittlichen monatlichen Strombedarf (Leistung in GW). Der Strombedarf im Winter ist deutlich höher als im Sommer.

Unter der Annahme des zukünftigen Verbrauches (der sich von 2020 bis 2050 von 65 auf 125 TWh erhöht, also etwa verdoppelt) ergibt sich im Sommer ein Stromüberschuss und im Winter eine Versorgungslücke, die immerhin fast 20 % des Jahresbedarfes ausmacht. Ein kleiner Teil davon betrifft Schwankungen, die durch die Speichermengen der Pumpspeicheranlagen abgedeckt werden können. Zum Vergleich beträgt diese Lücke laut Prognosen in Australien nur etwa 4 %, da die Wind- und Solarstrom-Produktionscharakteristik dort günstiger ist. Auch in südlichen europäischen Ländern wird der Verbrauch anders aussehen und eventuell besser zum Erzeugungsprofil passen.

Der größte Teil der Energie während der Winterlücke müsste importiert oder aus Speichern entnommen werden. Doch wo gibt es im Winter überschüssige erneuerbare Energie?

- Speicher: Pumpspeicher-Wasserkraftwerke sind dazu viel zu klein.
- Die derzeit einzige in ausreichender Größe denkbare, langfristig speicherbare »grüne« Energieform ist Wasserstoff. Erstens müssten also noch mehr Erneuerbare installiert werden, und zweitens müsste sehr viel Energie in Form von Wasserstoff gespeichert werden, um daraus im Winter Strom zu erzeugen und damit die Winterlücke zu überbrücken.
- Eventuell können auch Biomasse und Biogas einen Beitrag leisten. Dazu müsste die Fahrweise der Biomasse- und Biogasanlagen umgestellt werden, die Biomasse müsste als Pufferspeicher dienen, bzw. Pufferspeicher wären mit Biogas zu befüllen.
- Alles, was nicht über Speicher abgedeckt werden kann – und das ist heute sehr wenig –, muss in Form von Reservekraftwerken (Spitzenlastkraftwerken) erzeugt werden. Wenn man nicht auf Atomkraft zurückgreifen will, sind dies Kohle, Erdgas und -öl.
- Verbrauchseinschränkungen und »Energiesparen« werden in der Winterlücke nicht viel mehr als den Tropfen auf dem heißen Stein darstellen. Während Dunkelflauten fehlen fast 100 % der benötigten Energie.

Zusätzlich zur allgemeinen Winterlücke ist anzumerken, dass Residuallastspitzen noch viel größer sein können. Die kurzfristigen Schwankungen auf der Erzeugerseite werden mit bis zu 12 GW innerhalb einer Stunde prognostiziert, das sind mehr als 50 % der durchschnittlichen Leistung. Das bedeutet, dass in Österreich innerhalb einer Stunde zehn große Reserve-Gaskraftwerke[58] starten und auf Volllast sein müssten, oder eine entsprechend große Zahl von Turbinen in Wasser-Pumpspeicherkraftwerken.

Die Situation in Deutschland ist noch extremer, weil im Verhältnis weniger Pumpspeicher- und Laufwasserkraft zur Verfügung steht, die stabilisierend auf das Stromsystem wirkt. Daher fallen die

Residuallasten und die Schwankungen noch deutlich stärker aus. In der BRD müssen etwa 90–95 % der Winterlast in Form von Reservekraftwerken vorgehalten werden.

Die verfügbaren Simulationen für die Schweiz zeigen, bei Stilllegung der Atomkraft, ein ähnliches Bild. Ohne Gaskraftwerke ist die Versorgung – insbesondere im Winter – nicht sichergestellt, selbst mit den derzeit geplanten Gaskraftwerken wird es eng.

Da die erneuerbaren Erzeuger nicht stabil und kontinuierlich Strom produzieren, bedeutet ein Mehr an Wind- und PV-Anlagen, dass auch die Reservekraftwerke fast im gleichen Ausmaß erweitert werden müssen. Folglich müssen 2050 mindestens doppelt so viele Reservekraftwerke vorhanden sein, wie es heute kalorische Kraftwerke gibt.

Selbst wenn wir alle Küsten und Dächer mit Windkraft und Photovoltaik zupflastern, löst das unser Problem nur zum Teil. Um es vollständig zu beheben, brauchen wir sehr große Speicher, mit denen wir die Energie zwischen Tag und Nacht, zwischen windschwachen und -starken Wochen und sogar zwischen Sommer und Winter verschieben können. Solche Speicher können in einer Anfangsphase Erdgasspeicher sein, später Wasserstoffspeicher. Außerdem benötigen wir Reservekraftwerke, die die Energie aus den Speichern in Strom umwandeln, und Stromnetze, mit denen wir die Leistung von Nord nach Süd verschieben können.

Die Residuallast lässt sich durch verschiedene Maßnahmen senken:

- Netzverbund möglichst großer Teile Europas: Es wäre eine Fehleinschätzung, davon auszugehen, dass eine länderweise Energieautarkie das anzustrebende Ziel sei. Auch wenn manch ein Bürgermeister oder Landeshauptmann so denkt, bedeutete das eine falsch verstandene Nachhaltigkeitsperspektive
- Großräumige, starke Hochspannungsübertragungsnetze durch (inter-)nationalen Netzausbau und Schaffung leistungsfähigerer Grenzkuppelstellen
- Das Ziel sollte sein, dass die Energie dort produziert wird, wo sie am nachhaltigsten und umweltfreundlichsten bis zum Endabnehmer gebracht werden kann, und zwar unter Einbeziehung der Produktion, des Transportes, der Speicherung und der Um-

wandlung in den Endenergiebedarf. Dazu braucht es eine Kombination aus zentral und dezentral.

- Speichertechnologien, gemeinsame Nutzung der Erzeugungs- und Speicherkapazitäten von Skandinavien bis Griechenland
- Erzeugungsmanagement und flexible Kraftwerksleistung von erneuerbaren Erzeugern
- Demand Side Management (DSM), eine flexibilisierte Stromnachfrage bei Industriekunden und Haushalten
- Preissignale an die Erzeuger von erneuerbaren Energien, die Strom und Zertifikate zu Bedarfszeiten teuer und zu Überschusszeiten billig machen, mit Auswirkung auf Betrieb und eingesetzte Technologien – Einspeisetarife und Grünstromzertifikate im Stundentakt
- Preissignale an die Verbraucher: zeitabhängige Strompreise; Wegen der Stromvolatilität orientiert sich der Börsenpreis zunehmend am Residuallastverlauf und nicht – wie es heute der Fall ist – am Lastverlauf
- »Smarte Technologien«

Bei der optimalen Eingliederung vieler erneuerbarer Erzeuger in das Stromversorgungssystem entstehen neue Herausforderungen. Heute gibt es viele Strommärkte: kurz-, mittel- und langfristige, Kapazitätsmärkte, eine Unzahl an Sonderförderungen und Prioritätsmechanismen. Ein Energiemarkt von 2035 oder 2050 wird so nicht funktionieren können. Die am Stromnetz beteiligten Akteure müssen den Ausgleich der Residuallast zwingend gewährleisten, das wird die wesentlichste Herausforderung sein.

Eine Kombination der verschiedenen Strategien kann den Einsatz von konventionellen Energieträgern im Fall einer Dunkelflaute künftig überflüssig machen. Dies erfordert einen konsequenten Ausbau aller Flexibilitätsoptionen im Stromnetz und den Ausbau von Wasserstoff.

MOBILITÄTSWENDE UND FAHRZEUGE

Mobilität ist einer der Hauptverursacher für Treibhausgase, etwa ein Viertel aller CO_2-Emissionen geht darauf zurück.

Emissionsvergleiche zwischen Verkehrsmitteln sind immer schwierig, da jeder Vergleich auf sehr vielen Annahmen beruht. Welche Teile des Lebenszyklus betrachtet man?

- Die reinen Emissionen im Fahrbetrieb?
- Die Emissionen und Energieaufwendungen für die Treibstoff- oder Stromherstellung? Welchen Erzeugungsstrommix?
- Die Aufwendungen für die Fahrzeug- und Batterieherstellung?
- Die erforderliche Infrastruktur inklusive des dazu aufgewendeten Primärenergieeinsatzes und seiner Emissionen?
- Das Recycling und die Entsorgung?

Je weiter man in der Liste nach unten geht, desto schwieriger und unübersichtlicher wird es zu quantifizieren, da es eine unüberschaubar große Anzahl an Bauteilen, Herkunftsquellen und Primärenergiezusammensetzungen gibt.

Beim Vergleich der verschiedenen Verkehrsmittel hinsichtlich ihrer Umwelt- und Klimabelastung werden daher üblicherweise vor allem die aus der Antriebsenergie stammenden Emissionen verglichen: bei Pkw, Lkw und Bus der Diesel- oder Benzintreibstoff, bei der Bahn oder dem E-Auto der Strom (mit seinem Herstellungsstrommix), beim Flugzeug das Kerosin und ein Abgaszuschlag, weil der Ausstoß in großer Höhe erfolgt, und beim Schiff das Schwer-, Diesel- oder das Marinedieselöl.

Die Herstellung der Verkehrsmittel wird schon seltener einbezogen, am ehesten beim Vergleich zwischen dem E-Auto und dem konventionellen Auto, kaum bei der Bahn oder beim Flugzeug.

Die nötige Infrastruktur und die dafür erforderlichen Aufwendungen werden ebenfalls kaum einbezogen, oft auch deshalb, weil Schienen und Straßen schon weitestgehend bestehen.

Die Auslastung der Verkehrsmittel (Pkw ca. 35 %, Bahn ca. 50 %, Flugzeug ca. 80 %) spielt ebenfalls eine wichtige Rolle, ebenso dass beim Pkw pro Person 1100 Kilogramm transportiert werden, bei der Bahn 1800 und beim Flugzeug 450. Letztendlich bestimmt auch die Betrachtungsgrenze, zu welchem Ergebnis man kommt. Manche Studien sehen beim Vergleich der CO_2-Bilanz pro Personenkilometer von motorisiertem Individual-, Luft- und Bahnverkehr keinen eindeutigen »Klimasieger«[59], während die meisten die Bahn klar an erster Stelle zeigen.

Der größte Hebel zur Steigerung der CO_2- und Energieeffizienz liegt in der Erhöhung der Nutzungsquoten im Individualverkehr (»Mobility-as-a-Service«, autonomes Fahren in Kombination mit vernetztem Service), im öffentlichen Verkehr, in der weitergehenden Elektrifizierung, im Fokus auf Recycling und Rohstoffwiederverwendung und in der verlängerten Nutzungsdauer der Verkehrsmittel.

In Ballungsräumen wird dies ergänzt durch Verkehrsverlagerung in öffentliche Verkehrsmittel mit hoher Energieeffizienz und Auslastung (Straßenbahnen, U-Bahnen, Busse), die Elektrifizierung sowie die fußgänger- und radfahrerfreundliche Gestaltung der Städte.

PERSONENKRAFTWAGEN

In Europa werden jährlich etwa 5000 Milliarden[60] Personenkilometer[61] mit dem Pkw zurückgelegt (17000-mal zur Sonne und zurück), in Deutschland etwa 11000 Kilometer pro Person und Jahr. Ein Pkw ist durchschnittlich mit 1,4 Personen besetzt. Die jährlichen Pkw-Kilometer nehmen in den höher entwickelten Wirtschaften in der EU bereits ab, während sie in den niedriger entwickelten Volkswirtschaften noch steigen.

Was wird der Pkw-Antrieb von 2050 sein?

Auch wenn es manche nicht gerne hören: Das Rennen ist entschieden. Der Benzin- und Diesel-Verbrennungsmotor im Pkw hat langfristig ausgedient. Der batterieelektrische Antrieb hat sich durchgesetzt und wird bleiben. Es wird nicht die einzige, jedoch die dominierende Lösung sein. Wasserstoff und E-Fuels werden wahrscheinlich die verbleibenden Nischen bedienen. Das sind vielleicht 15 % oder 20 % für diverse Spezial- und »Long Range«-Fahrzeuge, wenn die Politik bei der Zielvorgabe der kompletten Dekarbonisierung bleibt. Das heute noch teilweise bestehende Reichweitenproblem wird sich durch die Weiterentwicklung der Batterietechnologien in einigen Jahren lösen.

Einen kompletten Pkw-Fahrzeugpark mit aller zugehörigen Infrastruktur umzustellen, inklusive der Zulieferer, der Werkstätten, der Tankstellen usw., ist eine Aufgabe, die in Westeuropa wahrscheinlich 20 Jahre in Anspruch nehmen wird. Aber dann ist das Ende des Verbrennungsmotors da. Vor allem in der Übergangszeit werden Hybridkonzepte eine Rolle spielen. Auch in den Wasserstoff- und E-Fuel-Nischen wird es sich für manche Hersteller gut leben lassen.

Wie energieeffizient E-Fahrzeuge in der Lebenszyklusbetrachtung sind, hängt von den Details ab: Je nach dem zugrunde gelegten Strommix liegt der Energie-Break-Even[62] zwischen 20 000 (E-Auto ist mit Grünstrom hergestellt und fährt mit Grünstrom) und 300 000 Kilometer (E-Auto ist mit Kohlestrom hergestellt und fährt mit Kohlestrom). Je nach Herstellungsmethode der Batterie, den eingesetzten Rohstoffen und deren Gewinnung können E-Autos auch eine schlechte Umweltbilanz haben.

Elektroautos sind schädlicher für die Umwelt als Verbrenner.

Nein, sind sie nicht. Aber: Die Erzeugung von Ökostrom und die Speicherlösungen müssen Hand in Hand mit der Steigerung des E-Auto-Marktzuwachses gehen. Erfolgte die Produktion zu großen Teilen aus kalorischen Quellen, würde die Aussage tatsächlich stimmen. Außerdem ist die Recyclingquote der Batterien derzeit noch gewaltig schlecht – das darf auf Dauer nicht so bleiben.

Oft hört man, dass das deutsche Stromnetz und die Kraftwerke den zusätzlichen Strombedarf der 50 Millionen durch Elektroautos zu ersetzenden Verbrenner-Pkw gar nicht bewältigen könnten, schon gar nicht, wenn in der Nacht geladen wird. Oder dass dafür viele neue Atomkraftwerke errichtet werden müssten.

Es ist richtig, dass aktuell weder eine Million noch 50 Millionen E-Autos gleichzeitig laden könnten. Wahr ist aber auch, dass die Stromnetze ebenfalls zusammenbrechen würden, sollten alle Deutschen gleichzeitig ihren Staubsauger oder E-Herd einschalten. Es stimmt auch, dass das Laden der E-Autos zukünftig mit den Zeiten maximaler Stromerzeugung synchronisiert werden muss und Kurzzeitspeicher erforderlich werden, sonst wird das Benzinauto lediglich, über den Umweg Strom, durch das Kohle- oder Atomauto ersetzt. Vielleicht werden auch CO_2-freie Wasserstoff-Spitzenlast-Stromaggregate bei großen E-Tankstellen erforderlich.

Wird der komplette deutsche Pkw-Bestand auf Elektroautos umgestellt und steigt die Anzahl der Personenkilometer des Individualverkehrs bis 2050 um weitere 20 %[63], muss man für Deutschland von etwa 1100 Milliarden Personenkilometern in Elektrofahrzeugen für das Jahr 2050 ausgehen. Bei einer durchschnittlichen Fahrzeugbesetzung von 1,4 Personen ergibt dies etwa 800 Milliarden gefahrene Kilometer. Der heutige E-Auto-Bestand benötigt unter Realbedingungen im Durchschnitt etwa 20–22 kWh/100 km[64], Umwandlungs- und Transportverluste eingerechnet also etwa 25–30 kWh/100 km.

Für das Jahr 2030, mit erwarteten 15 % Elektroautobestand, sind es etwa 5 % des Stromverbrauches von 2030.

Für das Jahr 2050 ergibt das 176 TWh Strombedarf, wenn alle Pkw batterieelektrisch betrieben werden. Das sind etwa 20 % des im Jahr 2050 erwarteten Stromverbrauches.

Die Bestandsfahrzeugflotte in Deutschland benötigt etwa 7,4 l/100 km, das sind etwa 74 kWh/100 km: Das ist **dreimal so viel Primärenergie**, wie E-Autos benötigen würden. Die Energieeinsparung durch E-Autos kann also gewaltig groß sein.

Die Energie für das Laden der E-Autos wird also sowohl 2030 als auch 2050 in der Jahresbilanz vorhanden sein. Ob es im Winter und in der Nacht immer klappt, hängt von vielen weiteren Faktoren ab. Eine sehr schnelle Umstellung aller Autos, wie sie durch zu kurzfristiges Verbrennungsmotorenverbot erfolgen müsste, könnte aber problematisch werden. Das vom Europäischen Parlament 2022 vorgeschlagene Verbot neuer Verbrennungsmotoren (konkret: »Neuwagen, die im Betrieb Treibhausgase ausstoßen«) für das Jahr 2035 ist nur realisierbar, wenn der Ausbau der Erneuerbaren, der Netze und der Speicher bis 2035 ebenfalls so weit ist. Selbst Optimisten bezweifeln, dass wir das bis 2035 schaffen.

Der Zeitpunkt sollte daher an den Ausbau der Erneuerbaren und die Stromverfügbarkeit gekoppelt werden. Fahrzeughersteller, Stromversorger, Verkehrs- und Betankungsinfrastruktur, Wirtschaft und die Bevölkerung müssen bei diesem Terminplan mitgehen können. Statt Technologien zu definieren, wäre es viel besser, die geforderte CO_2-Einsparung oder die CO_2-Neutralität innerhalb genau definierter Systemgrenzen vorzuschreiben. Bei einer »Cradle to Grave«-Betrachtung würde man vielleicht bemerken, dass es nicht nur »schwarz« und »grün« gibt, und auch Elektroautos vielleicht »grau« sind.

Noch ein paar Gedanken zu E-Auto und Energiewende:

– Um einen Audi e-tron oder einen Tesla-Pkw vollständig aufzuladen, braucht es gerade einmal zwölf Windradumdrehungen.
– Ein modernes Offshore-Windrad hat eine Leistung von 10 Megawatt und bringt etwa 4000 Volllaststunden pro Jahr, das macht also etwa 40 Gigawattstunden. Es erfordert also etwa 700 Offshore-Windräder bis 2030 und weitere 200 jährlich bis 2050, um bilanziell den Strombedarf der E-Autos abzudecken. Das scheint machbar. Wenn es mit Windrädern an Land funktionieren soll, dann benötigt man jedoch mindestens drei- bis viermal so viele.
– Die Verkaufszahlen von E-Autos haben sich von 2020 bis 2022 vervierfacht.
– Der batterieelektrische Speicher von E-Autos kann auch für das Stromnetz genutzt werden, um Tag-Nacht-Schwankungen auszugleichen. Dennoch wird es zusätzliche Speicher benötigen, um während längerer Flauten den Strom zur Verfügung zu stellen.
– Der Strompreis an Ladestationen wird zukünftig auch tageszeitabhängig sein. Smarte Ladestationen werden die Ladeleistungen an die Erzeugung anpassen, wer trotzdem mehr Strom benötigt, wird dafür mehr bezahlen.
– Ob die größten Pkw-Hersteller von 2050 noch Toyota, VW und Stellantis sind, die chinesischen Hersteller SAIC, Geely, Dongfeng, BYD oder vielleicht Sony, Foxconn, Tesla und Co,

wird sich erst herausstellen. Europa ist jedenfalls so dumm, auch E-Autos zu fördern, die nicht in Europa produziert werden. So etwas macht sonst niemand.

- Im Jahr 2035, so die Prognose, fahren in Europa 135 Millionen Elektroautos. Dazu soll es etwa 65 Millionen Ladestationen geben, davon etwa 15 % öffentlich und 85 % privat. Intelligentes Lademanagement durch »smarte« Ladesysteme wird die Stabilisierung des Stromsektors erleichtern.

Wirkungsgrad-Vergleich von »Wasserstoff-«, »E-Fuel-« und »batterieelektrischem« Pkw

Batterieelektrischer Pkw:
Windstrom 100 % → Stromtransport 88–94 % → Speicherung in E-Auto-Batterie 90–94 % → E-Motor 96 % = **76–85 %**

Wasserstoff-Pkw:
Windstrom 100 % → Elektrolyse 70 % → H_2-Kompression/Verflüssigung 88 % → Transport, Speicherung, Befüllung 80–90 % → **Brennstoffzelle 60 %**[65] → E-Motor 96 % = **29–31 %**
Im Jahr 2040 könnte die Wirkungsgradkette bereits 38 %, bis 2050 vielleicht schon mehr als 40 % ergeben. Alternativ zu H_2 käme eventuell Ammoniak infrage.

E-Fuel-Pkw:
Der Wirkungsgrad wird noch schlechter, wenn statt reinem Wasserstoff ein synthetischer Treibstoff (**E-Fuel**) wie Methanol oder E-Diesel verwendet oder statt einer Brennstoffzelle ein Kolbenmotor zur Wasserstoffverbrennung eingesetzt wird.

H_2 → **Kolbenmotor** 40 % → ergibt einen Gesamtwirkungsgrad von **19–21 %**

H_2 → **Synthetischer Treibstoff** → **Kolbenmotor** → Gesamtwirkungsgrad **13–18 %**

Die Zahlen in oben stehendem Kasten veranschaulichen, dass der wasserstoffbetriebene Pkw also mindestens 2,5–5-mal so viel Primärenergie benötigt wie der batterieelektrische Pkw und damit viel teurer sein wird – außer zu Zeiten der Residuallücke. An dieser Relation werden auch die erwarteten Effizienzgewinne bei Wasserstofferzeugung und Brennstoffzelle wenig ändern. Wenn ein Wasserstoffkonzept im Pkw Chancen haben sollte, dann ist es jedenfalls nicht der Kolbenmotor, sondern der Brennstoffzellenantrieb.

Befürworter von Wasserstoff und E-Fuel argumentieren, dass die Grundannahmen für den 100 %-Input nicht vergleichbar seien: H_2 und E-Fuel könnten nämlich an Standorten produziert werden, wo die Stromausbeute um den Faktor 2,5 höher sei als in Mitteleuropa, und eine Windkraftanlage in Argentinien oder eine Photovoltaikanlage in der Sahara viel mehr Energie produzieren, weshalb der reine Wirkungsgradvergleich falsch sei. Das wäre ein starkes Argument für E-Fuel, der dann in Afrika oder Südamerika produziert werden müsste. Angesichts des Scheiterns des Desertec[66]-Projektes muss man sehr genau überlegen, wie so etwas bei E-Fuel zu vermeiden ist. Weder Flüssigwasserstoff (LH$_2$) noch verdichteter Wasserstoff lässt sich heute per Schiff wirtschaftlich transportieren, ein weitverzweigtes Pipeline-Netzwerk ist noch nicht absehbar. Alle E-Fuels, außer Ammoniak, benötigen abgeschiedenes CO_2, das an den Wasserstoffproduktionsstandorten nicht vorhanden ist.

E-Fuel und Wasserstoff im Pkw sind daher – abgesehen von Nischen – chancenlos. Die Nischen können Pkw für besonders schwere Lasten sein oder Elektro-Hybrid-Pkw mit »Wasserstoff oder E-Fuel-Range-Extender mit oder ohne Brennstoffzelle« für große Reichweiten. 30 Jahre in die Zukunft zu blicken, ist nicht nur bei Pkw-Antrieben schwierig.

Die batterieelektrische Mobilität ist weitgehend ausgereift, den wasserstoffbetriebenen Pkw gibt es ebenfalls seit 2014. Damit haben die Technologien selbst bewiesen, dass sie auch im großen Maßstab funktionieren. Entscheidend ist daher die Wirtschaftlichkeit des Gesamtsystems. Dazu zählen neben dem Fahrzeug die gesamte Produktionskette der Gefährte und die erforderliche Infrastruktur sowie der nötige elektrische Strom.

Batterietechnologien

Batterien speichern Strom elektrochemisch. Eigentlich heißen wiederaufladbare Batterien im deutschen Sprachraum »Akkumulatoren«, aber der Begriff »Batterien« hat sich durchgesetzt.

In den letzten Jahren haben sie sich gewaltig weiterentwickelt:

- Sie werden immer preisgünstiger.

Bis vor Kurzem entfiel fast die Hälfte der Produktionskosten für ein Elektrofahrzeug auf die Batterie. Bei Autos aus dem höheren Preissegment haben sich in zehn Jahren die Batteriekosten von ungefähr 400 auf etwa 150 €/kWh reduziert. Die Rohstoffpreisexplosion 2022/23 wird die Entwicklung bremsen, aber vermutlich nicht dauerhaft aufhalten, dafür sorgen die ständig steigenden Produktionsmengen und die »Economy of Scale«.

- Ihre Leistungsdichte wird immer höher.

Während bei einem heute modernen E-Auto die Batterie-Leistungsdichte bei etwa 0,2 kWh/kg liegt, gibt es Versuchsbatterien, die heute schon die doppelte Leistungsdichte erreichen. Eine Verdreifachung der Reichweiten vor 2050 ist zu erwarten. Damit wird die Reichweitendiskussion obsolet, und auch größere Fahrzeuge können zukünftig mit Batterien betrieben werden (Minivans, SUVs, Lkw). Damit werden sie für verschiedene Nutzergruppen immer interessanter:

- Haushalte (um die Tag-Nacht-Schwankungen der Photovoltaik auszugleichen)
- Netzbetreiber (zur Primärregelleistung – kurzfristiger Spitzenlastausgleich)
- Industrie (unterbrechungsfreie Stromversorgung, bis der Notstromdiesel läuft)
- Im gesamten Bereich der Mobilität

Nachfolgend ein Überblick über die Batteriekonzepte:

Batterie-Konzept	Haupteigenschaften	Entwicklungs-potenzial
Blei-Akkus	Traditionelle Technik, weitestgehend ausgereizt. Geringe Energiedichte.	Gering
Ni-Cd	Nickel-Cadmium-Akkus: Traditionelle Technik. Geringe Energiedichte.	Gering
Ni-MH	Nickel-Metallhydrid-Akkus: Traditionelle Technik. Geringe Energiedichte.	Gering
Ni-Zn	Nickel-Zink: Traditionelle Technik. Geringe Energiedichte.	Gering
Flüssig-Elektrolyt-Batterien	Diverse Lithium-Ionen-Akkus. Gut: hohe Energie- und Leistungsdichte, Lebensdauer, Kostendegression. Schlecht: teuer, aufwendiges Batteriemanagement, gesundheits- und umweltschädlich, seltene Rohstoffe, gewisses Risikopotenzial (Brand, Entsorgung). Beispiele: Lithium-Cobaltdioxid-Akku ($LiCoO_2$), Lithium-Eisenphosphat-Akku ($LiFePO_4$), Lithium-Mangan-Cobaltoxid-Akku ($LiMnCoO_2$), Lithium-Manganoxid-Akku ($LiMn_2O_4$), Lithium-Nickel-Cobalt-Aluminiumoxid-Akku ($LiNiCoAlO_2$), Lithium-Nickel-Mangan-Cobaltoxid-Akku ($LiNiMnCoO_2$).	Hoch
NMC	Lithium-Nickel-Mangan-Cobalt-Oxid (weniger Kobalt, mehr Nickel).	Hoch
NCA	Lithium-Nickel-Cobalt-Aluminium-Oxid.	Hoch
NCMA	Lithium-Nickel-Kobalt-Mangan-Aluminium.	Hoch

Batterie-Konzept	Haupteigenschaften	Entwicklungs-potenzial
LFP	Lithium-Eisen(Ferro)-Phosphat (kobalt- und nickelfrei). Geringes Brandrisiko, gute Recyclingfähigkeit.	Hoch
Festkörper-Batterien	Sind derzeit im Forschungsfokus. Konzept meist ebenfalls auf Lithium-Basis, keine Anode, kein flüssiger Elektrolyt, nicht entflammbar, niedrige Leistungsdichte, aber hohe Energiedichte, bessere Lebensdauer, jedoch noch einige technisch nicht gelöste Probleme (Wachstum von Dendriten → Alterung).	Sehr hoch
Li-S	Lithium-Schwefel. In Entwicklung.	Vielversprechend
Zink-Ionen (Zink-Luft)	Wirkungsgrad derzeit nur 60 % (im Vergleich zu Li-Ion mit > 95 %), kaum Brandgefahr, leichte Material-verfügbarkeit. In Entwicklung.	Vielversprechend
Li-Luft	Forschung kommt nicht entscheidend voran, viele technische Schwierig-keiten. In Entwicklung.	Vielversprechend
Al-Luft	Aluminium-Ionen (Aluminium ersetzt das seltene Lithium). Ist nicht aufladbar, im militärischen Bereich eingesetzt. Der spezifische Energie-inhalt liegt bereits im Bereich des Sprengstoffes TNT. In Entwicklung.	Vielversprechend
Vanadium-Redox-Flow	Besitzt ein Speichervolumen, das nur durch die Elektrolyt-Tankgröße begrenzt ist, aber eine geringe Energiedichte aufweist.	Fast unbegrenzte Speicherkapazi-tät. Vielverspre-chend für Spezial-anwendungen

Tabelle 1 *Übersicht über die Batterietechnik*[67]

Kriterium	Bedeutung
Wiederverwertbarkeit, Recyclingquote	Ist entscheidend für den Rohstoffeinsatz und derzeit katastrophal klein, nämlich lediglich 5 %, hier besteht noch riesiger Entwicklungsbedarf, um diese Quote zu erhöhen.
Energiedichte (Wh/kg)	Entscheidet, wie viel Gewicht mitgeschleppt werden muss bzw. wie hoch die Reichweite ist.
Energiedichte (Wh/Liter)	Entscheidet, wie viel Volumen verbaut werden muss bzw. wie hoch die Reichweite ist.
Spezifische Leistung (W/kg)	Entscheidet, wie viel Antriebsleistung entnommen werden kann, was man früher beim Pkw als »PS« kannte.
Spezifische Speicherkosten (€/kWh)	Entscheiden, wie teuer das Akkupack wird.
Lebenszeit-Zyklen (Anzahl)	Entscheiden, wie oft be- und entladen werden kann, also wann die Batterie ersetzt werden muss, und damit, wie teuer das System im Betrieb wird.
Die Lebensdauer (Jahre)	Ähnlich wie Lebenszeit-Zyklen.
Der Be-/Entladungs-Wirkungsgrad (%)	Entscheidet, wie viel Energie als Wärme verloren geht und wie viel tatsächlich wieder entnommen werden kann. Je nach Batterietechnologie liegt dieser üblicherweise zwischen 96 und 70 %.
Selbstentladung (%/Monat)	Li-Ion: wenige Prozent; Li-S hingegen: 5–60 %.
Betriebstemperaturen (°C)	Bestimmen, wie flexibel die Batterien einsetzbar sind.
Sicherheit	Selbstentzündung, Brandgefahr, Kurzschlusssicherheit, Löschbarkeit.

Kriterium	Bedeutung
Schnelllade-Fähigkeit	Ist bei Li-Ion gut, bei anderen schlechter.
Recycling-Fähigkeit	Ist bei fast allen Konzepten schlecht.

Tabelle 2 *Auswahlkriterien Batterietechnik*

Für die Auswahl des optimalen Batteriekonzeptes sind verschiedenste Kriterien maßgeblich, die in Tabelle 2 beispielhaft angeführt sind. Welche sich durchsetzen werden, ist daher noch lange nicht entschieden. Viel verspricht man sich von Festkörper-Batterien. Entscheidend für die weitere Entwicklung der E-Mobilität und der Batterien wird auch eine Verbesserung der Recyclingfähigkeit sein, die derzeit sehr schlecht ist. Für die heutigen Lithium-Batterien gibt es kein vernünftiges Rohstoff-Recyclingverfahren. Lithium, Kobalt, Nickel, Mangan und Eisen gehen größtenteils verloren. Die heutigen Recyclingverfahren haben oft einen höheren Energieeinsatz, als der bergmännische Abbau benötigt, erfordern viel Chemikalieneinsatz und sind sicherheitstechnisch herausfordernd.

Selbstfahrende Fahrzeuge

Signifikante Veränderungen der individuellen Mobilität werden sich ergeben, wenn autonome, selbstfahrende Fahrzeuge sich durchsetzen und jede beliebige Fahrstrecke auch bei Regen, Schnee oder Nebel autonom bewältigt werden kann (Level-5-Autonomie). Wann dieser Zeitpunkt sein wird, ist schwer vorherzusagen, vielleicht schon 2025, möglicherweise erst viele Jahre später. In diesem Bereich wurden schon oft »Wunderentwicklungen« versprochen. Die Herausforderung, einen Pkw im europäischen Stadtverkehr selbstständig fahren zu lassen, ist aber offensichtlich größer als angenommen.

Auch viele rechtliche Fragen müssen noch gelöst werden. Es würde nicht überraschen, wenn einzelne Länder vorpreschen und der Rest der Welt nachziehen muss.

Was bedeuten selbstfahrende Fahrzeuge für den Energieverbrauch und die Emissionen? Die Prognose der Entwicklung der Gesamtpersonenkilometer deutet trotzdem auf eine weitere leichte Steigerung hin,[68] jedoch vielleicht mit viel weniger Fahrzeugen, die als selbstfahrende Taxis betrieben werden.

LASTKRAFTWAGEN, BUSSE, SCHWERVERKEHR

Hier wird man auf der Kurzstrecke und je nach Geländeprofil mit batterieelektrischen Konzepten fahren können. Den geografischen Verhältnissen entsprechend werden sich die (batterie-)elektrischen und Wasserstoff- (oder E-Fuel-)Busse den Markt teilen bzw. Hybridformen bilden.

Wenn die Transporte groß und schwer werden oder wenn es sich um Fernverkehr handelt, dann sind batterieelektrische Antriebe meist nicht mehr möglich. Hier werden E-Fuels (vor allem Methanol und eventuell Ammoniak) sowie Wasserstoff einen großen Teil des Marktes bedienen müssen. Wird Wasserstoff mit Brennstoffzellen eingesetzt, ist es meist sinnvoll, ein Hybridkonzept mit einem batterieelektrischen Antrieb zu wählen, da sich so die Lastcharakteristik der Brennstoffzelle verbessern lässt, womit sich höhere Lebensdauer, deutlich bessere Wirkungsgrade und niedrigere Kosten erzielen lassen. Technisch funktionieren Wasserstoff-Lkw und Busse schon gut.

Eine besonders erfolgreiche Wasserstoffanwendung sind Staplerantriebe in großen Warenlagern. Vorteile gegenüber Batterien sind die kurzen Betankungszeiten sowie der geringere Platzbedarf und damit eine deutlich gesteigerte Gesamtwirtschaftlichkeit.

Die E-Fuel- und Wasserstoffkosten werden wahrscheinlich auch langfristig wegen des schlechten Gesamtwirkungsgrades und der aufwendigen Umwandlung immer teurer bleiben als der batterieelektrische Antrieb und Diesel. Damit wird der Schwer- und Fernverkehr zu den teuren 20–30 % der Energiewende gehören.

FLUGVERKEHR

In Europa werden derzeit etwa 1000 Milliarden Personenkilometer im Flugverkehr zurückgelegt, also etwa 20 % der Personenkilometer des Pkw-Verkehrs. Etwa zwei Drittel der im Luftverkehr beförderten Personen fliegen privat, ein Drittel geschäftlich. Die ICAO, die internationale Luftfahrtorganisation, rechnet im Szenario »geringes Wirtschaftswachstum« mit einem Zuwachs der weltweiten Passagierkilometer von 3,6 % pro Jahr, also fast einer Verdreifachung bis 2050.

Der Beitrag des Flugverkehrs zu den weltweiten Treibhausgasemissionen betrug zwischen 2018 und 2022 durchschnittlich etwa 2,7 %. Die Auswirkungen des Flugverkehrs werden mit einem RFI-Faktor (Radiative Forcing Index) hochgerechnet. Er berücksichtigt unter anderem, dass die Flugzeugemissionen Wasserdampf und Rußpartikel Kondensationskeime für Zirruswolken (Kondensstreifen) bilden und damit den Erwärmungseffekt der üblicherweise berücksichtigten Treibhausgase verstärken. Der Faktor reicht von 2 bis 5, wissenschaftlich ist er schwer belegbar, da er kaum messbar und nur theoretisch begründbar ist. Der Flugverkehr hat pro zurückgelegtem Personenkilometer etwa ein Drittel höhere klimarelevante Emissionen[69] als der Autoverkehr.

Zukünftig, wenn der Großteil der Pkw-Flotte elektrisch sein wird, erhöht sich der Druck auf den Flugverkehr noch weiter, da sein Emissionsanteil im Verhältnis immer größer wird.

Einsparungen bei Treibstoff und Emissionen werden heute durch verschiedene Maßnahmen erreicht: verbesserte Führung der Flüge, etwa durch die verstärkte Einführung und Nutzung von Free Route Airspace[70] oder neue Präzisionsanflugverfahren (RNP[71]), Erleichterungen zur Durchführung kontinuierlicher Steig- und Sinkflüge und Tools, die den Piloten bei der Flugbahnoptimierung unterstützen, Einsatz modernerer Flugzeuge mit leichteren Materialien und laufend effizientere Triebwerke. Änderungen im Luftverkehr dauern jedoch lange, oft Jahrzehnte. Flugsicherheit und Zertifizierungen erlauben keine schnellen Änderungen.

Gewicht und Volumen gelten beim Fliegen als entscheidende Faktoren. Danach sind alle denkbaren Antriebsvarianten zu beurteilen. Egal welche Lösung kommt, die »Dekarbonisierung« der Luftfahrt gehört jedenfalls zu den schwierigen und teuren 20–30 % der Energiewende.

E-Fuels

Wenn es zu einer Dekarbonisierung bei Verkehrsflugzeugen kommt, werden sich aufgrund der hohen Kraftstoff-Energiedichte wahrscheinlich E-Fuels durchsetzen, also mit erneuerbaren Energien hergestellte Flüssigtreibstoffe. E-Fuels haben den Vorteil, dass nur minimale Änderungen an Triebwerken und sonstiger Infrastruktur erforderlich sind.

Zusammen mit den Biotreibstoffen, aus Biomasse und biogenen Abfällen hergestellten »nachhaltigen Flugtreibstoffen«, werden sie wahrscheinlich den Großteil des Marktes abdecken. E-Fuels und Biotreibstoffe sind technisch weitestgehend ausgereift. Biofuels sind teurer als Kerosin, E-Fuels jedoch sind 3–5-mal so teuer wie konventionelles Kerosin und benötigen für die Herstellung sehr viel Energie.

Fliegen wird teurer werden, wenn die Umstellung auf nachhaltige und synthetische Flugtreibstoffe stattfindet. Die EU möchte bis 2050 einen Anteil von 63% erreichen, die Hälfte davon mit E-Fuels. Der Treibstoffkostenanteil am Fliegen beträgt heute etwa ein Viertel der Gesamtkosten. Sollten die Treibstoffkosten um das Vierfache steigen, eine für E-Fuels realistische Annahme, würden Flüge fast doppelt so teuer. Dass eine europäische Airline dann im internationalen Geschäft noch bestehen könnte, ist auszuschließen.

Wasserstoff

Wasserstoff hat Außenseiterchancen. Airbus will 2026 das größte Passagierflugzeug, eine A380 testweise mit einem wasserstoffbetriebenen Triebwerk fliegen. Platz, Gewicht und Leistungsdichte sind hier die entscheidenden Fragen. Wasserstoff ist zwar effizienter als E-Fuels, aber die »Tanks« sind schwerer und aufwendiger. Bisher fehlen Konzepte, die einschließlich der Speicherung ein vergleichbar geringes Gewicht wie Kerosin oder E-Fuels bieten.

Tests gibt es auch mit Wasserstoffverbrennung in Brennstoffzellen, die dann einen Elektroantrieb erfordern. Ob die Leistungsgewichte der Brennstoffzellen, der Elektromotoren und der Wasserstoffbehälter tatsächlich ausreichen, ist aus heutiger Sicht zweifelhaft. Sollte es jedoch funktionieren, wäre es das energieeffizienteste und emissionsärmste System.

Wasserstofftechnologien sind noch weit davon entfernt, ihre Einsatzfähigkeit für große Flugzeuge beweisen zu können.

Ammoniak

Für Ammoniak als leicht transportablen und CO_2-freien Brennstoff gibt es noch keine Betriebserfahrungen in Flugzeugen. Sowohl Japan als auch die USA arbeiten an der zu 100% mit Ammoniak gefeuerten Gasturbine. Da es in der Reiseflughöhe von Passagierflugzeugen eine Außentemperatur von -50–60 °C hat, wäre die Kühlung des Ammoniaks auf die erforderlichen -33 °C jedoch ein Leichtes. Auch eine Kombination von Ammoniak und Brennstoffzelle könnte in ferner Zukunft, nach Überwindung der vielen technischen Hürden, energetisch und wirtschaftlich sinnvoll sein. Beides ist derzeit Zukunftsmusik.

Batterieelektrische Antriebe

Das meistverkaufte Verkehrsflugzeug der Welt, der Airbus A320, hat ein maximales Startgewicht von 78 Tonnen, davon 24 Tonnen Treibstoff. In einem Kilogramm Kerosin sind etwa 12 kWh Energie gespeichert, in einem Kilogramm Lithium-Ionen-Batterien nur etwa 0,2 kWh. Der Airbus müsste also 500 Tonnen Batterien zuladen (unter Berücksichtigung des Wirkungsgrades von 95 % für E-Motoren bzw. 35–40 % für Turbinen). Selbst wenn Batterien um den Faktor 5 besser werden, würde das Flugzeug nie abheben.

Batterieelektrische Antriebe haben wegen des hohen Leistungsgewichtes nur für kurze Strecken und kleine Flugzeugklassen Chancen (Propellerflugzeuge bis maximal neun Passagierplätze). Für das sogenannte »Platzrunden-Fliegen« in der Pilotenausbildung gibt es schon Flugschulen, die batterieelektrische zweisitzige Flugzeuge einsetzen.

EISENBAHN

Züge werden vorwiegend elektrisch betrieben. Obwohl beispielsweise in Deutschland 50 % der Schienenkilometer nicht elektrifiziert sind, spielen die zurückgelegten »Dieselkilometer« keine sehr große Rolle. Elektrifizierung wäre ideal, ist aber teuer. Es wird letztlich eine Frage der Kosten sein, ob sich Wasserstoff oder E-Fuels auf diesen Strecken durchsetzen können. Gewicht und Volumen sind bei der Eisenbahn-Brennstoffversorgung ein leichter zu lösendes Thema als bei Lkw oder Flugzeug.

Der Flugzeug-Kurzstreckenverkehr bis etwa 500 Kilometer wird mehr und mehr von der Bahn abgelöst werden. Schnelle Zugstrecken wie Mailand–Rom oder Paris–Lyon haben dort den Flugverkehr weitgehend abgelöst, und viele weitere werden folgen. Heute liegt der Anteil von Geschäftsreisen mit der Bahn bei unter 10 %, dieser wird mit besserer Anbindung der großen Flughäfen und der systembedingten Verteuerung des Pkw- und Flugverkehrs weiter steigen.

Für die wasserstoffbetriebene Eisenbahn fehlen noch die geeigneten wasserstofftauglichen Motoren sowie die Wasserstoffspeicher. E-Fuels sind teurer, dafür sind bestehende Tanks und Antriebe nahezu unverändert einsetzbar.

SCHIFFFAHRT

Schiffe haben den Vorteil, dass Volumen und Gewicht des Brennstoffspeichers eine geringe Rolle spielen. Hier wird es eine Frage der Kosten sein, ob sich Wasserstoff, Ammoniak, E-Flüssiggas, E-Gas, E-Fuel (Methanol) durchsetzen oder ob nach dem Umstieg von Schwerölen auf Leichtöl der Einsatz von LNG (verflüssigtes Erdgas) die beherrschende Übergangstechnologie wird.

Batterien werden sich nur im Kurzstreckenverkehr oder bei sehr kleinen Booten durchsetzen.

Für wasserstoffbetriebene Schiffe gibt es noch keine wasserstofftauglichen Motoren bzw. -speicher. Wenn jedoch E-Fuels verwendet werden, macht es für den Schiffsantrieb wenig Unterschied zu bisher, da und dort werden noch kleinere Adaptierungen erforderlich sein. Die Wirtschaftlichkeit ist aber katastrophal. E-Fuels kosten im Vergleich zu den derzeit verwendeten Brennstoffen (Schweröl) wahrscheinlich mindestens um den Faktor 10 mehr.

Ammoniak hat hier Chancen, sich langfristig durchzusetzen, weil die Kombination aus technologischer Realisierbarkeit der Speicher und Antriebe und aus den Herstellungs- und Transportmöglichkeiten ein gutes Gesamtpaket ergibt. Ammoniak birgt aber noch gravierende Schwierigkeiten beim Thema Aufwand für Sicherheit und bei der Einsatzfähigkeit ammoniakbetriebener Motoren bzw. Brennstoffzellen. Ammoniak-Brennstoffzellen bzw. H_2-Spalt-Reaktoren für Ammoniak[72] befinden sich erst am Anfang der Entwicklung. Sollten sie funktionieren, wäre dies ein gewaltiger Schritt in Richtung einer Ammoniak-basierten Mobilität. Als offene Frage verbleibt die Wirtschaftlichkeit.

LNG (verflüssigtes Erdgas, -164 °C) oder **CNG** (verdichtetes Erdgas auf etwa 200 Bar) haben gute Chancen, als Brückentechnologie zum Einsatz zu kommen. Sie verringern die CO_2-Emissionen um etwa ein Drittel bis zur Hälfte und senken lokale Emissionen.

»Grünes« **Methanol** ist ebenfalls ein möglicher, aber recht teurer Brennstoff.

RAD FAHREN, ZU FUSS GEHEN, ÖFFENTLICHER NAHVERKEHR

Mehr als ein Drittel aller privaten Autofahrten in Deutschland, Österreich und der Schweiz sind kürzer als fünf Kilometer. Gemeinsam mit dem Ausbau des öffentlichen Nahverkehrs und der Verbesserung der Radfahrinfrastruktur wird eine Erhöhung des Fußgänger- und Radverkehrs in dicht besiedelten Bereichen zu einer Entlastung und Verdrängung des Individual-Pkw-Verkehrs führen. Die CO_2- und Klimaauswirkungen sind aufgrund der geringen Kilometerleistungen klein, aber die lokalen Auswirkungen auf Lärm, Feinstaub, Stickoxide und sonstige, vor allem bei Kurzstreckenfahrten ausgestoßene Schadstoffe werden merkbar und messbar sein. Neben den direkten Gesundheitseffekten haben fußgänger- und fahrradfreundliche Ballungsräume meist auch eine deutlich höhere Lebensqualität.

Tarifliche Anreize werden zur verstärkten Nutzung des öffentlichen Verkehrs beitragen. Billigsttarife erhöhen jedoch die Gefahr, dass öffentliche und private Investitionen in den öffentlichen Verkehr reduziert werden, da die Kostenwahrheit fehlt, Preise nur mehr politisch festgelegt werden und sich Investitionen nicht mehr rechnen.

Öffentlicher Verkehr, wenn er gut ausgelastet ist, trägt zu einer Reduktion des CO_2-Ausstoßes bei. Ein 300-PS-Überlandbus mit einem Leergewicht von zwölf Tonnen, der drei Personen transportiert, ist nicht umweltfreundlicher, als es drei Pkw wären. Das gilt auch für die Bahn.

Beim Nahverkehr werden die selbstfahrenden Fahrzeuge (Level-5-Autonomie) vielleicht noch einige Überraschungen für uns bereithalten. Wer braucht noch einen eigenen Pkw, wenn der selbstfahrende elektrische Pkw per App bestellt wird und nach Abschluss der Fahrt schon den nächsten Kunden befördert oder gleich als Sammeltaxi dient? Braucht es dann noch einen Linienbus mit 50 Sitzplätzen, der nur von Haltestelle A nach B fahren kann?

STADT UND LAND

Sind Sie ein Stadt- oder ein Landmensch? Was ist besser? Wer geht schonender um mit Energie, Klima und Ressourcen? Bilden Sie sich kein vorschnelles Urteil! Beides ist notwendig und beides hat Vor- und Nachteile.

Der Ansatzpunkt zur Klimaneutralität liegt für Städte bei der Wärmeversorgung und Mobilität. Im Bereich der Stromerzeugung haben sie meist wenig Handlungsspielraum, da sie nicht über die erforderlichen Flächen für erneuerbare Energieerzeugung verfügen. Damit können urbane Räume insgesamt kaum CO_2-neutral werden. Die Rohstoff-, Lebensmittel- und Energieversorgung wird immer von »außen« kommen müssen.

In Städten jedoch kann der Energieeinsatz pro Person deutlich geringer gehalten werden als am Land. Es wird verdichtet gebaut, Wohnen verursacht daher weniger Wärmebedarf (Außenflächen zu verbautem Wohnvolumen sind viel kleiner). Die Wege sind kürzer und lassen sich leichter mit öffentlichen Verkehrsmitteln zurücklegen, sämtliche Versorgungsinfrastruktur kann effizienter aufgebaut werden. Die Stadt ist damit als Lebensraum nicht besser, umwelt- oder klimafreundlicher als das Land, aber anders.

Am Land ist es eher möglich, verfügbare Flächen zu nutzen, um eine eigenständige Energieversorgung sicherzustellen, in manchen Gemeinden gibt es bereits Energieautarkie. Flächen für Solar, Wind, Geothermie, Wärmepumpen und Biokraftstoffe ermöglichen, dass der Energiebedarf eigenständig gedeckt wird. Niedrigenergiebauweise für das Wohnen setzt sich mehr und mehr durch, ein Passivgebäude mit Eigenstromversorgung kann leichter errichtet werden. Der Hauptenergietreiber Verkehr (Pendeln zum Arbeitsplatz, Einkaufszentren statt Nahversorgung) kann durch Elektroantriebe und Photovoltaik entschärft, die Lebensmittelversorgung – zumindest bilanziell – aus eigener Fläche gewährleistet werden. Das Land ist damit als Lebensraum nicht besser, umwelt- oder klimafreundlicher als die Stadt, aber anders.

Beide müssen ihre jeweiligen Standortvorteile nutzen und ausbauen. Ziele, die sie einen, sind beispielsweise die Belebung der Stadt- und Ortszentren, die Umstellung der Mobilität, die Vermeidung großen Flächenverbrauches für Verkehr, Wohnen, Industrie-

und Einkaufszentren, die Reduzierung des Energieverbrauches durch viele kleine Maßnahmen sowie die konsequente Umstellung auf Heiz- und Stromversorgungssysteme, die erneuerbare Energie zur Grundlage haben. Die Nutzung von Solarenergie auf Dächern und im Infrastrukturbereich (Schallschutzwände, Böschungen) ermöglicht, einen (kleinen) Beitrag zur Stromversorgung zu leisten.

WÄRMEWENDE UND GEBÄUDE

Je nach Definition macht der Bereich der Wärme etwa 25 % des gesamten Primärenergieeinsatzes aus. Die Wärmewende ist der am meisten unterschätzte Bereich der Energiewende. Das Primärenergie-Einsparpotenzial und damit auch die mögliche CO_2-Einsparung fällt höher aus als jenes des gesamten Mobilitätssektors (Pkw, Flugzeug, Schiff und Eisenbahn zusammen).

WÄRMEVERSORGUNG

Bei der Wärmeversorgung stehen zwei Hauptentwicklungen für den Ersatz der individuellen, kalorischen Heizsysteme (Öl, Gas) an: zum einen die Elektrifizierung durch den Einsatz von Wärmepumpen, zum anderen der Ersatz durch zentrale Lösungen wie Fernwärme aus Geothermie, industrieller Abwärme und anderen erneuerbaren Quellen.

Wärmepumpen eignen sich für die Beheizung von Gebäuden. Die Technologie muss gut auf das Gebäude abgestimmt werden, und bei älteren Bauten wird man um eine thermische Sanierung nicht herumkommen. Die erst seit wenigen Jahren verfügbaren Wärmepumpen im Megawatt-Bereich können durch städtische Versorger und Industrieunternehmen genutzt werden, um bisher nicht verwendbare Abwärme relativ kostengünstig auf das für Heizzwecke erforderliche Niveau anzuheben. Die Abwärme lässt sich aus Kläranlagen oder Reststoffverbrennungsanlagen, Flüssen sowie vielen industriellen Prozessen gewinnen.

In weiten Teilen Süddeutschlands und Österreichs werden etwa 50 % der erzeugten Fernwärme aus biogenen Energien produziert. Dies sind meist dezentrale Biomassekraftwerke für kleinere und mittlere Kommunen. 35 % der Fernwärme, besonders in den größeren Städten, stammen aus Erdgas und 15 % setzen sich aus Kohle und Müllverbrennung zusammen. Erdgas und Kohle sind zukünftig zu ersetzen, idealerweise durch Geothermie und Wärmepumpen. Dazu könnte irgendwann die Abwärme aus Brennstoffzellen und Elektrolyse kommen.

HEIZSYSTEME FÜR HAUSHALTE IM VERGLEICH

In der Tabelle auf der nächsten Doppelseite werden in aufsteigender Reihenfolge die Heizsysteme nach dem Systemwirkungsgrad bzw. dem Primärenergieeinsatz gereiht.

WEITERE WÄRMEOPTIMIERUNGSMÖGLICHKEITEN IM HAUSHALT

Verbesserung des Heiz- und Kühlbedarfes
- Entlüften der Heizung und hydraulischer Abgleich
- Raumtemperaturabsenkung, besonders in wenig genutzten Räumen; 1 °C bringt etwa 6 % Einsparung
- Einbau großer Wasser-Pufferspeicher
- Einsatz von Lüftungssystemen mit Wärme- und/oder Feuchtigkeitstauschern (»kontrollierte Raumlüftung«) und einer dichten Gebäudehülle
- Stoßlüften
- Kombination mit Solarthermie oder Photovoltaik zur Heizungsunterstützung
- Beschattung und Jalousien, idealerweise außen am Fenster
- Natürliche Luftkonvektion zur Klimatisierung. Architekten arbeiten mit den verschiedensten Beschattungs- und Baukonzepten, um die natürliche thermische Stabilisierung und die Kühlung von Gebäuden zu verbessern
- Einsatz von Niedertemperatur-Heizungssystemen und Absenkung der Heizungs-Vorlauftemperaturen

Thermische Sanierung
Im Bestandsbau hat thermische Sanierung höchste Priorität. Die Sanierungskosten werden umso größer, je besser die Sanierung durchgeführt wird. Einfache Sanierungen beginnen bei 100 €/m² Wohnfläche (Fassaden), aufwendigere kosten ein Vielfaches davon (Fassaden + Fenster + Böden + Decken).

Schätzungen für Deutschland liegen bei einem Investitionsbedarf von etwa 2500 Euro pro Jahr und Einwohner bis 2050. Das wären unglaubliche 4400 Milliarden Euro. Das Gute daran ist, dass sich Wärme-Sanierungsmaßnahmen gewöhnlich in 10–15 Jahren amortisieren und daher meist wohlstandserhöhend wirken.

	Systemwirkungsgrad	Klimaauswirkung
Elektroheizung (Konvektor-Heizkörper)	Schlecht, je nach Strommix	Schlecht, je nach Strommix
Elektroheizung (Infrarot)	Schlecht, je nach Strommix	Schlecht, je nach Strommix
Erdgaskessel (»alt« und »Brennwert«)	Mittel	Schlecht
Ölkessel	Mittel	Schlecht
Biomasse: Pellets, Stückholz	Gut	Gut, wenn nachhaltig
Wärmepumpe Luft-Luft	Gut, je nach Strommix	Gut bis sehr gut, je nach Strommix
Wärmepumpe – Sole-, Grundwasser	Gut bis sehr gut, je nach Strommix	Gut bis sehr gut, je nach Strommix

Tabelle 3 *Vergleich der Heizsysteme im Wohnbereich*

Vor- und Nachteile

Vorteil: einfache Handhabung, kaum Platzbedarf, bei Stromüberschuss im Netz zur Lastregelung einsetzbar
Nachteil: schlechter Wirkungsgrad und schlechte Klimabilanz, bezogen auf den Energiemix und die Jahresdauerlinie im derzeitigen Stromnetz

Eine Infrarotheizung erwärmt nicht die Raumluft über Konvektion, sondern über Wärmestrahlung die Menschen und Oberflächen im Raum, ist energetisch vergleichbar mit Elektroheizkörpern. Gut für Sondereinsatzfälle

Vorteile: hoher Wirkungsgrad
Nachteile: CO_2-Ausstoß ist nicht vermeidbar und Erdgas, das 2000 °C erzeugen kann, wird zur Erzeugung von 40 °C Dusch- und Heizungswasser verschwendet

Wie Gaskessel, überall noch etwas schlechter, aber höhere Brennstoff-Versorgungssicherheit

Vorteile: biogener, regionaler Brennstoff, minimale CO_2-Emissionen (da Kreislauf)
Nachteile: Feinstaub, Investitionskosten, Platzbedarf, nicht nachhaltige Forstwirtschaft in Osteuropa

Eine Wärmepumpe funktioniert nach dem Prinzip des »umgekehrten« Kühlschranks. Aus 1 kWh Strom werden 2,5–5,5 kWh Wärme.
Vorteile: kein kalorischer Brennstoff erforderlich
Nachteile: in alten Gebäuden mit hohen Heizungstemperaturen nicht einsetzbar
Im Winter wird der Wirkungsgrad deutlich schlechter, Schall, Abhängigkeit von sicherer Stromversorgung und höhere Investitionskosten im Vergleich zu einer einfachen Gastherme. Gerade während der Winterlücke wird am meisten Strom gebraucht

Vorteile: wie Luft-Luft-Wärmepumpe, jedoch besserer Wirkungsgrad, vor allem im Winter
Nachteile: höhere Investitionskosten
Durch nicht-flexibilisierte Stromtarife kann sie ihre entscheidenden Vorteile während der Winterlücke noch nicht ausspielen

Trotzdem sprechen im konkreten Fall oft viele Argumente dagegen (Nutzen beim Mieter – aber Kosten beim Vermieter, Wunsch beim Mieter – aber Desinteresse beim Vermieter, keine Einigkeit bei Wohnungseigentümergemeinschaften, Investitionsbudget oder Finanzierung nicht vorhanden, komplizierte Beantragung von Förderungen, fehlender Platz, Bauordnung, ästhetische Gründe und technische Herausforderungen). Bestehen rechtliche Rahmenbedingungen, wenn Mieter oder Eigentümer sich die Investitionen nicht leisten können, sodass die Investitionen beispielsweise über Energieeinspar-Contracting finanziert werden? In diesem Bereich bestehen viele offene Fragen.

In Deutschland gibt es den Begriff des »KfW-Effizienzhauses 70«, das für die Neuerrichtung von Gebäuden als Anforderung gilt. Es hat einen Heizwärmebedarf < 45 kWh pro Quadratmeter und Jahr. In Österreich kennt man die vergleichbare Niedrigenergiehaus-Klassifizierung mit < 50 kWh/m².a.

Nach noch besseren Standards zu bauen, war bis vor dem Energiepreisschock 2022 nicht wirtschaftlich. Nunmehr liegen bei Neuerrichtungen auch Passiv- und Nullenergiehäuser im Bereich der Wirtschaftlichkeit. Bei Bestandssanierungen lässt sich der Nullenergiestandard üblicherweise nicht erreichen.

Nullenergie- und Plusenergiegebäude

Das Passivhaus ist in Deutschland mit < 15 und in Österreich mit < 10 kWh/m².a eingestuft, das würde bei 150 m² Fläche etwa 150–200 Liter Öl oder 300–400 Kilo Holzpellets jährlich entsprechen. In der Schweiz wird der Minergie-P-Standard verwendet, der nach anderen Kriterien arbeitet.

Ein Nullenergiegebäude verbraucht genauso viel Energie, wie es selbst erzeugt oder aus der Umgebung aufnimmt. Dazu sind häufig erneuerbare Energieerzeugungsanlagen am Gebäude installiert, wie Solarthermie- oder Photovoltaikanlagen. Das Plusenergiegebäude produziert sogar einen Energieüberschuss. Die Gebäude zeichnen sich meist durch große Fenster, ein geringes Oberfläche-zu-Volumen-Verhältnis, hohe Wärmedämmwerte und eine weitgehende Luftdichtheit aus. Kontrollierte Lüftungsanlagen sorgen für Raumklima und geringen Energieverlust durch die Lüftung. Die Energieneutralität oder der Energieüberschuss wird meist bilanziell über das Jahr gesehen. Ausreichend groß dimensionierte Heizungs-Warmwasserspeicher stellen sicher, dass kurzfristige Schwankungen ohne zusätzliche Primärenergie überbrückt werden können. Im Winter muss meist dennoch Energie bezogen werden.

Die Technologien sind erprobt und eignen sich für den Wohnbau im Großen und im Kleinen, genauso wie für Gewerbebauten und Hotels.

Nullenergie bezieht sich dabei meist auf den Heizwärmebedarf, gelegentlich ist auch der Warmwasserbedarf inkludiert. Zusätzlicher Primärenergiebedarf in Form von Strom für Unterhaltungselektronik, Kochen, Waschen etc. ist meist nicht eingeschlossen, wird jedoch (zumindest bilanziell) durch Photovoltaik immer mehr möglich, Batteriespeicher werden ebenfalls preisgünstiger und können auch einen Teil der kurzfristigen Schwankungen ausgleichen.

Thermische Bauteilaktivierung

Die Betonkern- oder Baukernaktivierung ist die Nutzung der natürlichen Gebäude-Wärmespeichermasse im Beton. In Fundamenten, Decken, Wänden oder in Bohrpfählen werden Kunststoffschläuche miteinbetoniert, die später mit Wasser durchflutet werden, ähnlich wie bei einer Fußbodenheizung. Damit können Gebäude gekühlt und geheizt werden. Tag-Nacht-Schwankungen oder Temperaturunterschiede zwischen der von der Sonne beschienenen Seite und der sonnenabgewandten Seite lassen sich so leicht ausgleichen. Aufgrund der geringen Temperaturunterschiede des Speichersystems zur Raumtemperatur können sehr effiziente Heiz- und Kühlsysteme hergestellt werden.

Die thermische Bauteilaktivierung hat langfristig niedrige Betriebskosten. Architekten, Klimatechniker und Bauwirtschaft beginnen erst langsam, sich daran zu gewöhnen und sie tatsächlich einzusetzen.

Begrünung

Die Begrünung der Städte (Dächer, »Asphaltwüsten«) macht Hitzewellen lokal verträglicher, der Kühlungseffekt lässt sich messen und fühlen. Lokale »Grün- und Kälteinseln« zu schaffen, wirkt sich meist positiv auf die Lebensqualität im Allgemeinen aus. Begrünung auf Balkonen und Terrassen verbessert das lokale Klima. Begrünte Hochhäuser, wie das *Bosco Verticale*, der »senkrechte Wald« in Mailand, werden populärer.

KÄLTEVERSORGUNG

Zentrale Kälteversorgung leistet ebenfalls einen Beitrag zur Primärenergieeinsparung, kann aber wirtschaftlich nur auf kleinere Entfernungen durchgeführt werden.

Aufgrund der globalen Erwärmung nimmt der Einsatz von Klimaanlagen zu. Sinnvoll wird es sein, deren Betriebszeiten auf die Spitzen der Photovoltaik-Stromproduktion abzustimmen.

INDUSTRIELLE PROZESSE

ALLGEMEINES

Die Industrie benötigt in Deutschland etwa 30 % der gesamten Primärenergie, nämlich rund 1000 Terawattstunden. Das ist doppelt so viel wie der gesamte deutsche Strombedarf. Industrielle Prozesse lassen sich im Allgemeinen nicht leicht CO_2-frei machen und elektrifizieren. Die Herstellung von Zement, Glas und Ziegeln erfordert oft höhere Temperaturen, als sie mit Strom erzielbar sind, oder komplett andere Verfahren wie in der Petrochemie, Chemie oder bei der Stahlherstellung.

Billige kalorische Brennstoffe müssen durch Windkraft, Elektrolyse und weitere Verfahrensschritte ersetzt werden, die hohe Investitionskosten und Umwandlungsverluste verursachen. Selten lassen sich bei diesen Prozessen durch die Elektrifizierung Wirkungsgradvorteile erzielen.

Die Umstellung der industriellen Prozesse gehört daher zu den teuren 20–30 % der Energiewende. Die energieintensiven Prozesse in Europa zu behalten, ist wahrscheinlich kaum möglich und finanziell leistbar, solange es konkurrierende Weltregionen gibt, in denen CO_2 nur eine untergeordnete Rolle spielt. Selbst CO_2-Grenzabgaben (CBAM) werden wenig nützen. Stellvertretend seien hier zwei industrielle Prozesse beschrieben.

STAHLHERSTELLUNG

Um »grünen« Stahl herzustellen, könnten grüner Wasserstoff für die Direktreduktion und der Lichtbogenofen für den Weiterverarbeitungsprozess verwendet werden, anstatt wie heute die Energie zum größten Teil mit Kohle aufzubringen.

Für Deutschland würde das bedeuten, dass bei der derzeitigen Stahlherstellung von 30 Millionen Tonnen pro Jahr etwa 120 Terawattstunden[73] grüner Strom erforderlich wären, folglich etwa 25 % des heutigen Stromverbrauches oder drei Viertel der gesamten erneuerbaren Energieerzeugung in der BRD. Die Tonne Stahl würde sich um 30–60 % verteuern, die daraus hergestellten Produkte dementsprechend.

Selbst wenn man den Inlandsmarkt mit CO_2-Grenzabgaben schützen könnte, was nach WTO-Regeln schwierig ist, würde dennoch der internationale Markt wegbrechen. Viele Bereiche würden das nicht überleben oder abwandern. Es gibt heute noch keinen Ansatz, das zu verhindern.

Innerhalb der nächsten zehn Jahre erreichen etwa 50 % der deutschen Hochöfen das Ende ihrer Lebensdauer. Wird die Stahlindustrie die erforderlichen 30–50 Milliarden Euro in Europa investieren? Und wenn ja, worin wird sie investieren?

DÜNGEMITTEL UND LANDWIRTSCHAFT

Stickstoffdünger ist die Lebensader der Landwirtschaft. Deutschland verbraucht jährlich etwa 1,3 Millionen Tonnen davon. Er besteht zu einem großen Teil aus Ammoniakverbindungen, wovon im Inland jährlich etwa 2,4 Millionen Tonnen produziert werden.

– Eine produzierte Tonne »grauer« Ammoniak – aus Erdgas hergestellt – erfordert 9–12 Megawattstunden Energie und erzeugt zwei Tonnen CO_2. Eine produzierte Tonne »grüner« Ammoniak durch grünen Wasserstoff aus Elektrolyse und Stickstoffgewinnung aus der Luft erfordert etwa 10–15 MWh Energie.[74]
– Würde Deutschland seine »graue« Ammoniakproduktion auf eine »grüne« umstellen, so wären dafür 24–36 Terawattstunden grüner Strom erforderlich, also etwa 10–15 % der heutigen »grünen« Energieproduktion.
– Die Düngemittelkosten würden sich verdoppeln bis verdreifachen. Der Düngemittelpreis ist für 20–35 % der Betriebskosten der Landwirtschaft verantwortlich.

Ein Schutz der betroffenen Industrien und der Landwirtschaft mit CO_2-Grenzabgaben oder sonstigen Einfuhrzöllen ist schwer vorstellbar.

KREISLAUFWIRTSCHAFT UND RECYCLING

Jeder vermiedene Rohstoffeinsatz ist auch ein verringerter Energieeinsatz. Kreislaufwirtschaft und Recycling gehören für Konsumenten und Produzenten zu den besten Möglichkeiten, zum Klimaschutz beizutragen.

Wir leben nach wie vor in einer Einweggesellschaft. Lediglich 10 % der eingesetzten Rohstoffe werden stofflich wiederverwertet. Die Erhöhung der Recyclingquote benötigt sowohl individuelle Verhaltensänderungen als auch gesetzliche Vorgaben, die Änderungen vom Design über die Produktion bis zum Vertriebsweg bewirken. Solange sich diese Rate nicht deutlich erhöht, können wir nie CO_2-neutral werden. Unsere Einweggesellschaft wird sich ändern müssen.

Die EU plant daher, die Recyclingquoten für Kunststoffe, Siedlungsabfälle und Verpackungen bis 2030 deutlich zu erhöhen. Die Zielvorgaben reichen von 55 bis 85 %. Interessant sind auch die ambitionierten Zielvorgaben beim Batterierecycling: Lithium soll bis 2030 schon zu 70 % rückgewonnen werden, Kobalt, Nickel und Kupfer sogar zu 95 %.

Bei Textilien hingegen liegt das EU-Ziel für 2030 lediglich bei 10 %, eine außergewöhnlich unambitionierte Vorgabe für einen der größten Konsumgütersektoren. Auch im Elektrogerätebereich liegt das Ziel bei nur 10 %.

Üblicherweise ist die Energie- und Rohstoffeinsparung durch Recycling sehr groß im Verhältnis zur Neuerstellung von Produkten. Je komplexer aber Produkte werden und je mehr Materialien kombiniert werden, zum Beispiel in Verbundwerkstoffen, desto schwieriger und teurer wird das Recycling. Oft bleibt dann am Ende nur mehr der Schredder, der Produkte in möglichst kleine Teile zerkleinert, um eine zumindest teilweise stoffliche Verwertung zu ermöglichen. Meist ist die Qualität der so gewonnenen Rohstoffe aber deutlich schlechter als die eines Ausgangsrohstoffes. Das führt dazu, dass Recycling nur mehr in Richtung eines qualitativ geringerwertigen Produktes erfolgen kann.

In einer Goldmine werden aus einer Tonne Gestein etwa 5 Gramm Gold gewonnen. Aus einer Tonne Elektroschrott könnte man 200 Gramm Gold gewinnen. Trotzdem landen Tausende Tonnen Elektroschrott auf afrikanischen Deponien – welche Verschwendung! Recycling von Batterien ist trotz des hohen Rohstoffwertes in den Altbatterien eine aufwendige und gefährliche Angelegenheit, bei der Brände, kleinere Explosionen sowie die Entstehung von gefährlichen Dämpfen nicht leicht vermeidbar sind.

Holz kann mit geringem Aufwand bis zu fünfmal recycelt werden. Aus hochwertigem Tischlerholz werden nach und nach Sperrholzplatten, bis nach dem letzten Durchlauf noch die thermische Verwertung bleibt. Mehr CO_2-Einsparung und Ressourcenschonung sind nicht leicht vorstellbar.

Recycling ist gut, aber nicht die alleinige Lösung. Besser ist es, den Abfall schon in der Produktion und im Produktlebenszyklus zu vermeiden und letztlich auch als Konsument bereits beim Produkteinkauf zu beachten. Ein besserer Ansatz wäre vielleicht, mehr in Richtung längerer Gewährleistung und Reparaturpflicht zu gehen, um die tatsächliche Produkteinsatzdauer zu erhöhen.

Gerade beim Kunststoffrecycling gibt es die Kritik, dass nur ein sehr kleiner Teil der gesammelten Kunststoffe, etwa 5 % des gesamten Verbrauches, wieder zu neuem Material verarbeitet würde. Wenn wiederverwertete recycelte Verpackungen für die Nutzer teurer und schlechter sind, die Folgekosten von neuen Kunststoffen aber an die Gesellschaft weitergegeben werden, ist es die Aufgabe der Industrie, diese Aspekte bereits in der Herstellung zu berücksichtigen, und Aufgabe des Gesetzgebers, vernünftige Anreize für Recycling zu setzen: verpflichtende Recyclingquoten, Pfandsysteme und Materialreinheitsvorschriften oder ein System, das verringerten Rohstoffeinsatz, reduzierte Emissionen, gesenkten Energiebedarf und eingeschränktes Müllaufkommen belohnt. Das können Hightech-Sortieranlagen sein, genauso wie die Investition in andere Produktionsmethoden und das Produktdesign, in Sammelsysteme oder in neue Anwendungen für Rezyklat.

Müllentsorgung und Recycling sind oft sich überschneidende Themen. Westliche Länder lagern ihre Recyclingprobleme gerne in Schwellenländer aus, wo die Umweltverschmutzung beim Recycling keine Konsequenzen und keine Kosten hat.

- China war bis 2018 mit 45 % der weltweiten Menge der Hauptentsorger von Kunststoffen. Kürzlich hat es den Import von westlichem Kunststoffmüll gestoppt und damit einige europäische Länder, die sich zuvor günstig ihres Müllproblems entledigt hatten, in Schwierigkeiten gebracht. Nun werden die Müllströme in andere südostasiatische Länder wie Indien, Vietnam und Indonesien umgeleitet, wo man es mit den Standards nicht so genau nimmt.
- Indien, Pakistan und Bangladesch entsorgen 70 % der weltweiten ausgedienten Frachtschiffflotte unter größtenteils sehr fragwürdigen Umwelt- und Arbeitsbedingungen. Dazu werden die Schiffe von westlichen Reedereien verkauft und mehrmals umgeflaggt, um die europäischen Vorschriften zu umgehen.
- Afrika ist großer Importeur von Elektromüll aller Art, der auf umwelt-, klima- und gesundheitsschädlichste Weise ausgeschlachtet wird.
- Kriminelle Länder, Regionen und Organisationen entsorgen Sondermüll in den Meeren, statt ihn einer geordneten Verwertung zuzuführen.

6.
ENERGIE-
MARKT

VERSORGUNGSSICHERHEIT UND BLACKOUT

BLACKOUT

Ein **Blackout** ist ein ungeplanter, unkontrollierter Zusammenbruch großer, überregionaler Stromnetze. Er hat massive Folgen für die ganze Gesellschaft. Je nach Dauer folgt dem Kollaps der Stromversorgung der Ausfall weiterer Infrastruktur wie Treibstoffversorgung, Kommunikationsnetze, Zahlungssysteme, Logistik und Verkehr, Lebensmittel- und Trinkwasserversorgung und schließlich der öffentlichen Ordnung insgesamt. Auch nach einem kürzeren Blackout dauert es Stunden, die Netze wieder zu stabilisieren.

Wenn von »**Rolling Blackout**«, »**Loadshedding**« **oder** »**Brownout**« gesprochen wird, ist damit eine geplante und kontrollierte Abschaltung von verschiedenen Regionen für jeweils einige Stunden gemeint. Dieser »Lastabwurf« erfolgt, wenn insgesamt zu wenig Strom zur Verfügung steht, ist aber nicht mit einem »Blackout« zu verwechseln.

Stromnetze sind komplexe, dynamische Systeme. Ursachen für einen Blackout können Fehler in Kraftwerken, Netzen oder der Bedienung sein, Unfälle oder auch Umwelteinflüsse wie Hochwasser und Wirbelstürme, Cyber- und physische Angriffe auf Hochspannungsnetze, Pipelines, IT-Netze und Unterseekabel oder vielleicht Satelliten. Meist kommen mehrere Ursachen zusammen und führen nach Einzelausfällen in einer sekundenschnellen Kettenreaktion zum Ausfall großer Versorgungsgebiete, so wie es in den vergangenen Jahren in den USA, in Argentinien und Uruguay sowie in Europa zuletzt 2006 passiert ist.

Die bisherigen **Cyberangriffe** durch russische und nordkoreanische Akteure haben gezeigt, dass flächendeckende Stromausfälle über mehrere Tage hinweg sehr schwierig herbeizuführen sind. In der Ukraine dauerte der Stromausfall 2015 nur maximal sechs Stunden. Auch die Attacken zum Kriegsbeginn im April 2022 verursachten bloß geringe Störungen. Ransomware (Erpressungs-Verschlüsselungssoftware) hingegen hat vorwiegend kriminelle Hintergründe und für den Netzbetrieb kleinere Auswirkungen.

Bisher gab es in Europa keinen Blackout, der auf einen generellen Mangel an Primärenergie, Stromerzeugungskapazitäten oder die Erneuerbaren zurückzuführen war. Eine allgemeine Strommangellage, wie sie zum Beispiel durch die Erdgasversorgungskrise 2022/23, die Wartungsstillstände der französischen Atomkraftwerke oder niedrige Wasserreservoirs nach einem trockener Sommer auftritt, kann zwar zur gezielten Abschaltung von Verbrauchern (lokal, zeitlich oder nach Verbrauchergruppen) führen, wird aber normalerweise keinen Blackout verursachen.

Wenn es also nicht zusätzlich eine Verkettung ungünstiger Umstände wie starke Unwetterschäden, Sabotage oder schwere Organisations- und Bedienungsfehler gibt, bedeutet das: **Eine Strommangellage ist kein Grund für einen unkontrollierten Blackout**, sondern lediglich für geplante zeitlich und örtlich begrenzte Abschaltungen. Auch die Schwankungen der Energieerzeugungskapazitäten der erneuerbaren Energien zu bestimmten Tages- und Jahreszeiten oder Wetterlagen sind keine überraschenden Ereignisse, die einen Blackout auslösen würden. Sie erhöhen aber die Wahrscheinlichkeit dafür.

Es besteht daher kein Grund zur Panik, sondern nur für eine vernünftige Vorsorge: Zwei Wochen Lebensmittelvorräte und die Empfehlungen der Zivilschutzverbände sind auch für andere Notlagen eine gute Basis!

Bisher betragen die durchschnittlichen jährlichen Stromunterbrechungen beim Endverbraucher[75] in Europa zwischen etwa 10 und 120 Minuten, nur einzelne süd- und osteuropäische Länder liegen deutlich darüber. Die Ausfallszeiten werden sich zukünftig erhöhen, sollte die Infrastruktur nicht mit dem wachsenden Strombedarf und mit dem steigenden Anteil erneuerbarer, fluktuierender Energieerzeuger mitwachsen. Reserve- und Speicherkapazitäten spielen dabei eine Schlüsselrolle.

In Südafrika sind Bevölkerung und Wirtschaft an Stromabschaltungen gewöhnt, je nach Größe der Mangellage bis zu dreimal täglich vier Stunden. Es gilt zu vermeiden, dass wir auch in Europa auf eine ähnliche Situation zusteuern. Dennoch, die Schweiz hat sich schon mit einer konkreten Verordnung darauf vorbereitet.

Abschaltungen für mehrere Stunden können für manche Industrieanlagen problematisch sein, sie sind danach zerstört oder die erzeugten Produkte kaputt: ein ungeplant auskühlender Glas- oder

Kupferschmelzofen, ein Turbinenrotor, der über 24 Stunden »ge-backen« werden soll, die Charge einer Pharmaanlage. Sensible Einrichtungen wie Krankenhäuser, Organisationen wie Polizei, Rettung, Feuerwehr, Militär verfügen meist über Notstromaggregate, die über Stunden oder wenige Tage eine **Notstromversorgung** aufrechterhalten können. Mobilfunknetze fallen bereits nach einer Stunde aus. Stromlose Internetrouter sorgen schnell für den Rückfall auf die Kommunikationskanäle des letzten Jahrhunderts – das batteriebetriebene Radio und den CB-Funk.

ENERGIEVERSORGUNGSSICHERHEIT

Versorgungssicherheit ist mehr, als keine Blackouts zu haben. Versorgungssicherheit heißt, langfristig **ausreichend diversifizierte Primärenergie** zur Verfügung zu haben, und auch die technischen Anlagen, diese umzuwandeln und zu den Verbrauchern zu verteilen. Das Thema der mangelnden Versorgungssicherheit und deren Folgen wurde Europa 2022/23 schmerzlich bewusst.

Eine zuverlässige Energieversorgung ist ein Kernaspekt von Sicherheit und Handlungsfähigkeit eines Staates. Versorgungssicherheit bedeutet auch, nicht von einem dominierenden Lieferanten abhängig zu sein, egal ob es sich um Erdgas, -öl oder die für die Energiewende erforderlichen Rohstoffe handelt.

Die vollständige Elektrifizierung, wie sie in der Energiewende erforderlich ist, stellt auch ein technisches Risiko dar. Heute gibt es neben Strom noch drei weitere Transportinfrastrukturen für Gas, Kohle und Öl, mit vielen verschiedenen Speicherarten. Im Energiesystem von 2050 ist alles stromzentriert. Gegen dieses »Klumpenrisiko« helfen nur ausreichende Erzeuger- und Netzreserven, Speicher sowie die Dezentralisierung.

China hat Energieversorgungssicherheit als eine der Top-Prioritäten des 14. Fünfjahresplanes 2021–2025 definiert – weit vor dem Klimaschutz.[76] Warum wohl? Weil großflächiger, lang andauernder Energiemangel massive Auswirkungen auf die wirtschaftliche Entwicklung, die politische Stabilität und letztlich auf die Gesundheit und den Wohlstand der Bevölkerung sowie auf das Machtmonopol der Partei hätte, und weil eine Abhängigkeit von ausländischer Versorgung die politische Handlungsfähigkeit des Landes einschränkt. Dies hat man zuletzt 2021/22 bemerkt, als die politischen Konflikte mit Australien zu Versorgungsschwierigkeiten chinesischer Kohle-kraftwerke führten, die in der Folge Energieversorgungsprobleme und Teilabschaltungen in weiten Bereichen Chinas verursachten. Die **USA** haben die Versorgungssicherheit weit oben auf der Agenda, egal ob Republikaner oder Demokraten. Eine Trennlinie gibt es beim zukünftigen Einsatz von erneuerbaren Energien. Abgesehen davon setzen die Vereinigten Staaten darauf, sich selbst zu versorgen. Seit sie nicht mehr von der Energieversorgung aus dem Nahen Osten abhängig sind, hat das US-Interesse an dieser Region stark abgenommen.

Frankreich setzt auf Atomkraft und ist so wie Bulgarien, Ungarn, die Slowakei und Tschechien stark von russischem Uran abhängig. Die derzeitigen Atomkraftwerke sind störungsanfällig und teilweise schon recht alt, 2022/23 sind mehr als die Hälfte davon wegen ungeplanter Wartungen außer Betrieb. Spannungsrisskorrosion in der Verrohrung von Sicherheitseinspeisesystemen, die dazu dienen, den Reaktorkern bei Störungen des Primärsystems zu kühlen, waren die Ursache.[77] So wurde das Land von 2021 auf 2022 vom größten europäischen Stromexporteur zum -importeur und verursachte einen Gutteil des europäischen Strommangels. Frankreich hat nur mehr wenige Jahre Zeit, um die alten AKW zu ersetzen und für den zukünftigen Strombedarf auszubauen. Es geht damit ein signifikantes »Klumpenrisiko« ein. Ein einziger versteckter Konstruktionsfehler, der sich durch alle Anlagen zieht, kann viele gleichzeitige Wartungen und Stillstände erfordern. Diversifikation wäre erforderlich. Frankreich hat große Potenziale für erneuerbare Energien, die bisher noch weitgehend ungenutzt blieben. Trotz allem: Selbst im schwierigen ersten Halbjahr 2022 hat dieser Staat weniger Strom importiert als die viel kleinere Schweiz oder Österreich.

Finnland hat nicht umsonst auf Atomkraft gesetzt und seine Energiezusammenarbeit im Bereich LNG mit den baltischen Ländern verstärkt. Finnland hatte eine sehr hohe Abhängigkeit von russischem Erdgas. Unabhängig von den Kosten ist daher ein Atomkraftwerk auch ein wesentlicher Baustein für die Sicherheit der Energieversorgung. Zusätzlich hat dieses Land erhebliche Anteile an erneuerbaren Energien, mehr als 40 % aus Holz, Wind, Wasser, Torf und anderen erneuerbaren Quellen.

Deutschland hatte Versorgungssicherheitsüberlegungen vor 2022 politisch ignoriert und die Risiken durch die vorzeitige Abschaltung von Atom- und Kohlekraftwerken verschärft. Es hat sich damit wesentlichen politischen Handlungsspielraum genommen, was mit dem russisch-ukrainischen Krieg deutlich wurde. Will man die Energiewende auf erneuerbaren Energien aufbauen, so muss man auch für ausreichend Winterspeicherfähigkeit und Reservekapazität sorgen.

Die **Schweiz** hat Sicherheitspolitik immer hochgehalten, auch bei der Energie. Mit den Weichenstellungen weg von Kohle und Atomkraft reichen die bisherigen Konzepte nicht, um die Versorgungssicherheit weiter aufrechtzuerhalten. Mit dem Scheitern diverser Schritte hin zu einem Rahmenabkommen mit der EU wird dieser Aspekt zukünftig noch wichtiger werden. Geografisch ist die Schweiz zwar hinsichtlich der Wasserkraft begünstigt, bei Wind und Solar sind die Potenziale jedoch kleiner als anderswo.

Österreich gefällt sich in seinem Selbstbild als »Insel der Seligen« und »Vorreiter der nachhaltigen Energieversorgung«, begünstigt durch die Geografie und die im letzten Jahrhundert errichteten Wasserkraftwerke. Im Winter hat das Land eine noch viel höhere Abhängigkeit von russischer Erdgasversorgung als die BRD und hat daher energiepolitisch über Jahrzehnte als trojanisches Pferd Russlands in der EU agiert. Es steht vor denselben Herausforderungen wie Deutschland, jedoch mit dem Nachteil, über keine Küsten für LNG-Anlieferung und wenige gute Windkraftzonen zu verfügen.

Großbritannien hat in den letzten Jahren sehr konsequent die Energieerzeugung aus Kohle reduziert. Import-Biomasse hat einen großen Anteil, ebenso Windkraft und Photovoltaik. Die Abhängigkeit von Gas ist gewaltig gestiegen. Das Vereinigte Königreich setzt auch auf Atomkraft, hat aber großes Potenzial bei Windkraft. Durch seine diversifizierte Importstruktur und seine geografische Lage weist es eine relativ hohe Energiesicherheit auf. Während Deutschland erst Ende 2022 das erste LNG-Terminal in Betrieb nahm, betreibt Großbritannien schon drei mit einer Kapazität von über 50 bcm (Milliarden Kubikmeter) pro Jahr. Zum Vergleich: Der britische Jahresgasverbrauch beträgt 73, der deutsche etwa 86 bcm. Dennoch, die explodierenden Gaspreise haben auch Großbritannien getroffen.

ROHSTOFFVERSORGUNGSSICHERHEIT

Mit der Energiewende reduzieren wir unsere Abhängigkeit von den traditionellen Energielieferländern wie Russland und der OPEC.

Erneuerbare Energien sind der Schlüssel zur zukünftigen Freiheit von internationalen Abhängigkeiten.

Nein, wir begeben uns von der Brennstoff- in die Rohstoffabhängigkeit. Der einzige Weg, Abhängigkeiten zu vermindern, ist, die Versorgung zu diversifizieren, selbst Zugänge zu den Rohstoffen zu schaffen sowie die Rohstoffversorgung und Lagerhaltung strategisch zu planen.

Versorgungssicherheit ist mehr, als von einer Abhängigkeit (beispielsweise Russland) in die nächste zu stolpern. Diese Abhängigkeiten können neue Lieferländer (»Ölstaaten«) für die kalorischen Brennstoffe Öl, Gas und Kohle sein, die man für die Übergangsphase benötigt.

Es ist aber auch die **Abhängigkeit von den neuen »Elektrostaaten«**, den Versorgern für Kupfer, Nickel, Kobalt, Seltene Erden, Lithium und vieles mehr. Ganz vorne auf der Liste steht China, das über einen Großteil der Rohstoffe für die Elektrifizierung verfügt.

Japan, ein Land, das 2010 überraschend und plötzlich – im Streit mit China um Inselterritorium im Indopazifik – von der Versorgung mit Seltenen Erden abgeschnitten wurde, hat ein **Gesetz zur Rohstoffversorgungssicherheit** verabschiedet, eine Rohstoffagentur eingerichtet und unterstützt gezielt staatlich dort, wo sich die Diversifikation oder das Anlegen von Vorräten für Unternehmen wirtschaftlich nicht rechnet.

Europa ist noch lange nicht so weit, obwohl es viel stärker abhängig ist als irgendeine andere Region weltweit. **Europäische Rohstoffversorgungssicherheit** würde bedeuten:

– dass man strategische Reserven für Rohstoffe anlegt,
– funktionierende Rohstoffbörsen schafft,

- Bergbau auch an weniger ertragreichen Standorten in Europa durchführt und sich international beteiligt,
- Schürflizenzen nicht planlos an außereuropäische Länder verkauft,
- Lieferketten von Rohstoffen diversifiziert und sich international beteiligt,
- und vor allem, dass man einen Plan hat für Rohstoffe mit hoher Länderkonzentration und hohem Länderrisiko![78]

Flächenstaaten wie Russland, China, Australien, Kanada oder die USA haben einen natürlichen Vorteil, da die Wahrscheinlichkeit groß ist, über Rohstoffressourcen zu verfügen. Einzelne Länderkonzentrationen entsprechen fast Monopolen auf Rohstoffe, wie der Kongo bei Kobalt, Chile bei Lithium oder China bei Seltenen Erden.

Die Internationale Energieagentur IEA geht von einer **Vervielfachung des Bedarfes an kritischen Rohstoffen bis 2050** aus. Eine einfache Übersicht bietet folgende Grafik:

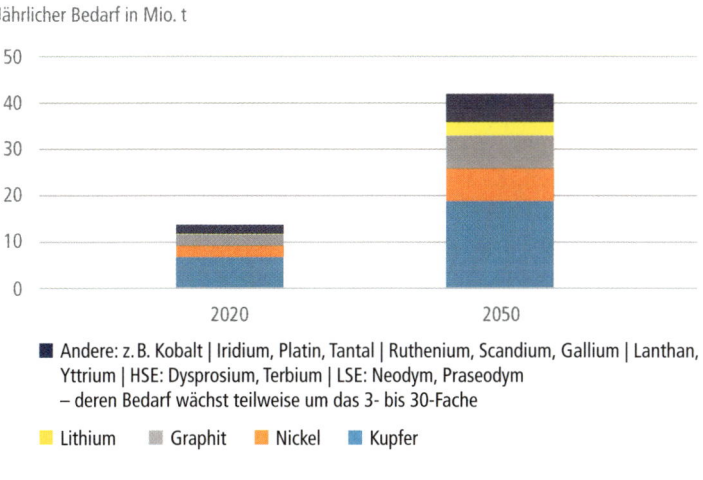

Grafik 11: Bedarf an seltenen Rohstoffen[79]

Jährlicher Bedarf in Mio. t

■ Andere: z.B. Kobalt | Iridium, Platin, Tantal | Ruthenium, Scandium, Gallium | Lanthan, Yttrium | HSE: Dysprosium, Terbium | LSE: Neodym, Praseodym – deren Bedarf wächst teilweise um das 3- bis 30-Fache

■ Lithium ■ Graphit ■ Nickel ■ Kupfer

Dazu kommen noch die üblichen Rohstoffe wie Eisen/Stahl, Aluminium, Zink, Mangan, Silber, Silizium und Cadmium sowie Niob, Titan, Bor und auch Uran, wenn man die Atomkraft miteinbezieht. Abgesehen von der sehr ungleichen Verteilung von Rohstoffvorkommen besteht ein weiteres Problem: **Rohstoffreiche Länder sind meist keine guten Demokratien**, sondern größtenteils sehr autokratisch organisiert, darunter Russland, Myanmar, die Demokratische Republik Kongo, Saudi-Arabien, die Philippinen oder Indonesien. Wirtschafts- und Politikwissenschaftler fassen das unter dem Begriff »**Ressourcenfluch**« zusammen. Vereinfacht gesagt dürfte es so sein, dass die Führung dieser Länder es leicht schafft, mit den üppigen Einkünften aus dem Verkauf der Rohstoffe und Korruption sehr viel Geld und Wohlstand für sich und ihre Entourage zu schaffen, ohne dass es notwendig wäre, auch die »normale« Bevölkerung daran teilhaben zu lassen. Zur Aufrechterhaltung dieses Zustandes ist die Autokratie/Kleptokratie die ideale Staatsform. In rohstoffarmen Ländern wird das deutlich schwieriger, hier ist man auf die Produktivität der Bevölkerung angewiesen, was auch erfordert, sie am Wohlstand partizipieren zu lassen.

Europa ist in einer Zwickmühle zwischen Moral und Wohlstand. Europäische Lieferkettengesetze und unsere »moralische Überlegenheit« lassen erwarten, dass man die Anzahl seiner möglichen Handelspartner so einschränkt, dass kaum noch Partner übrigbleiben, von denen man kaufen kann, und sich der globale Handel auf ein »Friendshoring« reduziert, bei dem nur mehr bei befreundeten Staaten mit ähnlichem Gesellschaftsmodell und vergleichbaren sozialen und Umweltstandards (»ESG«) eingekauft wird (Australien, Kanada, Grönland, USA und vielleicht Chile und Namibia). Das würde unsere Preise treiben und die Versorgungssicherheit reduzieren.

Energie- und Rohstoffpolitik ist nichts für Schwächlinge. Die USA haben die Glaubwürdigkeit ihrer Energie- und Rohstoffinteressen schon immer mit Kanonenbooten und Flugzeugträgern unterstützt, und China wird das ebenso machen. Das ist zwar nicht der Weg der EU, dennoch muss auch sie bereit sein, ihre Interessen unter Einsatz ihrer Macht zu vertreten.

EUROPAS ENERGIESCHOCK 2022/23

Wie im Kapitel »Europas Energie und die Welt« kurz beschrieben, kam es 2022 aufgrund des russisch-ukrainischen Krieges zu einem fast vollständigen Erdgasimportstopp aus Russland, mit schwerwiegenden Folgen für die Strom- und Gaspreise.

Der europäische Erdgasmarkt (EU + UK) ist im Wesentlichen ein Importmarkt. Die eigene Erdgasproduktion beträgt etwa 20 %, weitere 65 % kommen über Pipelines nach Europa und der Rest, also etwa 15 %, wird als verflüssigtes Erdgas (LNG) importiert.

Die EU verbraucht jährlich etwa 350 bcm (350 Mrd. m^3 = 3500 TWh) Erdgas, davon kamen vor 2021 150 bcm aus Russland, ein Viertel aus Norwegen und der verbleibende Rest überwiegend aus Nordafrika. Die Flüssiggasimporte erfolgen größtenteils aus den USA, Katar und Nigeria. Zusätzlich stammten etwa 155 Millionen Tonnen Erdöl und Diesel aus Russland, das entspricht nochmals etwa der gleichen Energiemenge.

Erdgas stellt etwa 25 % des gesamten Energieimports der EU dar, Erdöl fast 65 %, zusammen also rund 90 % des Energieimports. Knapp unter 10 % sind Kohle und sonstige feste Brennstoffe.

Pipelinegas wurde meist über Langfristverträge gehandelt. Zusätzlich gibt es aber auch den Spotmarkt, bei dem an Börsen Tagespreise gebildet sowie Termingeschäfte abgewickelt werden.

Im Winter 2021/22 begann in Europa die Gaspreisexplosion, wie aus der nachfolgenden Grafik ersichtlich ist. Die internationalen Preissteigerungen hielten sich in Grenzen. In den USA kostet Gas nur einen Bruchteil der europäischen Preise. Über die weiter unten beschriebene »Merit-Order« bestimmen die Gaspreise zu einem wesentlichen Teil den Strompreis, die Form der Kurve verläuft daher fast deckungsgleich mit jener des Strompreises.[80]

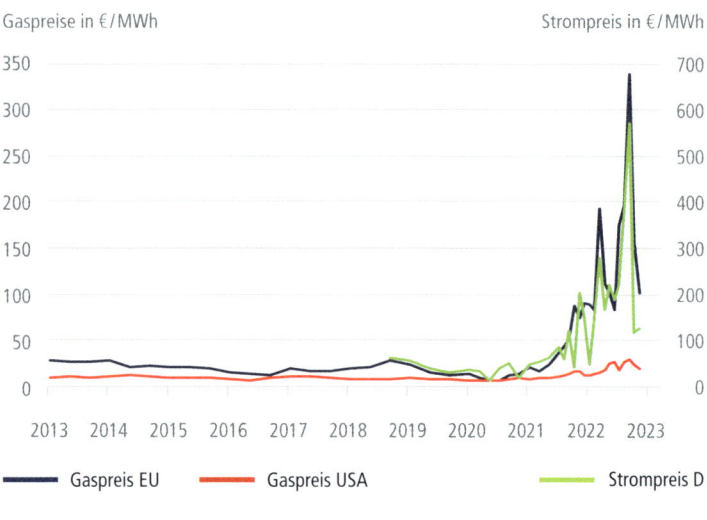

Grafik 12: Gaspreise EU und USA, Strompreis in D

Ab Anfang 2021 begann Russland, die Gaslieferungen zu verknappen, bis auf weniger als 60 % des langjährigen Durchschnitts. Nach Kriegsbeginn im Februar 2022 wurden die Lieferungen, auch im Zusammenwirken mit den europäischen Sanktionen, weiter reduziert: zuerst auf 25, dann auf 10 %, um Europa seine Abhängigkeit vor Augen zu führen und den Zusammenhalt zu schwächen. Die OPEC stützte die russische Vorgangsweise weitgehend durch Komplementärmaßnahmen am Ölmarkt.

Der wichtigste Grund, warum die Energiepreise gerade in Europa so gewaltig gestiegen sind, liegt jedoch in der fehlenden Transportinfrastruktur, also bei alternativen Pipelinerouten und LNG-Terminals. Die Nabucco-Pipeline aus Zentralasien nach Zentraleuropa war aus politischen Gründen in der EU unter Mitwirkung Russlands und einiger EU-Länder verhindert worden, LNG-Terminals aus politisch-wirtschaftlichen Gründen. Erst wenn ausreichend LNG-Terminals in Betrieb sind, werden die Gaspreise wieder auf internationales Preisniveau fallen und damit auch die Strompreise drastisch zurückgehen. Ohne Importterminals werden jede Preisstützung und jeder Preisdeckel verpuffen. Man kann nur das Energieangebot erhöhen oder die Nachfrage senken, um die Preise zu senken, alles andere ist ökonomischer Voodoo.

Inflation, Rohstoffknappheit und die Unterbrechung von Lieferketten verstärkten die Auswirkungen, ebenso die erforderlichen Speicherbefüllungen vor dem Winter und ein gutes Wirtschaftswachstum bis Herbst 2022, ferner die allgemeine Energieknappheit durch die Abschaltung deutscher und französischer Kraftwerke, was die Erdgasnachfrage weiter erhöhte.

Gaskraftwerke sind heute jene Anlagen, die die Residuallast abdecken, also jenen Strombedarf, der nicht von Erneuerbaren erzeugt werden kann. Über die Merit-Order, die nichts anderes macht, als aus Angebot und Nachfrage den Gleichgewichtspreis zu bilden – Betriebswirtschaftslehre, erstes Semester, bestimmen sie damit den kurzfristigen Spotmarkt-Strompreis. Man kann den entstehenden Strompreis meist leicht aus dem Gaspreis errechnen. Eine Megawattstunde Strom kostet 1,5–2,5-mal so viel wie eine Megawattstunde Gas. Das entspricht etwa dem Umwandlungswirkungsgrad der Gasturbinenkraftwerke.

KURZFRISTIGE AUSWEGE

Kurzfristig kann man den Entfall des russischen Erdgases nur schwer ersetzen. Selbst wenn Europa den Winter 2022/23 gut übersteht, wird es weitere zwei bis drei Jahre dauern, bis die Mengen vollständig ersetzt werden können. Von Herbst 2021 bis Sommer 2022 lieferte Russland noch etwa 85 bcm nach Mitteleuropa, ab Mitte Juli wurden die Lieferungen fast komplett eingestellt. Man sollte zwar nie die Kreativität der Menschen und die Marktkräfte unterschätzen, aber 2024 und 2025 werden für Europa hart werden, sollten der Gaslieferstopp andauern und die kommenden Winter kalt werden.

Nachfolgend sind die wenigen Möglichkeiten angeführt, die kurzfristig bestehen, um mehr Primärenergie nach Europa zu bekommen.

LNG

LNG ist verflüssigtes Erdgas, das durch Abkühlung auf Temperaturen unter -164 °C hergestellt und transportiert wird. Es hat damit nur mehr ein Sechshundertstel des Volumens von gasförmigem Erdgas und lässt sich gut in Schiffen transportieren und in Behältern lagern. Die Verflüssigung benötigt 8–25 % des Energieinhaltes des Erdgases. Über Entfernungen von 2500–6000 Kilometer ist die Energie- und Umweltbilanz vergleichbar mit Pipelinetransporten.

2022/23 wurden die USA zum größten LNG-Exporteur mit einer Exportkapazität von etwa 140 bcm. Das entspricht etwa der in Vorkriegszeiten von Europa aus Russland importierten Pipeline-Erdgasmenge. Ende 2025 wird die US-Exportkapazität bei etwa 200 bcm liegen. Die größten Konsumenten befinden sich in Südostasien (Japan, Südkorea und Taiwan) und seit Kurzem in der EU.

Obwohl in ganz Europa genug LNG-Entladestationen vorhanden wären, um zusätzliche 50–70 bcm wieder in Gas umzuwandeln, fehlt die spanisch-französisch-deutsche Pipeline zur Gasverteilung. Es lässt sich also nicht nach Deutschland liefern. Dazu kommt, dass das LNG am Weltmarkt begehrt und knapp ist. Mehr LNG für Europa bedeutet weniger für die anderen, stark steigende Preise und Energierationierungen in Pakistan, Bangladesch, Vietnam, Ecuador oder in Südafrika.

Deutschland errichtet neue LNG-Terminals. Für den Winter 2023/24 stehen 14 bcm zur Verfügung, 2024/25 gerade einmal 40. Bis 2027 haben zwölf neue LNG-Terminals eine Kapazität von 80 bcm, etwa 50 % des Totalausfalls Russlands. Kroatien, Italien und Slowenien arbeiten an weiteren Terminals und Pipelines, aber auch das dauert Jahre.

Dazu kommt, dass auch Tankerschiffe und LNG-Verflüssigungsterminals zur LNG-Herstellung gebaut werden müssen und die Investitionsbereitschaft privater Investoren gering ist. Niemand will sein Geld in den Sand setzen, wenn drei Jahre später wieder billiges russisches Gas fließt oder 15 Jahre später die Energiewende die Investition größtenteils überflüssig macht. Anbieter verlangen 25-Jahres-Verträge. Das langfristige Klimaziel steht der kurzfristigen Versorgungssicherheit im Weg.

Pipelinegas

Manche Lieferländer können die Produktion noch steigern, andere sind politisch instabil oder erfordern Pipelines durch instabile Regionen. Infrage kommen Länder wie Algerien und Libyen, in denen die russische Gazprom viele Förderlizenzen hält, neue Quellen im Mittelmeer, Aserbaidschan und Kasachstan, das für die Durchleitung stark von Russland abhängt.

Mehr Gas aus Eigenproduktion in Europa: Diese geht weiterhin zurück, da die Gasfelder zur Neige gehen: Norwegen, die Niederlande, Deutschland, Italien, Österreich, UK etc. um 5–10 bcm weniger pro Jahr, einzig Dänemark nimmt geringfügig zu. Große Reserven lagern noch in den Niederlanden und in Norwegen, aber auch Griechenland und Rumänien können neue Erdgaslagerstätten erschließen. Das niederländische Gasfeld Groningen wäre das größte in Europa mit etwa 3000 bcm Reserven. Aufgrund von Erdbeben und Schäden an der darüberliegenden Infrastruktur wurde die Erdgasförderung seit 2014 kontinuierlich reduziert und sollte etwa 2025–2028 komplett eingestellt werden. Griechenland spricht von möglichen Reserven von 2000 bcm vor seinen Küsten und möchte bereits 2028 mit der Förderung beginnen. Gemeinsam mit Groningen könnte man damit den kompletten Entfall des russischen Gases über 30 Jahre ersetzen.

Die Erschließung konventioneller Förderstätten benötigt 5–10 Jahre und kostet viel Geld. 2050 will die EU CO_2-frei sein. Wer tätigt so große Investitionen, wenn er die Förderung bereits nach wenigen Jahren wieder einstellen muss?

Biogas

Die Biogasproduktion aus den 20 000 europäischen Anlagen kann geringfügig erhöht werden. Die höheren Preise verbessern die wirtschaftliche Situation. Ein jährlicher Zuwachs von 1–3 bcm ist vielleicht möglich. Zum Vergleich: Der Erdgasausfall aus Russland beträgt etwa 150 bcm.

Die Biomasseproduktion lässt sich nicht beliebig steigern, ohne in eine Nachhaltigkeits-, Artenschutz- und Essen-vs.-Energie-Diskussion zu geraten. Gerade in Osteuropa geht man noch oft bedenkenlos vor.

Schiefergas – Fracking

Mehrere europäische Länder beherbergen signifikante Erdgas-reserven, die durch Fracking genutzt werden können. Fracking ist eine umstrittene Methode, bei der man gasführende Gesteinszonen hydraulisch aufbricht. Befürchtete Grundwasserverseuchung und Schäden durch Erdstöße sowie eine dreimal so hohe Bevölkerungs-dichte als in den USA haben dazu geführt, dass Fracking in vielen europäischen Staaten verboten ist. Viele der kritischen Argumente stammen jedoch aus der »wilden« Anfangszeit der Schiefergas-gewinnung in den USA und der wissenschaftlich zweifelhaften Dokumentation *Gasland*[81], in der man »brennendes« Wasser, das aus Hähnen floss, und verschmutztes Grundwasser sah.

Seismische Aktivitäten können heute durch Überwachung und Ampelsysteme, die die Drücke für das Fracking bestimmen, gut beherrscht werden. Schiefergestein ist außerdem hinsichtlich Erd-beben deutlich weniger anfällig als Sandstein, wie im oben beschrie-benen niederländischen Gasfeld Groningen. Grundwasserverunrei-nigungen lassen sich mit Bohr- und Abdichtungsverfahren nach dem Stand der Technik heute gut vermeiden.[82]

Die Produktionskosten sind zwar deutlich höher als für kon-ventionelles Erdgas, aber Schiefergas kann Wertschöpfung in Euro-pa schaffen und Kaufkraftabfluss verhindern. Eigenes Schiefergas würde aufgrund des Entfalls von Verflüssigung und Transport etwa ein Viertel CO_2-Emissionen gegenüber aus den USA importiertem LNG-Schiefergas einsparen.

Schiefergas eignet sich gut als Übergangslösung. Lagerstätten lassen sich innerhalb eines Jahres erschließen. Bohrungen sind meist nach 5–7 Jahren erschöpft und haben danach großes langfristiges Potenzial für die Energiewende, da die Möglichkeit der Nachnut-zung der Gasbohrungen für Geothermieanwendungen oder die CO_2-Lagerung besteht.

Mit dem theoretischen europäischen Schiefergaspotenzial ließe sich das russische Erdgas auf viele Jahre ersetzen. Es wäre damit eine gute Brückenlösung für die Energieversorgungssicherheit. Hinder-nisse sind das nahezu europaweit geltende Frackingverbot und die langsamen Zulassungsverfahren. Schiefergas könnte mit beschleu-nigten Genehmigungsverfahren bereits innerhalb von zwei bis drei Jahren einen signifikanten Beitrag zum europäischen Gasangebot leisten, mit unmittelbarer Auswirkung auf die Preise.

Wind- und Solarstrom

Ein Ausbau von 50 Gigawatt pro Jahr, wie er derzeit erfolgt, führt zu einer jährlichen Einsparung von umgerechnet etwa 12 bcm Erdgas. In zwölf Jahren entspräche die jährliche Einsparung bilanziell bereits den gesamten jährlichen Erdgasimporten aus Russland. Für die Energiewende wäre der 5–8-fache Zubauwert jährlich erforderlich. Hindernisse gibt es viele, die meist auf regulatorischer Seite liegen. So bestehen selbst für einfache Wohnanlagen-PV-Anlagen vielerlei Hindernisse, die vom Mietrecht, Einstimmigkeit bei Eigentümergemeinschaften, den Bau- und Brandvorschriften, den Nutzungsrechten für gemeinsame Dachflächen, der Zuordnung der Einkünfte über vielerlei steuerliche Themen bis hin zu den technischen Einspeisebedingungen reichen.[83] Der Gesetzgeber ist säumig und die Netzbetreiber verlangsamen die Prozesse zusätzlich.

Atomkraft und Kohle

Die Verlängerung der Kohle- und Atomkraftwerkslaufzeiten sowie die Reaktivierung kürzlich stillgelegter Anlagen sind am einfachsten und schnellsten umsetzbar. Es handelt sich um eine temporäre Maßnahme. Sobald der Gasengpass dauerhaft überwunden ist, kann die Atomkraft vom Netz genommen werden. Das sollte in fünf bis zehn Jahren möglich sein. Kohlekraftwerke könnten als Reserve für die Winterlücke gehalten werden.

ENERGIEMARKTGESTALTUNG UND FÖRDERUNGEN

Der europäische Energiemarkt ist ziemlich komplex und unübersichtlich. Die Fülle an Gesetzen, Rahmenbedingungen und Förderungen auf lokaler, nationaler und auf EU-Ebene ist zu groß. Dies macht es auch so schwierig, die Wirkung neuer Gesetze und Förderungen vorherzusagen oder nach Einführung zu messen.

STROMMARKT UND MERIT-ORDER

Strom wird etwa zur Hälfte über Langfrist- und Direktverträge (PPA, OTC) gehandelt, die andere Hälfte bildet der Spotmarkt (etwa die Leipziger Börse). Übergeordnete Netzbetreiber sind zuständig, die Erzeugung und den Verbrauch zu jedem Zeitpunkt auszubalancieren. Auf den Spotmärkten wird der Preis durch die viel diskutierte Merit-Order gebildet, ein im Prinzip sehr einfaches Angebot-Nachfrage-Modell, bei dem der Zuschlagspunkt an der Schnittstelle zwischen Angebots- und Nachfragekennlinie – dem Gleichgewichtspreis – gebildet wird.

Die Reihenfolge der aufsteigenden Grenzkosten ist die Merit-Order. Grenzkosten sind jene Kosten, die eine zusätzlich produzierte Megawattstunde ergibt. Die Fixkosten (wie Investitions- bzw. Kapitalkosten) sind darin nicht enthalten!

Die Merit-Order ergibt daher aus wirtschaftlicher Sicht die Reihenfolge der Zuschaltung der verschiedenen Kraftwerke. Produzenten mit niedrigen Grenzkosten (Wind, Photovoltaik und Atomkraft) scheinen dabei unzulässig viel Geld zu verdienen, da sie denselben Preis erhalten wie teure Gaskraftwerke, auch wenn ihre Kosten unverändert geblieben sind. Das bedeutet, dass die Verbraucher insgesamt viel mehr bezahlen, als die eigentlichen Mehrkosten bei den Erzeugern betragen. Die »Übergewinne« sind der Hauptkritikpunkt der öffentlichen Diskussion.

Grafik 13: Merit-Order (Deutschland): Preisbildung durch kurzfristige Grenzkosten

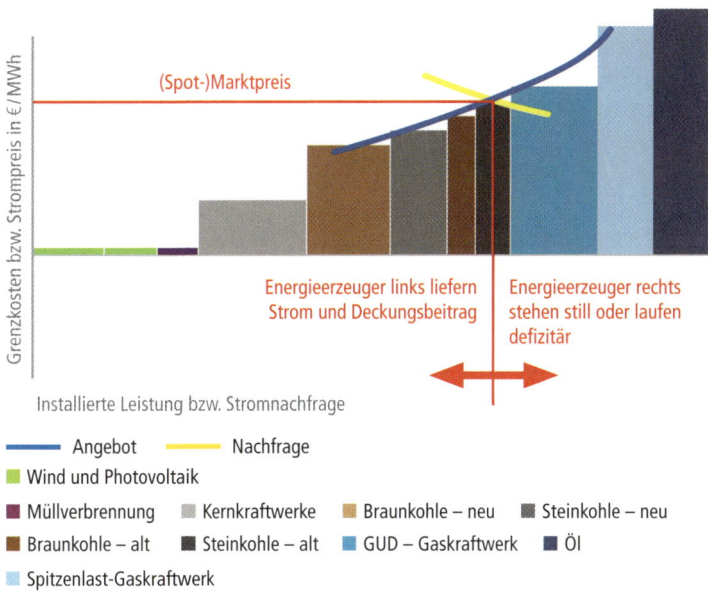

Dabei handelt es sich um eine – für uns alle, die Stromkonsumenten – schmerzhafte Momentaufnahme oder Kurzzeitbetrachtung. In der Mittelfristbetrachtung dienen genau diese höheren Erlöse der Erneuerbaren dazu, die höheren Investitions- und Kapitalkosten zu erwirtschaften und einen Anreiz für weitere Investitionen in Erneuerbare zu schaffen. Jeder staatliche Eingriff muss daher moderat und zeitlich begrenzt sein. Der Politik klar zu machen, die Finger davon zu lassen, weil ihre Eingriffe mehr schaden als nutzen, ist, wie Kinder davon überzeugen zu wollen, dass Süßigkeiten schädlich sind.

INTERESSENGEGENSÄTZE

Ein funktionierender Energiemarkt würde sich dadurch auszeichnen, dass er die Ressourcen in bestmöglicher Art zuordnet (Angebot und Nachfrage) und Innovationen zulässt. Durch die Politik müssen die wirtschaftlichen und umweltpolitischen Rahmenbedingungen definiert werden, muss Stabilität geschaffen und müssen Anforderungen an die Versorgungssicherheit definiert werden. Die steuerlichen Belastungen sollten über alle Sektoren (Energie, Mobilität und Wärme) vergleichbar sein, ebenso eventuelle Förderungen. Die Lenkung durch Steuern und Förderungen sollte immer mit dem geringstmöglichen regulatorischen Eingriff erfolgen.

Der Energiemarkt ist aber ein Feld der Begehrlichkeiten vieler Seiten, mit vielen verschiedenen Interessen: Primärenergielieferanten, Rohstoff- und Technologielieferanten (von Atomkraft bis zu Kohle, Gas, Wind, Biomasse und Photovoltaik), Anlagenbetreiber und Energieversorger, Netzbetreiber. Alle haben ihre Wünsche an die Politik.

Auch die Nutzer haben ihre Wünsche: Groß- und Endabnehmer wollen gute Preise und Versorgungssicherheit, und die Gesellschaft verlangt die geringstmöglichen Auswirkungen auf die Umwelt.

Und so fördert die Politik einfach alles: Atomkraft, Gas, Kohle, Wind, Photovoltaik und die Biomasse. Mit all den Marktverzerrungen und Fehlentwicklungen weiß niemand mehr, wie der Markt ohne Förderungen aussehen würde.

Der Energiemarkt ist wie eine Wippe, die auf beiden Seiten mit immer mehr »Förder-« und »Gesetzessteinen« belastet wird, entlastet wird selten. Die Fehlentwicklungen und die Bürokratie kosten viel Geld. Es ist der Wohlstand nachfolgender Generationen, der damit geschmälert wird.

MARKTWIRTSCHAFT ODER STAATLICHE LENKUNG?

Der Energiemarkt beinhaltet viele wettbewerbsverzerrende Elemente: Monopole, Subventionen für fast jede Energieform, eine enge Verquickung mit der Politik, unzureichende Preisbildungsmodelle. Außerdem ist der Staat oftmals selbst Marktakteur, anstatt nur die Regeln aufzustellen und Schiedsrichter zu sein.

Ein funktionierender Markt mit Technologieoffenheit, Transparenz und äußerster Zurückhaltung bei Förderungen löst über die Preise eine »Suchfunktion« aus, die Kreativität fördert und für die bestmögliche Ressourcenzuordnung sorgt. Wettbewerb ist damit auch das erfolgreichste Mittel zur Schaffung von Wohlstand. Dies setzt aber das Grundverständnis voraus, dass derjenige, der Risiken eingeht, auch scheitern kann, im Extremfall mit Totalverlust.

Gegen dieses Prinzip wurde in den letzten Jahren wiederholt verstoßen. Marktakteure, die aufgrund ihrer Größe und Politiknähe ihre Freiheiten missbrauchen und verlangen, vom Staat gerettet zu werden – weil die Politik es verabsäumt hat, Konkursszenarien für systemrelevante Marktakteure vorab zu definieren –, sind in diesem Sinn die größte Gefährdung der Marktwirtschaft.

 Wenn der Staat möglichst detailliert regelt, welche Energiequellen er haben möchte, und diese finanziell fördert, ist das für alle am besten.

 Nein, je detaillierter der Staat eingreift, desto unwirtschaftlicher werden die Systeme. Der natürliche Wettbewerb der Ideen und Technologien wird behindert. Die Differenz bezahlt der Steuerzahler und Energiekonsument. Die Gefahr ist groß, dass »Energie« die neue »EU-Landwirtschaft« wird, ein durch Subventionen verzerrtes Gebilde, in dem der Produzent sein Geld nicht mehr auf ehrliche Weise verdienen kann, sondern auf staatliche, politisch verteilte Almosen angewiesen ist. Am besten für alle ist hingegen, wenn der Staat die Forschung technologieneutral fördert, aber versucht, Märkte nicht zu verzerren, sondern in der Schiedsrichterrolle verbleibt.

Wer dies zulässt, hebt die Gesetze der Marktwirtschaft auf und darf nicht erstaunt sein, dass die marktwirtschaftlichen Freiheiten insgesamt eingeschränkt werden. Er darf sich nicht wundern, dass sich in der Öffentlichkeit die Meinung verbreitet, der Markt würde Gewinne privatisieren und Verluste sozialisieren. Für den Staatsbürger gilt: Wer alles vom Staat haben will, darf sich nicht wundern, dass der Staat eines Tages alles von ihm haben will. Das Gleiche gilt für die Energiewirtschaft, auch sie darf nicht überrascht sein, dass der Staat verlangt, »Übergewinne« abzuschöpfen, die Verwendung von Unternehmenserlösen zu regeln, Mikromanagement zu betreiben und letztlich die Marktwirtschaft zugunsten staatlicher Führung zurückzunehmen.

Die impliziten Mindeststeuersätze auf CO_2 nach EU-Energiesteuerrichtlinie betragen für Ottokraftstoff mindestens 159 Euro je Tonne CO_2, für Diesel 120, Erdgas 46 und für Kohle im betrieblichen Wärmesektor nur 1,60 Euro.[84] Dazwischen liegt ein Faktor von 1 zu 100. Wenn das Ziel ist, CO_2 zu vermindern, warum kann das so sein? Mit Steuerbefreiungen, Subventionen und Lobbyismus ergibt sich der beschriebene Energiemarkt, dessen Steuer- und Fördersysteme schon fast so veränderungsresistent sind wie jene der EU-Landwirtschaft.

Wer sich dann noch wundert, warum der Markt nicht optimal funktioniert, und den Staat zu Hilfe ruft, um die Preise zu stabilisieren, hat wenig verstanden. Behörden, Kommissionen und die staatliche Verwaltung sind schon mit der Formulierung der Rahmenbedingungen überfordert, geschweige denn mit Technologieentscheidungen oder der Entscheidungsfindung in komplexen Märkten oder marktwirtschaftlich agierenden Energieunternehmen. So nobel die Ziele der Politik auch sein mögen, sie kann das nicht. Eine Marktverzerrung wird mit der nächsten Marktverzerrung bekämpft. Der Bürger bezahlt die dritt- und viertbesten Lösungen über seine Steuern und seine Energiepreise.

MARKTEINGRIFFE BEI VERSORGUNGSKNAPPHEIT

2022/23 haben sich die Gas-Großhandelspreise gegenüber den Jahren zuvor um den Faktor 5 bis mehr als 10 erhöht. Grund sind die Liefereinschränkungen von russischem Erdgas. Alle Verbraucher, von Haushalten über Industrie bis zur Landwirtschaft, sind durch die steigenden Heiz- und Stromkosten betroffen, manche davon existenziell. Natürlich kommt aus der Öffentlichkeit der Ruf nach Preisdeckelung.

Nicht bedacht werden dabei oft die Grundprinzipien der Wirtschaft: Preise sind Signale für Knappheit. Gaspreise bilden sich, um ein Gleichgewicht aus Angebot und Nachfrage zu schaffen.

Bei Preisspitzen wird oft von »**Marktversagen**« gesprochen, jedoch ist es bei Knappheit gerade die Aufgabe des Marktes, über die Preise die Nachfrage zu senken und das Angebot zu erhöhen. Spekulation – die Vorwegnahme zukünftiger Erwartungen – dient in den meisten Fällen dazu, rechtzeitig Lenkungsmechanismen am Markt zu aktivieren oder Unternehmen langfristig abzusichern. Oft verstärkt sie kurzfristige Preisspitzen durch Bunkern von Handelsgütern, der Effekt wird jedoch meist überschätzt.

Wer einen **Preisdeckel** einführt – sei es für Strom, Gas, Treibstoffe oder Lebensmittel –, dem muss klar sein, dass er auch einen Nachfragedeckel schaffen oder das Angebot erhöhen muss. Das wäre beispielsweise eine staatliche Rationierung und Zuteilung von Gas zu den Verbrauchern. Krisenstäbe, Behörden bzw. die Politik entscheiden dann, wer Gas bekommt und wer nicht oder wem vergünstigte Energiepreise zustehen. Wer das eine ohne das andere macht, dem wird das System um die Ohren fliegen: Entweder seine erforderlichen Preisstützungen werden zum Fass ohne Boden oder die Versorgung bricht zusammen. Fehlen nämlich die Preissignale, gibt es keine Motivation der Verbraucher, ihren Verbrauch einzuschränken, wodurch sich die Mangellage verstärkt.

Rationierungen und Preisdeckel sollten daher nur in absoluten Notfallsituationen zur Anwendung kommen. Viele der vorgeschlagenen ökonomischen Modelle zum Gaspreisdeckel ignorieren, dass es in Mitteleuropa einen physischen Angebotsflaschenhals gibt, einen Engpass, der nur über mehrere Jahre mit großen Investitionen behoben werden kann. Hinzu kommt, dass der über die Gaskraftwerke gekoppelte europäische Strommarkt weitgehend offen ist, mit direkter Rückwirkung auf die Gasnachfrage.

Keine der **Alternativen zum Preisdeckel** ist besonders attraktiv.

Eine davon ist, **nicht einzugreifen** und den Markt die Preise selbst bilden zu lassen. Dies wird dazu führen, dass energieintensive Unternehmen, die ihre Energiepreise nicht weitergeben können, gegebenenfalls schließen müssen. Manche Haushalte können sich ihre Energieversorgung nicht mehr leisten und Wohnungen bleiben kalt.

Ein komplettes »Nicht-Eingreifen« wird sich die Politik daher nicht leisten können. Sie wird bei den Haushalten zumindest jene stützen müssen, die existenziell bedroht sind.

Bei Unternehmen muss die Politik auch bereit sein, zu akzeptieren, dass sie vom Markt verschwinden. Sie muss sich darauf konzentrieren, was für das Überleben der Gesamtwirtschaft erforderlich ist. Das können Regelungen sein, die Arbeitsmarktanpassungen verträglicher machen oder Importe kritischer Güter erleichtern. Energiepreisunterstützung für energieintensive Unternehmen würde unglaublich viel Geld kosten, die Energieengpässe weiter verstärken und letztlich die Preise weiter erhöhen.

»Gut gemeinte« Preisdeckel und Markteingriffe des Gesetzgebers brachten in den Jahren 2000/01 den kalifornischen Energiemarkt zum Kollaps. Marktteilnehmer nützten Gesetzeslücken und manipulierten den Strom- und Gasmarkt. Oftmalige großflächige Abschaltungen waren die Folge. Die einen Marktakteure häuften unglaubliche Gewinne an, während andere pleitegingen. Erst die Auflösung der Preisobergrenzen und eine Marktgestaltung, die eine Mischung aus Langfrist- und Spotmarktverträgen sicherstellte, lösten das Problem.

Aufrufe und Anreize zum Energiesparen sowie die diversen Energiespartipps führen ebenfalls zu Nachfrage- und damit Preissenkungen. Kurzfristig sind die Effekte gering, langfristig kann die Politik durch weitere Energieeffizienzvorgaben im Bereich Wohnen, Industrie und Mobilität einiges bewirken.

Politikversagen ist, wenn die Politik glaubt, über Preisdeckelungen und politische Vorgaben den Markt (Angebot und Nachfrage) aushebeln und langfristig gegen den Markt arbeiten zu können.

Besonders zeigt sich das, wenn nicht klar ist, welche Ziele man mit Energiepolitik, Gesetzen, Verordnungen und Förderungen erreichen will, und man keine guten Messgrößen definiert hat, um den Zielerreichungsgrad festzustellen.

FÖRDERUNGEN UND
DAS HENNE-EI-PROBLEM

Immer wenn es um neue Technologien oder den großflächigen Umbau eines Systems geht, stellt sich die Frage, wer dafür in Vorleistung gehen soll.

- Wer finanziert Energiespeicher und Pumpspeicherkraftwerke, solange die konventionellen Kraftwerke noch genügend Ausgleichsenergie liefern, die konventionellen Kraftwerke aber nicht abgeschaltet werden können, weil es noch zu wenige Speicher gibt und sich die Speicher nicht rechnen?
- Wer finanziert und errichtet die Lade- und Speicherinfrastruktur, die für den Umstieg auf E-Mobilität erforderlich ist, solange es noch nicht genügend E-Autos gibt?
- Wer finanziert den Aufbau der grünen H_2-Wirtschaft: Terminals, Pipelines und Speicher, wenn es noch nicht genug H_2-Abnehmer gibt und die Abnehmer nicht mehr werden, weil keine gesicherte Infrastruktur und Versorgung bestehen?
- Wie können Fernwärmenetze ausgebaut werden, wenn sie erst konkurrenzfähig werden, wenn sehr viele Haushalte und industrielle Abnehmer angeschlossen sind?

Wenn es um Forschungs- und Anschubfinanzierung geht oder um die Schaffung von Rahmenbedingungen zum Aufbau einer kritischen Größe von Infrastruktur, dann sind das Bereiche, die Förderungen rechtfertigen, da sie allein, rein marktwirtschaftlich nicht durchstarten können. Wird jedoch langfristig gegen den Markt gearbeitet und werden unwirtschaftliche Technologien dauerhaft finanziert, wird Geld verbrannt, das anders besser eingesetzt wäre. Die Mittel effektiv einzusetzen und sicherzustellen, dass die »richtigen« Ziele damit erreicht werden, und dies immer wieder zu überprüfen und nachzubessern, wäre die Hauptaufgabe von Politik, Gesetzgeber und Marktregulatoren.

Das ist nicht einfach, denn leider sind es sehr viele Schrauben, an denen gedreht wird: Es sind viele gesetzliche Regelungen, und manche davon drehen die gleiche Schraube in verschiedene Richtungen – zum Beispiel Netzzugangsverordnungen, Einspeiseregelungen, technische Netzbedingungen (Grid-Codes), das Erneuerbare-

Energien-Gesetz (EEG), Energiewirtschaftsgesetze, Anschlussverordnungen, KWK-Gesetz und vieles mehr. Und es sind zumindest drei Hauptmärkte involviert: der Strom-, Gas- und Wärmemarkt. Einen Gesamtüberblick über alle Zusammenhänge haben daher nur mehr sehr wenige Personen. Und das sind meist Lobbyisten und nicht Politiker.

Wie sich eine falsche Subventionierung am Energiemarkt und in der Industrie auswirkt, hat sich in der Vergangenheit oftmals gezeigt, zum Beispiel an den falschen Solarsubventionen in Deutschland Anfang der 2000er-Jahre, die zum kompletten Niedergang der deutschen Solarbranche führten. Während 95 % der deutschen Produzenten samt rund 80 000 Arbeitsplätzen vernichtet wurden, profitierten die asiatischen Nachahmer und »Technologiediebe«. Mit fast 80 Milliarden Euro aus Deutschland wurde der Aufbau der heutigen Marktführer aus China finanziert.

DIE KOSTEN DER ENERGIEWENDE

DIE ENERGIEWENDE FINANZIERT SICH SELBST?

Manche Studie suggeriert, dass die »Einsparungen die Kosten der Dekarbonisierung ausgleichen«. Das hört sich gut an und ist genau das, was die Politik als Antwort gerne hören möchte. Es ist aber kurzfristig falsch und langfristig sehr optimistisch.

Die Energiewende bezahlt sich über die Einsparungen beim Brennstoffzukauf selbst.

Nein, leider nicht. Insbesondere nicht während der ersten 20–30 Jahre, in denen die bisherige kalorische Infrastruktur als Reserve aufrechterhalten werden muss. Auch die schwierigen letzten 20–30 % der Umstellung (Industrieprozesse, Speicher) sind teuer.

Onshore-Windenergie und Photovoltaik produzieren heute schon recht günstigen Strom. Anhand von abgeschlossenen langfristigen Stromeinkaufsvereinbarungen (PPAs) kann man die tatsächlichen Stromgestehungskosten (LCOE) gut abschätzen.

Für Photovoltaik- und Windstrom lagen diese in Deutschland 2020 bei etwa 40 €/MWh. Im Jahr 2022 war der Preis mehr als doppelt so hoch, jedoch rechnet man damit, dass Photovoltaik- und Windstrom 2030 noch günstiger sein wird als 2020. Auf der Iberischen Halbinsel und in Skandinavien liegen die Preise heute schon um ein Drittel darunter.[85]

Vergleicht man dies mit Strom aus Gaskraftwerken, der 2022 bei durchschnittlich 300 €/MWh liegt (zwei Jahre zuvor waren es 60 €/MWh), oder mit dem neuen Atomkraftwerk Hinkley Point mit etwa 150 €/MWh[86], dann ist Wind- und PV-Strom tatsächlich billig und kostet weniger als ein Drittel von neuer Atomkraft.

Die Zahlen zeigen jedoch nur die halbe Wahrheit, da fluktuierende Erzeuger nicht eins zu eins mit stabilen, kalorischen Erzeugern vergleichbar sind. Warum wird es teurer?

- Es sind zusätzliche Speicher erforderlich. Die Technologien sind noch nicht ausgereift. Die einzig denkbaren CO_2-freien Speicher ausreichender Größe sind Wasserstoffspeicher.
- Es sind gewaltige Netzausbauten erforderlich.
- Es sind viele Reservekraftwerke zusätzlich zu errichten, vor allem Gaskraftwerke, die zu Beginn mit Erdgas und später mit Wasserstoff betrieben werden. Reservekraftwerke basierend auf Atomkraft wären viel zu teuer, ein Stand-by-Atomkraftwerk kostet im Betrieb fast gleich viel wie ein auf Volllast laufendes Atomkraftwerk.
- Die dafür erforderliche Wärmewende ist sehr teuer, die Heizsysteme im ganzen Land müssen getauscht werden. Die technischen Herausforderungen sind riesengroß.
- Die dafür erforderliche Mobilitätswende ist teuer.
- Wegen der erforderlichen Umstellung industrieller Prozesse, für die es teilweise die Technologien noch gar nicht gibt.
- Wärme- und Mobilitätswende, industrielle Prozesse und Wirtschaftswachstum erhöhen den Strombedarf, die Einsparungen durch Effizienzsteigerungen und Energiesparmaßnahmen werden nur einen Teil davon abdecken. Das erhöht insgesamt den Investitionsbedarf und damit die Gesamtkapitalkosten.

All diese Punkte müssen gleichzeitig durchgeführt werden, sonst funktioniert die Energiewende nicht!

Man muss sich vorstellen, dass Infrastruktur, die seit dem Zweiten Weltkrieg in Europa aufgebaut wurde, zu einem großen Teil innerhalb von wenigen Jahren (bis 2050) ersetzt werden muss.

Die Investitionskosten für die Energiewende werden alles übersteigen, was man jemals in Infrastruktur investiert hat. Der Investitionskostenanteil inklusive der Kapitalkosten ist jedoch nur ein Teil der Betrachtung. Nur weil wir viel Geld investieren müssen, heißt es noch nicht, dass uns die Energiewende viel »kosten« wird. Stellen Sie sich vor, Sie fahren ein altes Auto, das viel Treibstoff und immer wieder Reparaturen erfordert. Es könnte sein, dass ein neues Auto, das wenig Treibstoff und kaum Reparaturen benötigt, trotz der hohen Investitionskosten günstiger kommt.

Verbilligend bzw. positiv sollten wirken:

- Die Skaleneffekte (»Economies of Scale«) für Windkraftanlagen, Elektrolyseure, Photovoltaikanlagen und Batterien, die die spezifischen Kosten senken
- Forschungs- und Produktionsfortschritte
- Die im Verhältnis steigenden Kosten von kalorischen Brennstoffen
- Die Effekte der CO_2-Bepreisung
- Der Entfall sonstiger »externer Kosten« wie Folgekosten der Umweltauswirkungen, der Entsorgung oder von Havarien, die derzeit die Allgemeinheit trägt
- Wirtschaftliche Nebeneffekte auf Arbeitsplätze, technologischen Vorsprung mit Auswirkungen auf den Export sowie die Stärkung des Industriestandortes
- Auswirkungen auf Klein- und Mittelbetriebe, die davon leben, die neuen Technologien zu planen, zu errichten, zu bewerben, zu verkaufen, zu betreiben, zu reparieren und wieder zu recyceln

Zur Energiewende haben wir mittel- und langfristig keine Alternative. Bei den Technologien und Maßnahmen stehen uns aber viele Alternativen zur Verfügung. Hier müssen wir darauf achten, nicht von Lobbys und Interessengruppen überrannt zu werden, die uns auf einzelne Technologien festnageln möchten, oder in kaum reformierbaren Förder- und Subventionssystemen zu enden.

Bremsende Faktoren für die Energiewende:

- Bricht die europäische Wirtschaft ein? Als Folge der expansiven Geldpolitik, der Corona-Epidemie, des russisch-ukrainischen Krieges mit den Sanktionen und diverser energiepolitischer Versäumnisse ist Europa mit einem Energiepreisschock, einer Inflation wie in den 1970er-Jahren, steigenden Zinsen und Rezession konfrontiert.
- Wie viel kostet der Entfall der Friedensdividende, des Wohlstandszuwachses durch die verminderten Rüstungsausgaben? EU-Europa wird mindestens ein Prozent des BIP zusätzlich für Rüstung ausgeben.
- Wie viel kostet die Neuaufstellung der Lieferketten und eine teilweise De-Globalisierung, ausgelöst durch die Corona-

Erfahrungen und die Abhängigkeit von China?
– Wie einig bleibt die EU, und wie wird sie sich im internationalen Wettbewerb in den nächsten Jahren behaupten können?

Angesichts dieser Fragen ist vollkommen offen, wie viel Geld Europa und die Welt dann noch bereit sein werden, für »das Klima« auszugeben. Insbesondere da langsam klar wird, dass die Auswirkungen des Klimawandels unvermeidbar sind und die Gegenmaßnahmen erst in mehreren Generationen Wirkung zeigen werden.

DIE KOSTEN – TEIL 1

Vorab: Alle nachfolgend genannten Zahlen sind falsch, da sie auf Annahmen basieren, die nicht genau so – vielleicht sogar ganz anders – eintreten werden. Trotzdem ist es wichtig, eine Vorstellung der Größenordnungen zu bekommen, auch wenn man sie bis 2050 noch mehrmals korrigieren muss.

Die Nettomehraufwendungen werden jährlich bei etwa 0,4–2 % des Bruttoinlandsproduktes liegen, schätzte Fraunhofer[87] im Februar 2020. Das war noch unter der Annahme von 95 % CO_2-Vermeidung bis 2050 statt 100 % bis 2045.

Mit den neuen Klimazielen, die im Rahmen des EU Green Deals (»Fit for 55«) und der Klimakonferenz COP 26 in Glasgow festgelegt wurden, müssen auch die letzten 5 % noch vermieden werden. Das sind aber die am schwierigsten zu unterlassenen Emissionen und richtig teuer.

Tatsächlich werden in Mitteleuropa bereits die letzten 20–30 % sehr teuer werden, da darunter die Energiespeicherung, die Luftfahrt, der Schwertransport sowie viele industrielle und chemische Prozesse, inklusive Düngemittel und Chemiegrundstoffe, fallen.

In Summe muss man also eher von 2,5–5 % des BIP ausgehen, was bedeutet, dass in Deutschland jährlich zwischen 90 und 170 Milliarden Euro zusätzlich in die Energie-, Mobilitäts- und Wärmewende fließen müssen. Das sind 1100–2000 Euro pro Kopf und Jahr. Schätzungen gehen teilweise noch viel höher[88], nämlich auf bis zu 240 Milliarden Euro jährlich.

Ein Gegenrechnen mit den Klimafolgen ist kaum möglich: Die Schadenspräventions- und -folgekosten fallen jedenfalls an.

Die Energiewende wird unseren Wohlstand erhöhen.

Nein, kurz- und mittelfristig wird die Energiewende unseren Wohlstand senken. Über einen Zeitraum von mehreren Jahrzehnten könnte sie den Wohlstand auch erhöhen. Technologieführerschaft, Lokalisierung der Wertschöpfung und hoffentlich irgendwann ein Stopp des Klimawandels sollten gegenüber einem »Weiter so«-Szenario positiver sein.

2000 Euro pro Kopf und Jahr, vom Baby bis zum Greis, gelten auch für Österreich und die Schweiz. Umgerechnet auf jeden Erwerbstätigen sind das fast 4000 Euro pro Jahr, 30 Jahre lang.

- Die erforderliche Summe ist deutlich höher als das durchschnittliche »reale« jährliche Wirtschaftswachstum von etwa 1,5 % pro Jahr.
- Das deutsche BIP beträgt etwa 3400 Milliarden Euro, der deutsche Bundeshaushalt rund 500 Milliarden[89] pro Jahr. Es würde also bis zu einem Drittel des Bundeshaushaltes benötigen, um die zusätzlichen Aufwendungen zu bezahlen. Die jährlichen Nettoschulden würden sich verdoppeln. Würde man sich bald der italienischen Forderung nach Aufweichung der Euro-Stabilitätskriterien anschließen müssen?
- Die zusätzlichen Kosten sind mehr als doppelt so hoch wie die üblichen jährlichen Kosten für Energieimporte, die sich in Deutschland 2019 mit etwa 67 Milliarden Euro zu Buche schlugen. Das Problem dabei ist, dass für mehrere Jahre beides zu bezahlen ist: der Energieimport und die Energiewende.
- Würden die Energiepreise langfristig so extrem bleiben wie 2022/23, wäre die Energiewende wahrscheinlich kostengünstiger als der Energieimport. Jedoch würde bei derartigen Energiepreisen die Deindustrialisierung Europas, die bereits begonnen hat[90], noch verstärkt und mit ihren Multiplikatoreffekten zu erheblichen Arbeitsplatzverlusten führen.

DIE KOSTEN – TEIL 2

Wir stellen eine »Bierdeckelrechnung« für Deutschland an: Für die Komplettumstellung der BRD auf erneuerbare Energien (»Energiewende«) sind im super-optimistischen Szenario etwa

Infrastruktur Deutschland
Photovoltaikanlagen (zusätzlich)
Offshore-Windenergie
Onshore-Windenergie (zusätzlich)
Bestand – Erneuerbare
Reservekraftwerke (Umrüstungen und Neu)
Elektrische Netze: Hochspannungsleitungen, HGÜ, Trafos, Gleichrichter, Wechselrichter, elektr. Filter, Batteriespeicher
Elektrolyseanlagen, Wasserstoffspeicher und Pipelines für 20 % Winterlücke + Industriebedarf, Anlagen zur Herstellung von E-Fuels etc.
CO_2-Abscheidung (Müllverbrennung, Industrie)
diverse schwierige Prozesse (Stahl, Glas, Chemie etc.)
sonstige Erneuerbare (z. B. Biomasse, Biogas, Kurzfristspeicher wie Wasserkraft etc.)
Investition in Stromerzeugung (2022–2050)
Investition pro Jahr etwa plus Mobilitätswende und Wärmewende pro Jahr
Investition Energiewende pro Jahr etwa

Tabelle 4 *Bierdeckelrechnung zu den Kosten der Energiewende*

1600 Terawattstunden Strom aus erneuerbaren Quellen erforderlich. Preisbasis ist heute. Zahlen für den Strombedarf im Jahr 2050 stammen aus Kapitel 8 »Energieprognosen«.

Was ist also für die Energiewende in Deutschland erforderlich?

installierte Leistung GW	erzeugter Strom TWh/a	spezifische Kosten Mrd. €/GW	Kosten Mrd. €
250	250	1,3	325
250	850	3,5	875
140	280	2	280
	225		
180		1	180
			400
300		3	900
			150
			300
			80
			3.490
			125 30
			155

Und so liegt man mit 155 Milliarden Euro wieder im Bereich der im Teil 1 angegebenen 90–170 Milliarden jährlich, also wieder bei 2000 Euro pro Person. Es gibt jedoch auch höhere Schätzungen, die allein für die thermische Sanierung – als Teil der Wärmewende – schon von mehr als 2000 Euro pro Einwohner und Jahr ausgehen.

Diese Berechnung beinhaltet viele Fehler: Auch ohne Energiewende würde es Neuinvestitionen benötigen, nicht alles sind daher Mehrkosten, die »schwierigen Prozesse« sind nicht erklärt und nur geschätzt, Kosten der Mobilitäts- und Wärmewende sind nicht spezifiziert, die Investitionskosten für die Mobilitätswende kann heute niemand seriös abschätzen, und außerdem ist jede einzelne Zahl nur geschätzt. Aber es geht vor allem darum, eine grobe Idee zu bekommen.

Ob das Energiesystem nach der Energiewende günstigeren Strom produziert als heute (oder als in einem kalorischen Vergleichsszenario), kann niemand sagen. Es gibt dabei viel zu viele Unwägbarkeiten wie die Rohstoffpreise, die technologische Entwicklung der Speichertechnologien oder der Industrie- und Chemieprozesse, um nur einige zu nennen. Zu erwarten ist aber, dass eine »Dekarbonisierung der leichteren 70–80 %« die Strompreise langfristig kaum erhöhen wird. Für die verbleibenden 20–30 % sieht dies anders aus.

WER BEZAHLT DAS ALLES?

Die Antwort auf diese Frage ist einfach: Sie und ich und Hunderte Millionen weitere europäische Bürger und Konsumenten. Direkt über Steuern und Energiepreise sowie indirekt über die Produkte und Dienstleistungen, die wir konsumieren.

Das ist auch einer der Hauptgründe, warum es nicht schneller geht. Sie und ich und Hunderte Millionen weitere europäische Bürger und Konsumenten mögen nämlich Preissteigerungen nicht. Mit der Energiekrise und Inflation 2022/23 haben wir alle erlebt, was es bedeutet, wenn sich Preise dramatisch erhöhen. Kein Sektor bleibt verschont: Landwirtschaft, Industrie, Wohnen, Mobilität – alles ist betroffen.

FINANZWIRTSCHAFT UND VERSICHERUNGEN

DIE FINANZIERUNG DER ENERGIEWENDE UND DER FINANZMARKT

Europa ist pro Kopf der größte Investor in erneuerbare Energien, vor den USA und weit vor China. Private, der Staat und vor allem viele Institutionen (Pensionsfonds, Versicherungen) tätigen erhebliche Investitionen in erneuerbare Energien. Banken und Versicherungen müssen seit Kurzem bei jedem Beratungsgespräch auf die Nachhaltigkeitsaspekte hinweisen. Sie werben für »grüne Fonds« und »grüne Anleihen«, die auf Nachhaltigkeit, CO_2- bzw. Klimaneutralität, alle Arten von Gerechtigkeit und fairen Handel achten.

The Oxford Institute for Energy Studies hat im Februar 2022 einen Bericht zu den »grünen Anleihen und Finanzierungsinstrumenten« veröffentlicht.[91] Er stellt fest, dass der Markt für »Green Bonds« steil wächst, allein 2021 wurden solche in Höhe von 500 Milliarden US-Dollar ausgegeben, davon der überwiegende Teil durch Versorgungsunternehmen, Energiewirtschaft, Finanzinstitutionen und Regierungen. Die Bank of America sagt, dass 2021 bereits 30 % aller Aktienfonds »nachhaltig« ausgerichtet sind. Anleger sind bereit, einen kleinen zusätzlichen Aufschlag zu bezahlen, dafür, dass das Produkt tatsächlich »grün« ist – in der Studie etwa 0,05 Prozentpunkte. Anleger und Unternehmen erhoffen sich dadurch erhöhte Transparenz, verbesserte Reputation, neue Kundenschichten und insgesamt positive Effekte auf die Umwelt.

Das IPCC schätzte 2018, dass es eine jährliche Investition von 2,5 % des Welt-BIP erfordert, um den 1,5 °C-Pfad einzuhalten, das wären etwa 2,4 Billiarden US-Dollar jährlich. Das ist wahrscheinlich eine höchst optimistische Annahme.

Die EU hat »nachhaltige Finanzierung« als zentrales Anliegen definiert und dafür die »Taxonomie«, ein EU-Klassifizierungssystem für nachhaltige Wirtschaftstätigkeiten, geschaffen. Damit sollten nachhaltige Finanzprodukte belohnt und nachhaltige Projekte einfacher und gezielter finanziert werden können. Der »EU Green Bond Standard« basiert darauf.

Der EU-Standard für grüne Anleihen wäre ein gutes Instrument, birgt aber den typisch europäischen Geburtsfehler, dass ihm ein Kompromiss zwischen Deutschland und Frankreich zu Gas- bzw. Atomkraftwerken zugrunde liegt. Vielleicht verlangt zukünftig noch Polen,»Carbon Capture and Storage« für den Weiterbetrieb der Kohlekraftwerke aufzunehmen, und Italien»blauen Wasserstoff« aus arabischen Pipelines? Wenn Holzbrennstoffe noch aus der Taxonomie entfernt werden, wird es vollends nicht nachvollziehbar.

Für Anleihen, die sowohl den Green Bond Principles (GBP) als auch den Social Bond Principles (SBP) entsprechen, hat sich ein neuer Markt von Sustainability-Bonds entwickelt, die ESG-Ziele (Umwelt, Sozialstandards und Unternehmensführung) erfüllen sollen. Während es schon schwerfällt,»grün« gut zu definieren und eine politische Einigung zu finden, ist der glaubwürdige Nachweis von ESG noch viel schwieriger.

Leider ist der Umlenkungseffekt viel kleiner, als man gerne glauben möchte, oder als Banken und Versicherungen bewerben. Das hat einfache und nachvollziehbare Gründe. Energieversorger, Anlagenbauer, Rohstoff- und Bergbaukonzerne spalten ihr schmutziges Geschäft ab und geben dem Unternehmen einen neuen Namen. Es gibt dann ein»grünes« Unternehmen, das sich am Kapitalmarkt und in der Öffentlichkeit nicht mehr rechtfertigen muss und meist im Wert steigt. Und es gibt ein»schmutziges« Unternehmen, meist mit neuen Eigentümern, dessen Wert ebenfalls steigt. Die Erklärung dazu ist einfach: Die neuen Private-Equity-Gesellschaften notieren nicht an der Börse, womit sie sich dem Blickfeld der Öffentlichkeit entziehen. Die Wertentwicklung der»schmutzigen« Gesellschaft ist besser und der Zugang zu Kapital meist nicht schwieriger als vorher. Die neuen Investoren stellen geringere Nachhaltigkeitsforderungen, als es vorher der Fall gewesen wäre. Alle profitieren, außer das Klima.

Ohne die Ziele der Umlenkung von Finanzströmen in den Bereich der erneuerbaren Energien kleinreden zu wollen, sollte man sich von»grünen« und»nachhaltigen« Finanzinstrumenten nicht zu viel versprechen: Nur weil ein Kohleunternehmen von der Börse verschwindet, wird kein Gramm CO_2 eingespart. Bloß weil ein Stahlproduzent aus Europa in die USA oder nach Asien abwandert, um seine europäische CO_2-Bilanz zu verbessern oder seinen Sitz und seine Börsennotierung woandershin verlegt, wird der Treibhausgasausstoß nicht weniger und kein Sozialstandard verbessert.

Ob am Ende mehr übrigbleibt als eine zusätzliche Bürokratie-ebene in der Finanzwirtschaft und den Unternehmen bzw. ein neuer Weg, Subventionen zu verteilen, wird sich zeigen. Aus Erfahrung werden jedenfalls die einmal geschaffenen Bürokratien und Subventionsstrukturen nie mehr kleiner.

DIE VERSICHERUNGSWIRTSCHAFT

Die Versicherungswirtschaft spielt in vielerlei Hinsicht eine wesentliche Rolle in den zukünftigen Entwicklungen. Deren Bedeutung als institutioneller Investor wurde bereits oben erwähnt, wichtiger sind aber ihre nachfolgend erläuterten Funktionen.

Die Versicherung als Risikobewerter

Wenn auch Kohle- und Atomkraftwerke entsprechend ihrer Risiken kommerziell versichert werden müssten, würden nach marktwirtschaftlichen Kriterien handelnde Versicherungen wesentlich genauer prüfen und bewerten, als dies staatliche Institutionen tun, da ihre Existenz davon abhängt.

Aufgabe der Politik wäre es, die Rahmenbedingungen so zu definieren, dass alle von den Auswirkungen betroffenen Risiken genügend hoch und lange abgesichert sind. Der Gesetzgeber müsste darauf achten, dass Versicherungen ausreichend gedeckt sind und ein Wettbewerb bestehen bleibt. Das könnte bei Technologien wie der Atomkraft nicht von einem Tag auf den anderen geschehen, aber es ließe sich schrittweise verpflichtend einführen.

Die Klimaschadensversicherung

Eine weitere Rolle spielt die Versicherungswirtschaft auch bei der Versicherung von Elementarschäden.

Im privaten Bereich haben die Versicherbarkeit der Liegenschaft gegen Elementarereignisse und auch die Prämienhöhe durchaus – vor allem für Neubauten – einen großen Lenkungseffekt. In Queensland sind fast 40 % der 500 000 Wohnungen und Häuser, wegen der immer häufiger auftretenden Überflutungen oder Brände, de facto nicht mehr versicherbar, da die Prämien nicht mehr leistbar sind.

So wie es dem privaten Hauseigentümer freigestellt ist, eine Versicherung für solche Risiken abzuschließen, sich mit baulichen Maßnahmen dagegen abzusichern oder vorher abzuwägen, ob das

Baugrundstück erhöhte Risiken aufweist, so bleibt es auch Staaten überlassen, Risiken selbst einzuschätzen und entsprechend ihren Einschätzungen in Vorbeugung zu investieren. Leider passiert es oft genug, dass die Allgemeinheit dann trotzdem zahlen muss. Auch europäische Länder verlassen sich – etwa bei Hochwasserkatastrophen – trotz ihres eigenen Versagens bei Raumordnung, Schutzmaßnahmen, Gewässerregulierungen und Alarmsystemen gerne auf das europäische, solidarische Trittbrettfahren. Eine Versicherungspflicht würde dazu führen, schwer versicherbare Zonen zu identifizieren und Private und Staaten zwingen, zu handeln.

Die Versorgungssicherheitsversicherung

Im Strommarkt von 2050 wird man für Versorgungssicherheit (während Strommangellagen) entweder selbst sorgen, Stromaufschläge bezahlen oder seine Folgeschäden mit Versicherungen abdecken müssen. Gleiche Versorgungssicherheit für jeden wird es nicht mehr geben.

Ein Privat- oder Industriekunde hätte dann die Wahl, seinen Verbrauch selbst einzuschränken oder von außen einschränken zu lassen, Speicher- oder Reservekapazitäten zu errichten oder sich Fremdkapazitäten am Markt zu reservieren.

7.
TECHNOLOGIEN UND MASSNAHMEN

VORSORGE UND ANPASSUNG AN DEN KLIMAWANDEL

Der Klimawandel findet statt, und er ist bis zum Ende des Jahrhunderts nicht aufzuhalten. Bis dahin müssen wir uns anpassen, es gibt keinen Weg daran vorbei. Das muss parallel zur Energiewende und mit ebenso großem Einsatz erfolgen!

Was ist zu tun?

Angesichts sich häufender Trockenzeiten, Stürme, Waldbrände, Hangrutschungen, Felsstürze, Hochwasser und Sturmfluten müssen Staaten sich um den Schutz des Lebens, der Lebensräume und des Eigentums kümmern. Der Eintritt der Wetterveränderungen lässt sich auf Ebene der europäischen Politik derzeit nur wenig beeinflussen, das Schadensausmaß jedoch sehr.

Dazu braucht es:

– Organisatorische Maßnahmen:
   Die Vorhersagen müssen in funktionierende Katastrophenschutzpläne umgesetzt werden.

– Bauliche Maßnahmen:
   Schutzbauten, Flussrückbauten und Renaturierung, natürliche und künstliche Auffangbecken, wir müssen in vielen Regionen andere Gebäude und Infrastruktur schaffen als heute, langfristige Grundwasserspiegelhaltung, Vermeidung der Auswirkungen von Trockenheit.

– Raumplanerische Maßnahmen:
   Ausweisung und Ausweitung von Schutz- und Bauverbotszonen, Vermeidung des Hineinwachsens der Siedlungen in Übergangszonen. Das ist schon in Binnenlagen nicht einfach und billig. Teuer und schwierig wird es dort, wo es um den Anstieg des Meeresspiegels geht. Investieren wir jetzt vernünftig in Raumplanung und Hochwasserinfrastruktur, bringt das Nutzen für Generationen.

–   Natur und Landwirtschaft:
    An die Umgebungsbedingungen angepasste Pflanzen sind zu
    bevorzugen, die prognostizierten Temperaturerhöhungen könn-
    ten sonst die Ernten dauerhaft um die Hälfte reduzieren. Ob
    das eine breitere Vielfalt, seltenere Arten und vielleicht auch
    die CRISPR-Genschere benötigt, bedarf der offenen Diskussion.
    Nicht jede Nadelbaumplantage sollte tatsächlich »Wald« ge-
    nannt werden. Ein typisch europäischer Laub- oder ein viel-
    fältiger Mischwald reduziert die Risiken von Schädlingen und
    Waldbränden[92], erhöht den Artenschutz, verbessert den Grund-
    wasserspiegel und ist langfristig wahrscheinlich sogar wirt-
    schaftlicher. Vielleicht ist in 80 Jahren die Eiche in den niedri-
    rigen Alpenlagen bereits häufiger als die Fichte oder Lärche.

–   Artenschutz:
    Tierarten sterben nicht aus, weil sie von Windrädern getötet
    werden, sondern weil ihnen der Mensch den Lebensraum ent-
    zieht. Bevölkerungswachstum, Land- und Forstwirtschaft sowie
    die Raumplanung sind hier die wesentlichen Ansatzpunkte.
    Artenschutz muss größer gedacht werden als nur von Windrad
    zu Staudamm.

DIE »GRÜNE« ENERGIEERZEUGUNG DER ENERGIEWENDE

DIE GUTE NACHRICHT!

Vereinfacht gibt es auf der Erde drei nutzbare Energiequellen:

- Die Energie der vergangenen Millionen Jahre Sonneneinstrahlung, die über Biomasse in fossile Energieträger umgewandelt wurde. Dies ist die »böse« Energie, die CO_2 produziert und zur Erderwärmung führt.
- Jene Energie, die seit der Entstehung unserer Erde und unseres Sonnensystems noch bei uns vorhanden ist. Das sind einerseits die (so gesehen nicht erneuerbaren, aber dennoch in ziemlich großem Ausmaß verfügbaren) Energieformen Geothermie und Gezeitenkraft, andererseits jene Energie, die in den Atomen steckt und in Form von Kernspaltung oder Kernfusion genutzt werden kann.
- Die Energie der heutigen Sonneneinstrahlung, die wir über Solarenergie oder über Umwege als Windkraft oder Biomasse nutzen können, auch erneuerbare Energie genannt.

Wir wissen also, woher die Energie kommen wird, mit der wir zukünftig »die Welt« am Laufen halten können!

Die Sonneneinstrahlung ist insgesamt ziemlich groß. Mit etwa der doppelten Fläche Deutschlands könnte der gesamte Welt-Primärenergiebedarf aus Photovoltaik gedeckt werden. Das bedeutet, dass die Energiewende im Prinzip möglich ist. Die grundsätzliche Lösung liegt vor allem in der Windenergie und der Photovoltaik sowie in der Schaffung von ausreichend großen Speichern zum Ausgleich der Schwankungen, ergänzt durch einige der oben angeführten sonstigen Technologien.

Letztere sind zum Großteil ausgereift und erprobt (Wind, Photovoltaik, Biomasse, Wasserstoffelektrolyse, Geothermie), müssen aber in manchen Aspekten (Speicherung, Transport, Prozessanwendungen) noch weiterentwickelt werden und sich in der Praxis bewähren.

DIE SCHLECHTE NACHRICHT

Alle in diesem Buch dargestellten Szenarien zur Entwicklung des Stromverbrauches und damit des Bedarfes an erneuerbaren Energien, sind falsch oder zu optimistisch.

Das liegt daran, dass man sehr viele Annahmen treffen muss, um ein Szenario durchzurechnen, und deshalb nie alle Annahmen eintreffen werden. Es liegt aber auch daran, dass Studienersteller auch in einem Umfeld agieren, wo man versucht ist, der Politik und Öffentlichkeit die Schwierigkeiten der Energiewende vorsichtig oder zuversichtlich zu präsentieren, um auch den nächsten Studienauftrag wieder zu erhalten.

So wird zum Beispiel angegeben, dass sich der Primärenergieeinsatz bis 2050 halbieren wird. Trotz aller Effizienzgewinne und Energieeinsparungen bei Elektromobilität, Industriewärme und Heizen scheint das sehr optimistisch zu sein, denn die »schwierigen« Sektoren benötigen für ihre Dekarbonisierung deutlich mehr Primärenergie als vorher. 25 statt 50 % Primärenergieeinsparung bis 2050 wäre wahrscheinlich realistischer. Wenn man mit einem Wirtschaftswachstum bis 2050 von durchschnittlich 1,5 % jährlich rechnet, erhöht sich gleichzeitig die Wirtschaftsleistung um 50 %.

Um zu sehen, ob eine Verfünf- oder Verzehnfachung der installierten Leistungen von Windkraft und Photovoltaik ausreicht, und ob überhaupt die Fläche dafür vorhanden ist, kann man kurz Folgendes feststellen: Es wird sehr eng werden. Das technische Potenzial ist wahrscheinlich in Deutschland vorhanden, für Österreich und die Schweiz als Binnenländer wird es trotz des Wasserkraftvorteils deutlich schwieriger. Ob Anlagen, die technisch machbar sind, auch wirtschaftlich realisierbar sind, steht auf einem anderen Blatt.

Energieimporte aus dem Ausland werden weiterhin erforderlich sein. Vielleicht wird aber auch die energieintensive Produktion an energieoptimalere Standorte verlagert werden müssen.

NACHTEILE UND UMWELTFOLGEN ERNEUERBARER ENERGIEN

Es gibt keine Technologie, die die Umwelt nicht beeinträchtigt. Man sollte jedoch nicht das Szenario »neue Infrastruktur« mit dem Szenario »einer idealen Welt« vergleichen. Damit macht man es sich zu leicht. Große Energieeinsparung erfordert viel neue Infrastruktur. Jede Veränderung hat Auswirkungen – immer. Die Frage, die sich daher stellt, ist, wie die erwarteten Umweltfolgen gegenüber dem »Nicht-Handeln« zu bewerten sind.

Aufgabe des Gesetzgebers, der Behörden und der Politik, aber letztlich auch jedes verantwortungsvollen, umweltbewussten Menschen sollte sein, eine vernünftige Abwägung der Interessengegensätze von Klima-, Landschafts- und Artenschutz zu erreichen, die auch die Möglichkeit bietet, neue Infrastruktur zu errichten, damit die Klimaziele erreicht werden können. Windradfreie Bundesländer kann es daher nicht geben, jeder muss seinen Beitrag leisten.

Sie machen sich ernsthafte Sorgen, oder Sie wollen ein Haar in der Suppe finden? Nachstehend finden Sie eine lange Liste möglicher Umweltfolgen.

Bezüglich des Energiebedarfes für Herstellung, Transport und Errichtung kann man beruhigen: Windkraft liegt je nach Standort bei etwa ein bis vier, Photovoltaik bei drei bis fünf Jahren. Die Entsorgung oder eingeschränkte Wiederverwertbarkeit am Ende der Lebensdauer ist bei den meisten Erneuerbaren ein Problem. Lokale Störungen während der Errichtung treten bei allen Erneuerbaren auf.

Wasserkraft

- Der CO_2-Ausstoß der Zement- und Betonherstellung, die Abholzungen und die Methanproduktion der verrottenden Biomasse in den Stauseen
- Störung der Ökologie, der Lebensräume von Tieren und Pflanzen
- Ökologische Verarmung der Gewässer
- Die Verletzung von Fischen in den Turbinen
- Veränderung des Grundwasserspiegels und des Wasserhaushaltes der Region
- Die Veränderung des Transportes von Millionen Tonnen Biomasse und Gestein
- Die Folgewirkungen auf das Leben von Millionen Menschen bei Großprojekten wie dem Drei-Schluchten-Staudamm in China
- Die Veränderung der Wasserbilanzen ganzer Länder und Regionen mit ihren Folgen für die Lebensmittelproduktion und deren politische Konsequenzen
- Die Verschlechterung der Wasserqualität
- Bodenversiegelung

Biomasse
- Monokulturen für die Biomasse mit ihren Umweltfolgen
- Flächenbedarf und Konkurrenz zur Nahrungsmittelproduktion
- Die verursachten Transporte mit ihren lokalen und überregionalen Folgen
- »Feigenblatt« für CCS-Betrieb und damit Rechtfertigung alter Technologien
- Feinstaub

Photovoltaik und Batteriespeicher
- Die Rohstoff-Abbau-Folgen (Umwelt, wirtschaftliche und politische Abhängigkeit)
- Die Produktionsfolgen in China und sonstigen Billig-Produktionsländern
- Die Versiegelung von Landflächen bzw. der Flächenverlust für die Landwirtschaft
- Die Albedo (= Sonnenrückstrahlung) liegt bei etwa 20 %, also in der Größenordnung von Rasen. Je nach Aufstellungsort ist das mehr oder weniger, als die Erde sonst hätte.
- Nutzungskonkurrenz der Landfläche zur Lebensmittelproduktion
- Photovoltaikanlagen und deren Hochspannungskomponenten verursachen Brände.
- Batterien verursachen schwer löschbare Brände.
- Die Recyclingfähigkeit ist derzeit noch sehr gering.

Windkraft
- Artenschutz und Beeinträchtigung der Tierwelt, Gefährdung von Vögeln
- Unterwasserlärm bei der Verankerung der Pylonen im Meer: Mittlerweile verwendet man Luftblasenschleier als »Schalldämmung«.
- Nutzungskonkurrenz zur Lebensmittelproduktion
- Beeinträchtigung der Natur: Flächenverbrauch und -versiegelung, Meeresboden durch Fundamente und Kabel beeinträchtigt
- Beeinträchtigung des Menschen: Sichtbehinderung, Lärm, Schiffsverkehr, Anflugbereiche zu Flughäfen
- Mikroklima: Windräder entnehmen der lokalen Luftströmung 25–40 % der kinetischen Energie und verwirbeln die Luft, die lokale Erwärmung kann daher höher werden.

Geothermie
- Störung geologischer Schichten
- Grundwasserverunreinigung
- Gas, Erdgas oder CO_2-Austritt
- Erdbeben

Und zusätzlich noch die subjektiv empfundenen Beeinträchtigungen:
- NIMBY (Not in my backyard)
  Fast jeder will Umweltschutz, die Verhinderung der Erderwärmung und des Klimawandels, aber keiner will, dass damit sein Lebensbereich beeinträchtigt wird.
- Lärm und optische Beeinträchtigung
  - Beschattung, Flackerlicht/Discoeffekt durch Windräder
  - Lärm und Infraschall (< 20 Hertz) durch Windräder
  - Optik von Windrädern und PV, Landschaftsbild
  - Blendung durch PV

WINDENERGIE

Windenergie soll in Europa die tragende Säule der Energiewende darstellen und bis 2050 etwa drei Viertel der Energieerzeugung decken, davon mehr als 50 % offshore, der Rest onshore.

 Wenn wir genügend Photovoltaik und Windkraft erreichen, können wir CO_2-neutral werden.

 Nein, der Ausbau ist zwar ein erster und wesentlicher Schritt. Es braucht jedoch viele zusätzliche Maßnahmen und Technologien für ein funktionierendes Gesamtkonzept.

Onshore-Windkraft (am Festland)
Hierbei gibt es viel Widerstand aus der Bevölkerung, dafür ist die Errichtung kostengünstig, der erzeugte Strom verhältnismäßig preiswert.

Die Kosten sinken immer weiter und die großen Windkraftanlagen sind oft bereits innerhalb eines Jahres »energieneutral«. Das heißt, binnen einem Jahr haben sie gleich viel Energie produziert, wie zu ihrer Herstellung erforderlich war. Etwa alle 20 Jahre ist es sinnvoll, ein Repowering durchzuführen, folglich alte Windräder durch neue, bessere, meist größere zu ersetzen.

Offshore-Windkraft (im Meer)

Die größten Windräder, die 2021 offshore, also im Meer errichtet werden, haben eine Nennleistung von 15 Megawatt. Um einen Audi e-tron oder einen Tesla-Pkw vollständig aufzuladen, braucht es gerade einmal zwölf Windradumdrehungen. Zur Versorgung eines Haushaltes über einen ganzen Tag reichen schon drei Sekunden. Offshore bläst der Wind so stark und konstant, dass Windräder fast immer laufen und Windparks im Durchschnitt eine Leistung von 45 bis über 55 % der Nennleistung erzielen können, Windräder an Land liegen bei etwa 17–35 %.

Eine moderne 15-MW-Offshore-Windkraftanlage hat an der Blattspitze eine Höhe von 280 Meter. Zum Vergleich: Der Eiffelturm misst 320 Meter. Bis 2050 erwartet man, dass die größten Windkraftanlagen bis zu 350 Meter hoch sind und bis zu 35 Megawatt leisten. 45 Stück davon hätten dann schon die Leistung des neuen finnischen Atomkraftwerks Olkiluoto.

Warum ist es interessant, im Meer Windkraft zu errichten?

- Die Akzeptanz in der Bevölkerung ist viel größer.
- Dadurch können die größten technisch möglichen Windräder errichtet werden, die viel wirtschaftlicher sind als Windräder kleinerer Baugröße, auch die Gesamtgröße des Windparks spielt damit wenig Rolle.
- Der Wind am Meer weht stärker: Dies erhöht die Elektrizitätsausbeute.
- Der Wind am Meer weht stabiler: Dies ist das wesentlichste Argument überhaupt. Strom in einer Starkwindphase billig produzieren kann jeder, der Strom in dieser Phase ist damit fast wertlos. Strom jedoch in Schwachwind-Wetterlagen zu produzieren, ist richtig wertvoll. Es geht hier wieder um die Reduzierung der Residual-/Winterlücke und den Ersatz der fossilen Energieerzeugung.

Was spricht gegen Windkraft am Meer?

- Vieles, was sonst gegen Windkraft spricht, und die Kosten: Die Errichtung ist viel teurer als an Land. Die Stromkosten sind doppelt so hoch. Allein die Kabelzuleitungen können manchmal schon ein Drittel der Investitionskosten betragen. 80 % der potenziellen Flächen für Windkraft am Meer haben eine Tiefe von mehr als 60 Metern.

Schwimmende Windplattformen

Wenn 60 Meter Tiefe überschritten werden, ist es kaum noch möglich, die Fundamente und Stützen für Windräder wirtschaftlich im Meeresboden zu errichten: Schwimmende Plattformen für Windräder werden interessant. Gegenwärtig liegen die spezifischen Investitionskosten dafür noch beim Dreifachen von »normaler« Offshore-Windkraft, nämlich bei etwa 7–9 Millionen Euro je Megawatt. Es gibt bisher noch wenige in Betrieb befindliche schwimmende Windkraftanlagen, aber viele in der Planungs- und Genehmigungsphase. Branchenkenner schätzen, dass sich die Kosten schon bis 2030 jenen der konventionellen Offshore-Anlagen angleichen werden, weil Montagen kostengünstiger im Hafen durchgeführt und von dort zur Endposition geschleppt werden können, und dass sich dadurch auch die Stromerzeugungskosten bald annähern werden.

Weitere Entwicklungen

- Fortschreitende Digitalisierung und Optimierung von Design, Wartung und Betrieb
- Elektrische Verteilnetze am Meeresboden (Subsea Power Grids)
- Umweltfreundlichere Errichtungstechnologien wie die Unterwasserschalldämmung bei der Aufführung der Fundamente oder die Herstellung wiederverwertbarer Rotorblätter
- Serienfertigung und Hafenmontagen für schwimmende Plattformen

PHOTOVOLTAIK

Sie ist die zweite tragende Säule der Energiewende und wird vor allem in sonnenreichen Ländern den Hauptteil der Energieerzeugung stellen.

Unter »Photovoltaik« versteht man die direkte Umwandlung der Sonneneinstrahlung in elektrischen Strom: Sonnenlicht wird in einer fotoaktiven Schicht einer meist aus Silizium-Halbleiterelementen bestehenden Solarzelle absorbiert und erzeugt dort positive und negative Ladungsträger. Im Halbleitermaterial werden diese Ladungsträger getrennt und in den äußeren Stromkreis abgeführt.

Es handelt sich um eine voll ausgereifte Technologie. Dennoch wird intensiv weitergeforscht, je nach Anwendungsbereich in vier Richtungen: Kostensenkung, Wirkungsgraderhöhung, Verminderung des Rohstoffeinsatzes und Integrierbarkeit. Die Integrierbarkeit in Dachziegel, Fassadenelemente, Schallschutzwände und Fahrbahnen erspart komplizierte Unterkonstruktionen und vermeidet auch Kosten.

Die Weiterentwicklung konzentriert sich auf Werkstoffe, die leichter verfügbar sind, auf Dünnschichttechnologien, die den Materialeinsatz reduzieren, die Oberflächeneigenschaften verbessern und die Effizienz erhöhen, auf Wirkungsgrade, die den Flächenbedarf reduzieren, sowie auf verbesserte, kostengünstigere Fertigungstechnologien. Dazu wird experimentiert mit Stapelsolarzellen und neuen Bauelementstrukturen, um das Strahlungsspektrum besser zu nutzen, mit Nanostrukturen und besseren Absorber-Materialien, mit organischen und gedruckten Solarzellen, mit Methylammonium-Bleijodid (Perowskit), mit Konzentrator-Solarzellen und vielem mehr. Zusätzlich wird die Recyclingfähigkeit immer wichtiger. Solarmodule weisen bereits nach wenigen Jahren eine positive Energiebilanz auf.

Man kann also damit rechnen, dass die PV-Kosten weiterhin sinken und dass der Flächenertrag noch steigen wird. Auch die sonstige erforderliche Infrastruktur wie Wechselrichter wird spezifisch günstiger werden, sofern die steigenden Rohstoffkosten keinen Strich durch die Rechnung machen. Tag-Nacht-Schwankungen lassen sich über »günstige« Speichertechnologien wie Batterien lösen, für längere Schwankungen – Tage/Wochen/Monate – wird an der Wasserstoffwirtschaft kaum ein Weg vorbeiführen.

Durchschnittliche Photovoltaikanlagen haben viel kleinere Leistungen als Windkraft. Dennoch bietet Photovoltaik in den bewohnten Gegenden große Möglichkeiten auf Dächern, bestehender Infrastruktur und da oder dort auch auf Freiflächen. Große Freiflächenanlagen sind eher etwas für dünn besiedelte und sonnenreiche Zonen wie Wüsten.

In mitteleuropäischen Breiten ermöglicht die Sonneneinstrahlung etwa 900–1350 äquivalente Volllaststunden (10–16 %), in Südspanien und Nordafrika hingegen bis zu 2600 (30 %).

Wirkungsgrade heutiger kristalliner Solarzellen liegen bei etwa 20–22 %, einzelne Hersteller sprechen von 24 %, mit Mehrschichttechnologien scheinen 26–28 % machbar zu sein. Derzeit verbessern sich die Wirkungsgrade pro Jahr um etwa ein halbes Prozent. Es gibt verschiedene technische Entwicklungen, die es denkbar machen, dass Solarzellen in 10–15 Jahren schon Wirkungsgrade von 30–35 % erreichen. Das würde bedeuten, dass erheblich weniger Fläche für die gleiche Leistung benötigt wird. Außerdem sollte der geringere Einsatz teurer Materialien die Kosten senken.

Weitere Entwicklungen gehen dahin, Flächen gleichzeitig landwirtschaftlich und zur PV-Energiegewinnung zu nutzen, in Deutschland »Agri-PV« genannt. Mit dieser Flächendoppelnutzung würde sich das Flächenbedarfsthema etwas entspannen. Mit den richtigen Pflanzen könnte der verminderte Ernteertrag im Verhältnis zum erhöhten Stromertrag vernachlässigbar sein.[93]

BIOMASSE UND BIOGAS

Unterschätzt wird oft, wie groß der Beitrag von Biomasse und Biogas bereits heute ist. Auch das zukünftige Potenzial von Biomasse sollte nicht unterbewertet werden. Gemeinsam stellen etwa die fast 9000 Biomasseanlagen in Deutschland 7–11 % der Stromerzeugung bereit. Das ist fast so viel wie die Photovoltaik, die bei etwa 11 % (50 Terawattstunden) liegt. Außerdem liefern Biomasseanlagen einen unglaublichen Anteil von knapp 35 % der kommunalen Wärmeerzeugung.[94] Sie liefern einen wetterunabhängigen Beitrag zur Überbrückung von Flauten und Dunkelheit. Durch eine konsequente Ausrichtung der Bioenergie auf die Rolle als »Lückenfüller« oder Reservekraftwerke ließe sich die flexibel abrufbare Leistung massiv erhöhen, ohne zusätzlichen landwirtschaftlichen Flächenverbrauch zu verursachen, und würde damit einen wichtigen Puzzlestein in der zukünftigen Energieversorgung bilden.

 Biogas kann die Erdgaslücke schließen.

 Nein, bei Weitem nicht. Biogasanlagen bieten zwar ein Potenzial, das weiter ausbaufähig ist. Um es tatsächlich nutzen zu können, sind jedoch große Flächen erforderlich. Sie können aber dazu dienen, Speicher für den Winter zu füllen und Schwankungen auszugleichen.

Für Österreich wird angegeben[95], dass sich aus dem im Restmüll befindlichen organischen Anteil von 40 % ein theoretisch möglicher Energieertrag von 150 Millionen Kubikmeter Biomethan ergibt, was einem Anteil von 20 % am heutigen Erdgasverbrauch entspricht. Weitere 20 % könnten durch die Nutzung von Holzgas gewonnen werden.

Die immer wieder gestellte Frage, ob Biomasse, Holz oder Pellets CO_2-neutral sind, lässt sich relativ einfach beantworten.

 Biomasse, Holz und Pellets sind nicht CO_2-neutral.

 Doch! Wenn gleich viel Biomasse genutzt wird, wie im gleichen Zeitraum nachwächst, sind sie das, Transport und Verarbeitung ausgenommen.

Es geht hier nicht um den einzelnen Baum, der natürlich viele Jahrzehnte benötigt, um nachzuwachsen, sondern um die Gesamtmenge an Holz bzw. Biomasse und gebundenem Kohlenstoff. Holz aus Deutschland, Österreich und der Schweiz ist in dieser Hinsicht CO_2-neutral. Für Rumänien gilt dies zum Beispiel nicht. Zuverlässige Nachhaltigkeits- und Herkunftsnachweise – nicht nur für Verbraucher > 20 MW, sondern auch für den Biomassehandel und die Staaten selbst, könnten hier eine Verbesserung bringen.

Dazu kommt noch ein wesentlicher Aspekt: Vielfältige Lebensräume wie jene, die durch die Abholzung von Au- oder Urwäldern verloren gehen, lassen sich niemals durch gleich viel Kilogramm Biomasse in Form von kurzlebigen Energieholzplantagen ersetzen. Die »Tank-oder-Teller-Frage« ist ein weiterer entscheidender Aspekt der Biomassenutzung. Steht die Energieerzeugung in direkter oder indirekter Konkurrenz zur Lebensmittelproduktion? »Indirekt« meint den Flächenverbrauch für speziell gezüchtete, nicht essbare »Energie«-Pflanzen.

Biomasseanlagen für Biokraftstoffe der zweiten und dritten Generation verwenden Biomasse, die nicht als Nahrungsmittel dient, wie Industrierestholz, Reststroh, Reststoffe, Raps, Stärkepflanzen, Holz aus Kurzumtriebsplantagen oder Algen. Die Dezentralisierung der Energieerzeugung verbessert die Umweltbilanz und die Versorgungssicherheit. Außerdem sind die Umwandlungsmöglichkeiten von Biomasse vielfältig: Wärme, Strom, Pflanzenöl, Biotreibstoffe.

Algen, die in Bioreaktoren oder im Meer gezüchtet werden, haben ebenfalls großes Potenzial, sowohl in der Produktion von Biomasse als auch als Lebensmittel- sowie Kunststoffgrundstoff. Die Einzeller-Algen binden aufgrund ihrer großen Oberfläche zehnmal so schnell CO_2 wie Landpflanzen.

Laut IEA liefert Bioenergie weltweit bis 2050 etwa 50 % der Fernwärmeerzeugung in größeren Kommunen. Laut Net-Zero-Report der IEA[96] wird die Energieerzeugung mittels Bioenergie jährlich um 3 % wachsen und kann dabei auf bestehende Infrastruktur zurückgreifen.

Bioenergie weist noch einen weiteren entscheidenden Vorteil gegenüber Wind und Photovoltaik auf: Sie ist in der Lage, Hochtemperaturwärme zu produzieren und sie in Spezialprozessen in der Chemie, der Stahl-, Keramik-, Glas- und Sintermetallherstellung einzusetzen und damit fossile Brennstoffe zu ersetzen. Die Nutzung von Biogas (aber auch von Wasserstoff oder Methan) für Heiz-Wärmeerzeugung wäre daher Energieverschwendung.

LAUFWASSER- UND SPEICHERKRAFTWERKE

Wasserkraft erzeugt in der Schweiz und in Österreich mehr als die Hälfte des Stroms (56 bzw. 65%), in Deutschland nur 4%. Laufwasserkraftwerke bilden damit einen verlässlichen Grundstock an erneuerbarem Strom im Gesamtmix, auch wenn an einem schlechten Wintertag nur ein Drittel des Stroms gegenüber einem guten Frühlingstag erzeugt wird.

GEOTHERMIE

Die Nutzung von Tiefenwärme bietet in vielen Gebieten Europas großes Potenzial. Sie kann einerseits direkt für die Wärmeversorgung von Städten genutzt werden, andererseits auch für die Stromerzeugung. Der Ursprung der Geothermie ist etwa je zur Hälfte Erdrestwärme und radioaktiver Zerfall im Erdinneren.

Vereinfacht werden bei Geothermie zwei Löcher mehrere 100 oder 1000 Meter tief in die Erde gebohrt. Dann wird heißes Wasser bei einem Rohr entnommen und kalt beim anderen zurückgeführt. Die entnommene Energie wird als Heißwasser oder Dampf zur Wärme- oder Stromerzeugung genutzt. Je 100 Meter Tiefe nimmt die Temperatur um etwa 3 °C zu. Für gute Temperaturen muss man also ordentlich tief bohren. Je nach geologischen Verhältnissen sind das 1500–5000 Meter. Eine Bohrung kostet dann schnell einmal mehr als 10 Millionen Euro. Die Erkundung ist aufwendig und teuer, und es gibt keine Erfolgsgarantie.

Die oberflächennahe Geothermie mit bis ca. 400 Meter Bohrtiefe lässt sich noch recht leicht erschließen, bei der Tiefengeothermie ist schon ein beachtlicher Aufwand erforderlich, und man weiß nie, welche Schwierigkeiten dort lauern. Von Bakterien, Fremdstoff- oder Ölanteilen im Wasser bis zu damit ausgelösten Erdbeben ist alles möglich.

Das Potenzial von Geothermie in der Wärmeerzeugung in Deutschland liegt in optimistischen Szenarien allein bei knapp 300 Terawattstunden. Das reichte aus, um 2050 zwei Drittel aller Haushalte zu beheizen. Hier ist die oberflächennahe Wärme, die mit Wärmepumpen gewonnen wird, noch nicht inkludiert. Die Abgrenzung zwischen »nur« technischem und »schon« wirtschaftlichem Potenzial ist schwierig. Tendenziell hat die Energiepreisexplosion

2022/23 die Wirtschaftlichkeitsberechnungen für Geothermie deutlich verbessert.

In Europa gibt es mehrere gut geeignete Regionen. In Frankreich um Paris und im Südwesten oder Italiens östliche Küstenbereiche zählen zu den sehr interessanten Gegenden (nicht umsonst gibt es dort noch aktive Vulkane und die Phlegräischen Felder), von Wien bis Rumänien bietet das Pannonische Becken Möglichkeiten, in Deutschland und Polen sind Teile des europäischen Tieflandes günstig.

SOLARTHERMIE

Solarthermie ist die Wärmeerzeugung direkt aus Sonnenenergie über Solarkollektoren, wie wasserdurchflutete Kunststoffplatten und -rohrleitungen oder vakuumisolierte Glasrohre, die in der Lage sind, das Wasser auf deutlich höhere Temperaturen aufzuheizen.

Im Wohnbereich, besonders bei kleineren Wohneinheiten, stellt dies eine gute Art der Wärmeerzeugung dar. Ungünstig ist, dass dann, wenn am meisten Wärme gebraucht wird – im Winter –, am wenigsten Wärme anfällt. Für die Übergangszeit im Frühling und Herbst bringt Solarthermie jedoch in Kombination mit ausreichend dimensionierten Wärmespeichern beachtliche Einsparungen. Damit lässt sich die Wärmewende unterstützen. Für Großabnehmer und die Industrie fällt die Energieausbeute meist viel zu gering aus.

Vor der Photovoltaik hat man bei solarer Stromerzeugung an konzentrierte Solarenergie (CSP), also Rinnen- und Spiegelsysteme gedacht. Solarrinnenkraftwerke fokussieren die eingestrahlte Sonnenenergie auf eine im Brennpunkt eines Parabolspiegels oder mehrerer Fresnel-Spiegel verlaufende Röhre, die damit Dampf und daraus Strom erzeugt. Als Wärmeträger wird meist nicht Wasser, sondern Thermoöl verwendet. Viele der Solarrinnenkraftwerke stehen in Spanien, den USA und Nordafrika und stammen aus den Jahren 2010–2015.

Das Solarturmkraftwerk arbeitet mit dem gleichen Prinzip. Viele Spiegel werden so dem Sonnenstand nachgeführt, dass die Energie an einem Punkt auf einem Turm im Zentrum eines Feldes von Spiegeln konzentriert wird. Daraus wird Wasserdampf und letztlich Strom erzeugt. Das größte davon steht in der Mojave-Wüste in den USA und produziert im Durchschnitt etwa 110 Megawatt, das sind etwa 10 % eines mittleren Kohlekraftwerks.

Solarthermische Kraftwerke zur Stromerzeugung funktionieren nur an sehr sonnenreichen Standorten. Gegenüber Photovoltaik bieten sie den Vorteil, dass eine Wärmespeicherung (zum Beispiel in Salz) und damit eine begrenzte Tag-Nacht-Grundlastfähigkeit möglich ist. Hingegen sind die Wirkungsgrade nicht besonders gut und die Kosten hoch.

ANDERE TECHNOLOGIEN

Je nach Land und Region kommen unterschiedliche Technologien infrage.

Regional eventuell wichtig, europaweit mit weniger Bedeutung:

- Gezeitenkraft und Meeresströmungsnutzung
- Wellenkraft
- Klein-Wasserkraft (Klein-, Matrixturbinen und Strombojen)

Im Forschungsstadium oder derzeit noch ohne großes Potenzial:

- Osmosekraftwerk
- Meereswärmekraftwerk (Nutzung der unterschiedlichen Temperaturen in verschiedenen Schichten)
- Segelschiffe zur Energieerzeugung
- Flugwindkraftwerk, beispielsweise mit einem großen »Paragleitschirm«, der auf mehrere 100 Meter Flughöhe steigt und über ein Stahlseil einen Generator antreibt
- Aufwind- und Fallwindkraftwerk
- Solarkraftwerke im Weltraum, die auf geostationären Umlaufbahnen die Erde umkreisen, Sonnenlicht Tag und Nacht einfangen können, es konzentrieren, in Mikrowellenstrahlung umwandeln und via Mikrowellenstrahlung zur Erde senden (eher futuristisch)

BRÜCKEN- UND ZUKUNFTSTECHNOLOGIEN

Die Energiewende lässt sich nicht kurzfristig bewerkstelligen. Für die Übergangszeit, also vielleicht für 30–60 Jahre, werden wir Brückentechnologien benötigen. Selbst wenn wir diese im eigenen Land nicht einsetzen, nutzen wir heute intensiv Atomstrom aus Frankreich und Tschechien, Kohlestrom aus Polen, Tschechien und der Slowakei sowie Gaskraftwerksstrom aus vielen Ländern.

GASKRAFTWERKE

Mit Erdgas betriebene Gaskraftwerke als Brückentechnologie zu bezeichnen, ist politisch umstritten, da sie CO_2 emittieren und damit nicht klimaneutral sind.

Die Idee in Deutschland war, mit Erdgas betriebene Gaskraftwerke für die nächsten Jahre als Reservekraftwerke zum Ausgleich der Residuallast bzw. der Winterlücke einzusetzen. Damit würden die Gesamt-CO_2-Emissionen deutlich vermindert. Der Fehler war jedoch, Kohle und Atomkraft abzuschalten, bevor man für ausreichend Gasspeicher und Gasversorgungssicherheit gesorgt und die Erneuerbaren ausreichend ausgebaut hat. LNG und Schiefergas könnten die Brücke für die nächsten 25 Jahre bilden, wenn das politisch gewünscht würde.

Ein Gaskraftwerk ist eine Anlage, die Strom sehr effizient mit Wirkungsgraden bis zu maximal 64 %[97] erzeugen kann. Es besteht aus

- einer Gasturbine, so etwas wie ein Flugzeugtriebwerk,
- einem Abhitzekessel, der mit »heißem Triebwerksabgas« Wasser in Dampf umwandelt,
- einer Dampfturbine, die mit dem Dampf betrieben wird,
- einem Generator, der aus den drehenden Turbinen Strom erzeugt,
- und einem Kondensator, der den Restdampf wieder in Wasser zurückverwandelt.

In Städten und Industriebetrieben sind es oft Kraft-Wärme-Kopplungen, bei denen die Abwärme zur Erzeugung von Prozessdampf oder von Heizwärme verwendet wird. Der Brennstoffnutzungs- oder thermische Wirkungsgrad liegt dann oft über 90 %.

Gaskraftwerke können schnell gestartet werden, sind flexibel, haben geringe spezifische Investitionskosten (ca. 1000 bzw. 500 Euro pro Kilowatt für einfache Spitzenlastkraftwerke), funktionieren zuverlässig und stoßen gegenüber Braunkohlekraftwerken nur ein Drittel CO_2 aus.

Stickoxid-Emissionen[98] lassen sich sowohl bei Erdgas als auch bei Wasserstoff über SCR-Katalysatoren[99] fast komplett vermeiden.

Mittels Carbon Capture ist man in der Lage, CO_2 aus dem Abgas abzuscheiden. Die Technologie für Gaskraftwerke einzusetzen, ist aber aus vielen Gründen, die im Unterkapitel CCS/CCU erläutert werden, umstritten.

WASSERSTOFF-GASKRAFTWERKE

Auf Wasserstoff umgerüstete Gaskraftwerke sind im Betrieb CO_2-emissionsfrei. Sie wären die optimale Ergänzung zu den fluktuierenden Quellen Windkraft und Photovoltaik.

Gemeinsam mit großen Wasserstoffspeichern können sie die für die Energiewende erforderliche Reservekapazität bereitstellen, jedoch mit einem relativ schlechten Systemwirkungsgrad!

Das wäre zwar deutlich teurer als der Erdgasbetrieb, aber für die genannten Anwendungen trotzdem sinnvoll. Die erforderliche Gasturbinentechnologie für 100 % Wasserstoffbetrieb wird voraussichtlich in wenigen Jahren verfügbar sein, also viel früher als der dafür notwendige Wasserstoff.

Aufgrund der Wasserstoffherstellungs- und Transportkosten gehören sie zu den teuren 20–30 % der Energiewende.

BRENNSTOFFZELLEN-GASKRAFTWERKE

Zukünftig sind auch Gaskraftwerke basierend auf wasserstoffbetriebenen Brennstoffzellen denkbar. Derzeit stehen Brennstoffzellen noch nicht ausreichend zur Verfügung, sie sind zu klein, spezifisch zu teuer und zu wenig effizient.

CCS/CCU – KOHLENSTOFFABSCHEIDUNG UND NEGATIVE EMISSIONEN

Der Mensch hat eine lange Geschichte im Umgang mit Abfällen und gefährlichen Stoffen: Er vergräbt sie, versenkt sie im Meer, er deponiert oder verbrennt sie. Aus den Augen, aus dem Sinn. CO_2 ist in diesem Sinn nun eine andere Thematik. Dieses Gas hat keine unmittelbaren lokalen schädlichen Auswirkungen. Die größten »Müllhalden« für CO_2 sind die Erdatmosphäre und die Weltmeere.

CCS steht für »Carbon Capture and Storage«, also Kohlenstoffabscheidung und Speicherung, CCU für »Carbon Capture and Usage«, folglich Kohlenstoffabscheidung und Verwendung. Es ist heute noch nicht klar, ob CCS/CCU eine Brückentechnologie, ein Irr- oder Umweg oder doch eine langfristige Lösung sein wird. Carbon Capture bei Kraftwerken und Industrieanlagen zählt ebenfalls zu den teuren 20–30 % der Energiewende.

Argumente für CCS:

- CCS kann die CO_2-Emissionen bereits an der Emissionsquelle um über 90 % reduzieren.
- CCS könnte damit 20 % der Gesamtemissionen der Industrie und der Energieerzeugung aus der Atmosphäre entfernen, schätzt die IEA.
- An der Quelle ist CO_2 viel leichter zu entfernen als aus der Atmosphäre.
- Wenn das Oxyfuel-Verfahren angewendet wird, das den Brennstoff bereits vor der Verbrennung behandelt, lassen sich damit auch andere Schadstoffe leicht entfernen. Oxyfuel der zweiten Generation beinhaltet einige zusätzliche Prozessverbesserungen.
- Dort wo kalorische Kraftwerke und Industrieanlagen nicht durch erneuerbare Energieerzeuger ersetzt werden können, ist CCS sinnvoll. Es kann auch dazu dienen, CO_2 für E-Fuels zu liefern.
- Ohne CCS ist eine CO_2-Null-Emission wahrscheinlich nicht möglich, da Prozesse verbleiben werden, die nicht zu 100 Prozent CO_2-frei sind.
- Technologische Fortschritte, wie die CO_2-Abscheidung mit ALF (Aluminiumtriformiat), können zum »Game-Changer« werden, da die Einsatzstoffe viel billiger und einfacher zu handhaben sind.[100]

Argumente gegen CCS:

- CCS wird nur als Vorwand genutzt, um noch mehr Erdöl zu fördern (Enhanced Oil Recovery) oder um die Lebensdauer von Kohlekraftwerken zu verlängern.
- Das Speichern von CO_2 im Untergrund ist keine Lösung, sondern nur eine Problemverschiebung um 50–150 Jahre.
- Bei Kohlekraftwerken muss ein Drittel mehr Kohle eingesetzt werden, um die für die CO_2-Abscheidung erforderliche Energie zu erzeugen.
- Die CCS-Kosten sind sehr hoch, insbesondere bei der CO_2-Abscheidung aus Luft.
- Gleich große Investitionen in erneuerbare Energien bringen eine deutlich höhere CO_2-Reduktion, ohne einen laufend sehr hohen Energieaufwand für die CO_2-Abscheidung zu verursachen.
- Die Speicherkapazitäten sind höchst ungewiss und von Land zu Land sehr verschieden. Speicherkapazitäten stehen in Nutzungskonkurrenz zum für die Energiewende sinnvolleren Wasserstoff.
- CO_2-Pipelines können bei einer Leckage höchst gefährlich sein. Wenn sich das CO_2 in Senken sammelt und den Restsauerstoff verdrängt, ersticken dort alle Lebewesen.
- CO_2-Leckage aus Untergrundspeichern ist möglich. Erdbeben könnten plötzliche Leckagen verursachen. Es gibt kaum Langzeiterfahrung damit. Wer versichert die Speicher?
- CO_2-Speicherkapazitäten an Land sind begrenzt, umstritten und stehen in Konkurrenz zu Erdgas- und Wasserstoffspeicherung.
- Es ist nicht besonders sinnvoll, auf einem Teil des Erdballs CO_2 durch Kohleverbrennung in die Atmosphäre zu bringen, um das CO_2 dann auf einem anderen Teil unseres Planeten aufwendig im Luft-Direktabscheideverfahren wieder herauszuholen.

In der Zusammenfassung muss man CCS wohl eher als vernünftige Nischentechnologie für Spezialanwendungen sehen, etwa im Bereich der Müllverbrennung, der Zementherstellung oder im Zusammenhang mit Biobrennstoffen und E-Fuels. Die Rolle als eine Schlüsseltechnologie zur Bekämpfung des Klimawandels oder als Brückentechnologie scheint eher zweifelhaft, wenngleich dies in asiatischen Ländern und durch das IPCC anders gesehen wird. Auch sollte man nicht ausschließen, dass es noch signifikante Forschungsentwicklungen gibt, die in der Lage sind, den Energieeinsatz und damit die Wirtschaftlichkeit signifikant zu verändern.

Die reinen CO_2-Abscheidekosten aus Abgas werden auf 50–200 Euro je Tonne geschätzt. Wenn auch die CO_2-Transportlogistik von der Abscheideanlage bis zum Speicher einbezogen wird, sind es bereits etwa 300–500 Euro je Tonne. Zum Vergleich: CO_2-Zertifikate werden 2022/23 um je 100 Euro gehandelt.

Die Kohlekraftwerksindustrie hat Anfang der 2000er-Jahre intensiv damit begonnen, die CO_2-Abscheidung zu bewerben, um weiterhin Kohlekraftwerke bauen zu können. 2008 waren die Anstrengungen am Höhepunkt, danach ist der Hype verebbt.

Nun kommt dieselbe Technologie in weiterer Verfeinerung und mit neuer Argumentation auf den Markt. In Norwegen setzt man auf Testanlagen, die das CO_2 verflüssigen und dann in 3000 Meter tiefen Erdschichten einlagern. Es gibt auch Technologien, die auf eine Umwandlung in feste Form zielen.

Die vier CCS-Hauptanwendungen sind heute

– die CO_2-Abscheidung aus Industrie- und Verbrennungsprozessen, für die es derzeit noch keine vernünftigen Alternativen gibt (wie Müllverbrennung, Zementherstellung), mit unterirdischer Einlagerung oder industrieller Weiterverwertung;
– die CO_2-Abscheidung aus der Biomasseverbrennung. Das abgeschiedene CO_2 wird zur Herstellung von synthetischem Treibstoff (E-Fuel) verwendet. Alternativ wird das CO_2 unterirdisch gelagert, womit Biomasse-CCS eine »Negativ-Emissionstechnologie« wäre;
– die CO_2-Abscheidung aus der Luft – »Direct Air Capture« –, die aus heutiger Sicht eine reine Energie- und Geldverschwendung zu sein scheint und deren Netto-CO_2-Negativeffekt erst nachgewiesen werden muss;
– die CO_2-Abscheidung für das »Enhanced-Oil-Recovery«, bei dem man CO_2 in die Lagerstätten presst, um mehr Öl aus den verbleibenden Resten der Lagerstätten zu fördern. In einer Gesamtbilanz, in der das aus dem geförderten Öl entstehende CO_2 eingerechnet wird, erhöht diese Anwendung die Gesamt-CO_2-Emissionen. In Kalifornien werden derzeit – sehr zur Freude der Ölindustrie – Hunderte Millionen US-Dollar in CCS investiert.

CCS wird vor allem in Indien, China und im Mittleren Osten eine große Rolle spielen, da dort Kohle und Erdöl noch lange die Energielandschaft dominieren werden.

CCS und CCU werden als **Negativ-Emissionstechnologien** beworben. Theoretisch sind Biomasse-CCS und die Direktabscheidung aus Luft CO_2-negativ.

Praktisch können nur wenige der CCS- und CCU-Technologien dieses Versprechen einlösen, weil der Aufwand zur Herstellung der Anlagen sowie der Chemikalien und der laufende Energieeinsatz sehr hoch sind.

CCS – Bäume, Gräser, Algen und Böden

Die effizienteste und bekannteste Form der CO_2-Abscheidung und -Speicherung bzw. -Verwendung ist die seit Beginn des Lebens auf der Erde bestehende Photosynthese in Pflanzen. Letztere wandeln CO_2 mit Wasser und Energie aus dem Sonnenlicht in einem biochemischen Prozess in Biomasse um. Diese steht dann in Form von Pflanzen zur Verfügung und wird auf verschiedene Weise wieder rückumgewandelt, sei es durch Verbrennung im Feuer oder im Muskel. So wird ein seit Jahrtausenden gut laufender Kreislauf gebildet.

Zusätzliche Bäume entfernen CO_2 mittels Photosynthese aus der Atmosphäre. Das funktioniert aber nur einmal. Sobald der Baum ausgewachsen ist, ist es aus damit. Und wenn er abstirbt oder gefällt und das Holz verbrannt wird, setzt sich das CO_2 wieder frei. Es ist ein Kreislauf, den man nutzen kann. Man kann den Kreis auch vergrößern, um zusätzliches CO_2 zu speichern, es ist aber keine dauerhafte Lösung, um weiterhin fossile Brennstoffe zu verbrennen.

Vorübergehend können bis 2050 durch Waldzuwachs etwa 1,5 Milliarden Tonnen CO_2 pro Jahr (1,5 Gigatonnen, gt) in Wäldern gespeichert werden. Die Kosten dafür sind recht gering. Da es aber bei der Erderwärmung nicht nur um CO_2 geht, sondern auch um die Albedo, also die Absorption und Reflexion von Sonnenlicht, kann es sogar sein, dass neue dunkle Waldflächen mehr Sonnenlicht absorbieren als vorher und damit trotz CO_2-Aufnahme zu weiterer Erderwärmung führen. Es kommt also darauf an, wo die zusätzlichen Bäume gepflanzt werden. Insgesamt scheint daher der globale Nutzen der Aufforstung für den Klimawandel relativ gering zu sein.[101]

Bei manchen Erzeugnissen[102] wird damit geworben, dass für jedes gekaufte Produkt irgendwo ein Baum gepflanzt und somit CO_2

aus der Atmosphäre geholt wird. Nachforschungen von Umweltorganisationen haben ergeben, dass sich die Pflanzerfolge oft in Grenzen halten und lange nicht jedes der »gerechneten« Pflänzchen tatsächlich zum Baum wird. Was erwartet man sich auch, wenn 2–5 Cent für eine Pflanze gerechnet werden?

Böden speichern CO_2. Je nach Nutzungsintensität kann diese Speicherkapazität verbessert oder verschlechtert werden. Bei geeigneter Nutzung lässt sich auch die Fruchtbarkeit des Bodens erhöhen. Vorübergehend können bis 2050 etwa 1–2 Milliarden Tonnen CO_2 pro Jahr (1–2 gt) in Böden gespeichert werden. Kostenschätzungen ergeben, dass auch der wirtschaftliche Nutzen einer vernünftigen Bodennutzung die Kosten überwiegt.

Auch das Bauen mit Holz ist in diesem Sinne eine CCS-/CCU-Technologie, weil CO_2 über das Biomassewachstum der Atmosphäre entnommen und langfristig gebunden wird.

Das Versenken von Biomasse in der Tiefsee wird ebenfalls als mögliche CO_2-Speicherstrategie genannt. Ebenso ist es denkbar, mit Biomasse CO_2 zu binden und diese dann unterhalb einer Wüstensandschicht einzulagern. Im Laufe der Zeit bildet sich fruchtbares Erdreich. So könnten große Mengen CO_2 eingelagert und eventuell der Ausdehnung der Wüsten entgegengewirkt werden – in beiden Fällen ist man nahe am »Geoengineering«.

Die Verwendung von Mikroalgen zur Bindung von CO_2 und die Verarbeitung der Biomasse zur Herstellung von Kraftstoffen stehen seit vielen Jahren im Mittelpunkt von Forschungsbemühungen. Die Kosten sind hoch, wie bei allem, was mit synthetischen Kraftstoffen zu tun hat.

Meeresbasierende Konzepte verwenden meist die Verstärkung der Kohlenstoffzyklen in Algen, Plankton, Seegras und Meerespflanzen durch das Anregen der Photosynthese. Manche sind nahe am Geoengineering, indem sie vorschlagen, das Meer mit Chemikalien zu impfen. Andere wiederum möchten das CO_2 aus dem Meer entfernen, indem es über Elektrolyse abgeschieden wird. Der Technologische Reifegrad all dieser Konzepte ist noch sehr niedrig.

BECCS – Biomasseanlagen mit angeschlossener CO_2-Abscheidung

Biomasseanlagen mit angeschlossener CO_2-Abscheidung zu bauen, ist deutlich komplizierter, als Bäume zu pflanzen. Die Technologie kann jedoch genutzt werden, um beispielsweise als Quelle für synthetische Kraftstoffe auf Wasserstoffbasis zu dienen. Damit wären dann teure, aber bilanziell CO_2-emissionsfreie Kraftstoffe möglich. Biomasse-CCS ist eine CO_2-Negativ-Emissionstechnologie. Bei normaler Verbrennung ist der Biobrennstoff CO_2-neutral, da CO_2 einen Kreislauf bildet und vorher von den Pflanzen aus der Luft aufgenommen wurde. Mit CCS wird dem Abgas CO_2 entzogen und die Gesamtbilanz tatsächlich CO_2-negativ, also genau das, was man sich für den Klimaschutz wünscht.

BECCS gilt, wenn man IPCC-Berichte liest, im Rahmen der Klimakrise als erforderliches Verfahren, um die Paris-Klimaziele zu erreichen. Wegen einer Vielzahl von zu erwartenden Problemen in Bezug auf Flächenverbrauch, Wirkungsgrad, Energieaufwand, Biodiversität usw. bleibt umstritten, welchen Beitrag BECCS-Anlagen tatsächlich leisten können.

Die IPCC-Berichte verlangen meist den massiven Einsatz der BECCS-Technologien. Es gibt aber wenig Grund, zu glauben, dass jene Technologien, außer für die Herstellung der synthetischen wasserstoffbasierten Kraftstoffe, wirklich sinnvoll einsetzbar sind. Abgesehen davon, dass es noch kaum Pilotanlagen gibt und die Wirtschaftlichkeit zweifelhaft ist, scheint das Prinzip Hoffnung zu regieren.

DACCS – Direktabscheidung aus der Luft

Die Direktabscheidung aus der Luft (»Direct Air Capture«) ist eine Technologie, bei der CO_2 direkt aus der Umgebungsluft abgeschieden wird und die in letzter Zeit viel öffentliche Aufmerksamkeit erfahren hat.

Technisch bestehen zwei Varianten:

- Die **Absorption** über eine Flüssigkeit, ein chemisches Lösungsmittel aus Amin-Verbindungen, die CO_2 aus der Luft binden. Das im Lösungsmittel konzentrierte CO_2 wird mit Temperaturen von 150 bis zu 900 °C wieder ausgetrieben.

- Die **Adsorption** ist die Anlagerung von CO_2-Molekülen an ein Material großer Oberfläche, ähnlich einem Schwamm. CO_2 sammelt sich dort. Dann wird der »Schwamm« auf etwa 100 °C erwärmt und das reine CO_2 kann entnommen werden.

Die Direktabscheidung aus der Luft ist extrem teuer und aufwendig.[103] Kein Wunder, in einem Kubikmeter Luft sind gerade einmal 0,7 Gramm CO_2 enthalten (0,04 %). Um diese Menge mit einem massiven Einsatz von Chemikalien zu binden und dann auszuwaschen, muss man sehr viel Aufwand treiben. Nutzt man hingegen das Abgas eines Biomasse-, Kohle- oder Gaskraftwerks dafür, arbeitet man mit Abgas, das zu 16 % aus CO_2 besteht, also etwa 400-fach höher konzentriert ist.

Der apparative Aufwand und damit die Investitionskosten bei der Direktabscheidung sind hoch, die Wirkungsgrade schlecht. Für eine Tonne CO_2-Abscheidung entstehen beim derzeitigen europäischen Strommix selbst in der Theorie 0,15–0,3 Tonnen CO_2 aus der erforderlichen Energie für den Betrieb – die Herstellung der Anlagen noch nicht eingerechnet. Auch der Wasserbedarf ist nicht zu unterschätzen.

Es ergeben sich CO_2-Abscheidungskosten von 600–1000 Euro je Tonne CO_2. Die Speicherung erfolgt bei manchen Pilotanlagen im Basaltgestein, das CO_2 langfristig bindet (»Kohlenstoff-Mineralisierung«). Das benötigt aber viel Zeit. Außerdem gibt es weltweit nicht viele Regionen, wo die geeignete Geologie vorhanden ist. Von großtechnologischer Anwendung ist man aus den genannten Gründen wahrscheinlich noch viele Jahre entfernt. Aus heutiger Sicht ist es unwahrscheinlich, dass diese Technologie einen signifikanten Beitrag zur CO_2-Bilanz der Erde leisten wird.[104]

Ob die von Enel Green Power Chile, AME, Siemens Energy, Porsche, Enap und Exxon Mobile in Punta Arenas in Chile errichtete Anlage »Haru Oni«[105] zur Herstellung nahezu CO_2-neutralen Kraftstoffs (E-Fuel) tatsächlich langfristig Direct Air Capture nutzen oder ob mittelfristig auf andere Umwandlungstechnologien gesetzt wird, zeigt sich in den nächsten Jahren. Aus wirtschaftlicher Sicht ist heute noch kein funktionierendes Geschäftsmodell dafür erkennbar. Man muss hoffen, dass derartigen Projekten das wirtschaftliche Schicksal von Desertec erspart bleibt.

CCS bei konventionellen Kraftwerken

Tatsächliche, ausgeführte und in Betrieb befindliche CCS-Anlagen existieren derzeit nur zwei, ein Steinkohlekraftwerk in Kanada (Boundary Dam) und ein Braunkohlekraftwerk in den USA (Petra Nova). In Deutschland gab es die CCS-Aminowäsche-Pilotanlagen KW Staudinger, KW Heilbronn und KW Niederaußem, von denen bis 2021 nur mehr die letztgenannte in Betrieb war. Teilweise wurden auch Oxyfuel-Technologien eingesetzt, wie beim KW Schwarze Pumpe, im australischen Callide oder im französischen Lacq-Gaskraftwerk.

Gaskraftwerke mit CCS/CCU, also mit CO_2-Abscheidung und -Speicherung oder CO_2-Verwendung, gibt es bisher nur in Engineering-Studien. In den USA entwickeln die Technologieunternehmen GE, Linde, BASF gemeinsam mit weiteren Partnern eine Machbarkeitsstudie für ein 600-MW-Kraftwerk, bei dem 95 % der CO_2-Emissionen abgeschieden werden sollen. Gleichartiges macht Siemens Energy in Europa mit der norwegischen Aker Carbon Capture.

Alle diese Projekte sind noch in einem sehr frühen Stadium und weit entfernt von den erforderlichen technischen Reifegraden.

Dass CCS sich in Europa durchsetzen wird, ist unwahrscheinlich. Je nach internationalen Regeln könnten aber reiche Staaten sich von CO_2-Verpflichtungen freikaufen, indem sie in ärmeren Ländern mit CO_2 aus Kohlekraftwerken abscheiden.

CCS – Reststoffe und Müllverbrennung

CCS bei Müllverbrennungsanlagen wird irgendwann erforderlich werden. Die Müllverbrennung wird auch bei weiter verstärkten Anstrengungen hin zu einer verbesserten Kreislaufwirtschaft und mehr Recycling in vielen Ländern die Technologie der Wahl für die restliche Müllentsorgung bleiben.

Das entstehende CO_2 lässt sich nicht vermeiden. Da in Müllverbrennungsanlagen auch biogene Abfälle mitverbrannt werden, ist auch ein Teil des entstehenden CO_2 biogener Natur, also Teil eines natürlichen Kreislaufes. Bestehende Anlagen lassen sich aufgrund der Platzverhältnisse oft schwer umrüsten. Für neue Anlagen wird »CCS Ready« schon jetzt versprochen. Gebaute Müllverbrennungsanlagen mit CCS gibt es jedoch noch keine.

CCS – Zementherstellung

Bei der Zementherstellung entstehen zwei Drittel des anfallenden CO_2 aus der Kalzinierung von Kalziumkarbonat CaCO3 zu Kalziumoxid (CaO), gebranntem Kalk, der dann gemeinsam mit weiteren Ausgangsstoffen zu Klinker, dem Zement-Basismaterial, gesintert wird. Das verbleibende Drittel an CO_2 entsteht aus den Brennstoffen, die erforderlich sind, um 1450 °C zu erreichen. Die prozessbedingten Emissionen lassen sich nur zum Teil vermeiden, CO_2-Abscheidung ist daher erforderlich.

Ein Projekt zur kryogenischen CO_2-Abscheidung befindet sich in Sugar Creek, Missouri, im Versuchsstadium.

CCU

Der Begriff CCU (Carbon Capture and Utilization = CO_2-Abscheidung und Nutzung) wird im Zusammenhang mit CCS oft verwendet. Wäre eine komplette Kreislaufwirtschaft von CO_2 möglich, wäre das eine gute Sache.

Abgeschiedenes CO_2 kann unter Einwirkung von Katalysatoren und chemischer Reaktionen zur Erzeugung von Methanol, Harnstoff, synthetischem Gas, Flüssigtreibstoff oder Polymeren dienen. Die Herstellungskosten sind im Vergleich zu den bisherigen Verfahren sehr hoch. CO_2 kann auch in der Zementverarbeitung oder bei Zuschlagstoffen verwendet und dauerhaft gebunden werden.

Die Ölproduktion mit Injektion von unter hohem Druck stehenden CO_2 zu steigern (»Enhanced Oil Recovery«), ist keine neue Technologie. Es wird behauptet, dass es unter bestimmten Umständen möglich sei, mehr einzuspeichern, als beim Verbrauch des Öls erzeugt wird. Trotzdem werden derartige Anlagen eher ein Feigenblatt bleiben, um die Erdölförderung fortzusetzen. Wegen der zusätzlichen Ölförderung rechnet sich die Technologie meist von selbst.

Bei der Verbrennung von 1 Kilogramm Heizöl entstehen etwa 4 Kilogramm CO_2. Üblicherweise benötigt es also deutlich mehr Platz, das entstandene CO_2 einzulagern, als das Öl vorher brauchte. Wenn man die deutschen CO_2-Emissionen von etwa einer Gigatonne pro Jahr einlagern möchte und dafür alle derzeit denkbaren Offshore-Speicher in der deutschen Nordsee verwenden würde, wären diese nach drei Jahren voll. Norwegen gibt an, Speicherkapazitäten zu haben, die für 100 Jahre reichen sollen.

ATOMKRAFT – KERNSPALTUNG

Ein Viertel des Stroms in der EU wird derzeit aus Atomkraft produziert. Atomkraft wird von vielen Ländern als wesentlichste CO_2-neutrale Technologie angesehen. Eine Eurobarometer-Umfrage von 2021, vor der Gasversorgungskrise, ergab, dass sich in der EU-27 die positiven und negativen Einstellungen der EU-Bevölkerung zur Atomkraft die Waage halten.

Wenn man von Atomkraft spricht, versteht man darunter heute üblicherweise die Kernspaltung, also den Beschuss eines schweren Atomkerns (z. B. Uran235) mit Neutronen, was zur Aufspaltung in zwei mittelschwere Atomkerne führt. Dabei wird Energie frei, die gewonnen wird, und Neutronen, die die kontrollierte Kettenreaktion fortsetzen. Dies erfolgt in einem Reaktor, und rundherum ist ein normales Dampfkraftwerk[106] aufgebaut, das die abgegebene Wärme in Form von Dampf in Turbinen und Generatoren zu Strom umwandelt.

Argumente für und wider Atomkraft (Kernspaltung)

Von Befürwortern:
- Atomkraft ist im Betrieb CO_2-frei und ganzjährig, unabhängig vom Wetter verfügbar.
- Bestehende Atomkraft ist sehr kostengünstig. Atomkraft ist kostengünstiger als Erneuerbare, wenn man die Versorgungssicherheit im Winter mitbetrachtet: Speicher und Wasserstoff-Infrastruktur entfallen.
- Ohne Atomkraft ist die Klimaneutralität bis 2050 nicht zu schaffen.
- Die CO_2-Emissionen infolge der Errichtung sind vergleichbar mit jenen der Windkraft.
- Neue Atomkraft kann dazu eingesetzt werden, die Radioaktivität des gefährlichsten Teils des bereits vorhandenen Atommülls, nämlich die hochradioaktiven Reste der Brennstäbe, zu vermindern (die Transurane Plutonium, Americium, Neptunium und Curium). Über die Transmutation, den Beschuss mit Neutronen, erfolgt die Umwandlung in deutlich kurzlebigere Isotope, Stichwort »Schneller Brüter«. Die Halbwertszeit wird, bei gleichzeitiger Energiegewinnung, von mehr als 30 000 auf 300 Jahre ver-

mindert. Für die 144 europäischen Reaktoren wären 15 Transmutationsreaktoren erforderlich.

- Atomkraftwerke haben seit ihrem Bestehen (bezogen auf die produzierte Leistung bzw. Arbeit) deutlich weniger Verletzte/ Erkrankte und Tote verursacht als beispielsweise Kohlekraftwerke.[107]
- Atomkraft ist flexibel. Frankreich deckt 70 % seines Strombedarfes aus Atomkraft und ist in der Lage, sein Stromnetz stabil zu betreiben. 5–10 % Laständerungsgeschwindigkeit pro Minute ist besser als jene von Gaskraftwerken. Alte und neue Kohlekraftwerke schaffen noch weniger.
- Die militärische Nutzung kann mit internationalen Vereinbarungen und bei Reaktoren modernster Bauart weitestgehend ausgeschlossen werden.
- Die Endlagerthematik wird mit Lagern wie in Finnland nahe Olkiluoto gelöst.

Von Gegnern:

- Atomkraft war und ist gefährlich und unsicher (Tschernobyl, Fukushima, Saporischschja). Atomkraftwerksunfälle, die versehentliche Beschädigung infolge von Kriegen oder die bewusste Sabotage durch Terrorakte können noch immer eine Verstrahlung über einen Radius von mehreren hundert Kilometern verursachen.
- So ist die radioaktive Verseuchung um Tschernobyl heute wahrscheinlich gefährlicher für den Menschen als 1986. Das klingt unlogisch, ist es aber nicht: Die vier wesentlichen Arten von Radioaktivität, die Alpha-, Beta-, Gamma- und Neutronenstrahlung, unterscheiden sich in ihrer Durchdringungswirkung und in der Halbwertszeit ihrer Quellen. So kann vermeintlich ungefährliche Alpha-Strahlung die menschliche Haut oder ein Blatt Papier nicht durchdringen. Sie ist deswegen aber nicht ungefährlich, denn sie reichert sich im Boden und in den Pflanzen an, sie begibt sich in einen ständigen Kreislauf, wird über die Nahrung aufgenommen und zerstört dann den menschlichen und tierischen Körper von innen. Das aufgrund der radioaktiven Zerfallskette aus dem Plutonium241-Isotop entstehende Americium241-Isotop hat eine Halbwertszeit von 400 Jahren. Pu241 hatte nur 14 Jahre.

- Es gibt keine Lösung für den über 100 000 Jahre radioaktiv strahlenden Restmüll und seine dauerhafte Lagerung, die Kosten werden nicht betrachtet. Plutonium239 hat eine Halbwertszeit von 24 000 Jahren, nach 96 000 Jahren verbleibt noch immer ein Sechzehntel der Strahlung. Zum Vergleich: Die Menschheit wurde vor etwa 13 000 Jahren sesshaft. Die Aufzählung unerwarteter Veränderungen der Natur (einschließlich tektonischer Verschiebungen, Vulkanausbrüche) und gesellschaftlicher Veränderungen seit damals wäre sehr lang. Wenn man den gleichen Zeitraum in die Zukunft rechnet, hat sich die Strahlung noch immer kaum verringert. Ob Kupferkanister, die 500 Meter unter der Oberfläche lagern, wirklich die beste Lösung sind und ein Erbe, das wir den nächsten 4000 Generationen hinterlassen sollten, darf bezweifelt werden.
- Wesentliche Systemkosten werden der Gesellschaft überantwortet. Das betrifft die Kosten der Endlagerung, die Folgekosten der Endlagerung, die Kosten des Rückbaus (Teile davon müssen in Deutschland durch die Betreiber in der Bilanz rückgestellt werden), Folgekosten aus der Uranförderung und sämtliche Unfallfolgekosten.
- Die wesentlichen Atomkraftwerksrisiken werden derzeit nicht versichert und sind derzeit auch nicht versicherbar.
  - Die meisten Anlagen sind kaum höher versichert als der Durchschnittsautofahrer mit seiner Pkw-Haftpflichtversicherung, die auf 10–20 Millionen Euro lautet. In Frankreich sind Atomkraftwerke auf etwa 100 Millionen Euro versichert, also so viel wie 5–10 Autos. In Deutschland gibt es eine Haftung der Betreiber mit ihrem Vermögen bzw. 2,5 Milliarden Euro solidarische Haftung der Energiekonzerne. Die maximalen Werte, die Versicherungen anbieten, liegen bei etwa 250 Millionen, also 10 % davon.
  - Bei 100–400 Milliarden Euro Folgekosten von Fukushima ist das jedoch nicht mehr als ein Tropfen auf den heißen Stein. Tschernobyls Schadensfolgekosten werden auf 650 Milliarden geschätzt. Schätzungen erforderlicher Deckungssummen gehen von 500–7500 Milliarden aus.
  - Atomkraftbetreiber oder Staaten, die den Betrieb erlauben, müssten verpflichtet werden, mindestens diese Haftungssumme für den Schadensfall zur Verfügung zu stellen. Die

derzeitigen Deckungssummen von AKW bewegen sich bei
0,1–0,4 % davon.
· Würden die Versicherungskosten in den Strompreis eingerechnet, erhöhte sich der Atomstrompreis bei Pooling von
50 Atomkraftwerken (ganz Frankreich) zu einem gemeinsamen Versicherungsrisiko um 100–300 Euro pro Megawattstunde.[108] Zum Vergleich: 2017–2019 lag der Strompreis bei
etwa 30–50[109], 2022/23 bei 200 Euro je Megawattstunde.
· Derzeit wird der Nutzen der Atomkraft im Land bezogen,
das Schadensrisiko aber auf alle Nachbarn verteilt.
– Neu errichtete Atomkraft sei teuer, viel teurer als Windkraft,
wenn man die erzeugte Kilowattstunde betrachtet.
· Olikiluoto (Block 3) in Finnland soll eine Nettoleistung von
1600 Megawatt haben. Damit lässt sich eine Zwei-Millionen-
Einwohnerstadt wie Hamburg versorgen. 2005 wurde mit dem
Bau begonnen, es sollte 2009 in Betrieb gehen und produziert
erst seit 2022 Strom. Die Kosten sind von 3 auf 9–12 Milliarden
Euro gestiegen. Die LCOE (totalen Stromgestehungskosten)
wurden vor Errichtung auf etwa 50 US-Dollar je Megawattstunde geschätzt, jetzt wird man bei etwa 120–150 liegen, die
Brennstoffkosten machen davon nur etwa 1–2 % aus. Die Kapi-
tal- bzw. Finanzierungskosten sind der entscheidende Anteil.
· Hinkley Point (C1 und C2) in England wird etwa 3260 Megawatt produzieren. Damit ließen sich Berlin, Hamburg und
München gleichzeitig versorgen. Der Bau soll 29–34 Milliarden
Euro kosten (ca. 9000 Euro pro Kilowattstunde) und sollte zu
zwei Dritteln aus Frankreich und einem Drittel aus China[110]
finanziert werden. Es ist der derzeit einzig verbliebene AKW-
Neubau im Vereinigten Königreich. Dafür werden Einspeisetarife von etwa 150 Euro je Megawattstunde (Index 2022) auf
35 Jahre vertraglich garantiert. Die geplante Lebensdauer beträgt 60 Jahre. Angesetzte AKW-Abbau-Entsorgungskosten
sind 9 Milliarden Euro.
– Die CO_2-Emissionen der Errichtung werden oft vernachlässigt:
Wenn man die Errichtung der Kraftwerke und den Rohstoffbe-
darf mitbetrachtet, ist es zwar nicht mehr CO_2-frei, aber selbst
Greenpeace berechnet Atomkraft mit nur 31 Gramm pro Kilowattstunde im Verhältnis zu Windenergie mit 19. Wenn man
bedenkt, dass Windenergie nicht immer zur richtigen Zeit zur

Verfügung steht, und einrechnet, was dafür zusätzlich an Speicher- und Umwandlungstechnologien errichtet werden muss, ist Kernenergie CO_2-ärmer als Windenergie.
– Atomkraft schafft die Basis für die militärische Nutzung.
– Atomkraft ist nicht flexibel:
  Das ist nicht richtig. Es gibt einen viel einfacheren Grund, warum Kernkraftwerke normalerweise »Bandlast« fahren, also nahezu gleichmäßige volle Leistung: Ihre Grenzkosten gehen gegen null. Die zusätzlich erzeugte Kilowattstunde kostet fast nichts, und die nicht produzierte Kilowattstunde spart fast nichts, da die Brennstoffkosten im Vergleich zu den Fixkosten sehr klein sind. Ein Atomkraftwerk im Stand-by-Betrieb kostet praktisch gleich viel wie in Volllast. Aus dem gleichen Grund wird eine Windkraftanlage nicht freiwillig in Teillast betrieben.

Die Bewertung dieser Argumente bleibt jedem selbst überlassen. Wesentlich ist, gegenüber welchen Alternativen und in welchem Betrachtungszeitraum man die Risikobewertung vornimmt.

Ausbau- und Rückbaupläne

Weltweit werden derzeit etwa 400 Atomkraftwerke geplant bzw. gebaut, die meisten davon in China, Russland, Indien, Ägypten und den USA. In Europa hat Frankreich die weitreichendsten Erweiterungspläne.

Seit 2016 gingen jährlich etwa 4–5 Atomreaktoren in Bau. 1998 waren 416 Atomreaktoren in Betrieb, 2020 etwa 442. Der Zuwachs war gering, der Anteil der globalen Stromerzeugung ist daher von etwa 16 auf 10 % gefallen. Durch die Paris-Klimaziele und die Energiepreisexplosion 2022/23 ist abzusehen, dass wieder mehr Länder auf Atomkraft setzen werden.

Vorzeitige Ausstiege wurden in verschiedenen Ländern gestoppt. Wie sinnvoll vorzeitige Ausstiege sind, lässt sich nicht eindeutig beantworten. Die Menge an radioaktiv belastetem Material ändert sich nicht mehr gewaltig, wenn das Kraftwerk um 20 Jahre länger betrieben wird. Das CO_2, das für die Errichtung verwendet wurde, verändert sich nicht mehr. Der Betrieb verursacht gegen null gehende CO_2-Emissionen. Was bleibt, ist vor allem das Unfallrisiko.

Atomkraft – 2. Generation

Damit sind alte Reaktoren, die von 1965 bis 1995 entwickelt wurden, gemeint, sie produzieren heute etwa 85 % des weltweiten Atomstroms. Sie werden aus Sicherheits- und Wirtschaftlichkeitsgründen in westlichen Ländern nicht mehr neu gebaut. Reaktortypen der Generation 2 sind unter anderem Druckwasser-, Siedewasser- (Fukushima), Druckschwerwasser- und der Siedewasser-Druckröhrenreaktor (Tschernobyl).

Atomkraft – 3. Generation und SMR

Die dritte Generation ist die aktuelle Reaktorgeneration. Sie ist viel stärker auf Sicherheit ausgelegt. Hier handelt es sich zum Beispiel um weiterentwickelte Druckwasser-, Siedewasser- und Druckschwerwasser-Reaktoren. Damit sind etwa der französische EPR (europäischer Druckwasserreaktor) wie in Flamanville und Olkiluoto gemeint oder diverse Reaktortypen, die von China, Indien, Russland, den USA und Kanada entwickelt werden.

Große Reaktoren geraten im »Westen« (EU + USA) langsam aus der Mode. Hier setzt man auf das Konzept der dezentralen »Mini-Atomkraftwerke« (SMR) mit 300 statt 1600 Megawatt pro Block. Damit hofft man auf Serienproduktion, Vormontage im Herstellerwerk, einfache Transporte und folglich auf deutlich geringere spezifische Kosten.

Befürworter argumentieren mit Stromgestehungskosten von nur 70 Euro je Megawattstunde, einer äußerst flexiblen Strombereitstellung, viel kürzeren Bauzeiten als bei den »großen« Atomkraftwerken und vor allem mit der CO_2-Freiheit. Sie begründen ihren Standpunkt auch damit, dass die Allgemeinkosten für Netzausbau, Speicher und dergleichen samt deren Umwandlungsverlusten weitgehend entfallen. Atomkraft wäre dann deutlich billiger als Erneuerbare.

Für Atomkraftgegner ist es hingegen ein Horrorszenario, statt mit derzeit weltweit 440 Atom-Großkraftwerken zukünftig mit 2500 (um die heute laufenden Atomkraftwerke zu ersetzen) bis 10 000 SMR (um den zukünftigen Bedarf abzudecken) konfrontiert zu sein. Das individuelle Gefahrenpotenzial ist niedriger, der gesamte Atommüll ist mehr – und die Eintrittswahrscheinlichkeit eines Unfalls? Statistisch müsste sie wohl deutlich höher sein.

Auch die Kontrolle der Plutoniumgewinnung für waffenfähiges Material wird damit de facto unmöglich. Die IAEA müsste ihre Kontrollen verzwanzigfachen.

Atomkraft – 4. Generation

Die vierte Generation ist eine Weiterentwicklung der traditionellen Atomkraft mit wesentlicher Betonung des passiven, inhärenten Sicherheitsaspektes und nicht der aktiven (und selbst wieder fehleranfälligen) Sicherheitsüberwachungen und -vorrichtungen. Die Sicherheitsaspekte sollen dabei bereits durch das Design geschaffen werden, damit Unfälle wie in Tschernobyl oder in Fukushima gar nicht passieren können – auch nicht durch Fehlbedienung –, weil etwa Kernschmelzen aus Designgründen nicht vorkommen können.

Ein Entwicklungsstrang ist dabei zum Beispiel die Transmutation. Sie kombiniert die erprobte Teilchenbeschleuniger-Technologie mit einem »unterkritischen« Reaktor. In der Theorie wäre dieser Reaktor »sicher« in dem Sinne, dass eine selbstständige Kettenreaktion weder benötigt wird noch entstehen kann, da die Kernspaltung jeweils nur durch den Protonenstrahl ausgelöst wird, aber nicht selbstständig aufrecht bleibt, sondern binnen Millisekunden von selbst stoppt. Zusätzlich ließe sich bereits existierender Atommüll verarbeiten und dessen Halbwertszeit von bis zu 30 000 auf 300 Jahre verringern. Er würde also zur Verminderung von Atommüll beitragen. Außerdem würde Thorium eingesetzt, das sich schwer in waffenfähiges Material umwandeln lässt. Prototypenforschung gibt es bei J-Parc in Japan und MYRRAH in Belgien.

Weitere Reaktor-Entwicklungsstränge sind »Gas-cooled«, »Lead-cooled«, »Sodium-cooled«, »Supercritical Water-cooled«, »Thorium-Flüssigsalz« (Molten Salt) und der »Very High Temperature Reactor«, in normaler Größe oder auch als Minireaktoren.[111]

Aufgrund des geringen Technologischen Reifegrades der Atomkraft der vierten Generation ist klar, dass in den nächsten 15–20 Jahren kein Einsatz in energieerzeugungsrelevantem Ausmaß erwartet werden kann.

KERNFUSION

Darunter versteht man die Verschmelzung leichter zu schwereren Atomkernen, so wie es die Sonne seit Millionen von Jahren vormacht. Dabei wird viel Energie frei. Aufgrund der hohen Temperaturen, die die Kernfusion benötigt, reicht ein Reaktorbehälter nicht aus. Es braucht ein sehr starkes Magnetfeld, das die Wasserstoffatome bzw. deren Isotope auf sehr kleinem Raum konzentriert, um sie dort zu Helium zu verschmelzen und aus der erzeugten Wärme über Turbinen und Generatoren Strom zu erzeugen.

So weit ist man aber heute noch nicht. Seit 60 Jahren steht der Durchbruch immer »innerhalb der nächsten 30 Jahre« bevor.

Argumente für und wider Kernfusion

Pro:
- Wasserstoff sowie dessen Isotope sind eine fast unerschöpfliche Energiequelle.
- Kernfusion ist im Betrieb CO_2-frei.
- Kernfusion kann zu keiner unkontrollierten Kettenreaktion vergleichbar der Kernspaltung führen, ist daher verhältnismäßig ungefährlich.
- Die militärische Nutzung als Bombe kann ausgeschlossen werden.
- Die radioaktive Strahlung ist vergleichsweise klein.
- Die Atommülllagerung ist deutlich unproblematischer als bei der Kernspaltung, da die Radioaktivität des Abfalls nach 100 Jahren bereits auf ein Zehntausendstel sinkt und in 100–500 Jahren mit der Radioaktivität der Kohleasche eines Kohlekraftwerks vergleichbar ist. Eine Atom-Endlagerthematik entsteht daher nicht.

Kontra:
- Niemand weiß, wann und ob die Technologie jemals so weit sein wird, um dauerhaft einen Energieüberschuss zu produzieren (bei Gesamtbetrachtung, nicht nur des Fusionsteiles selbst).
- Es verbleibt eine Restmenge Atommüll mit kürzerer Halbwertszeit.
- Es fließen riesige Mengen an Forschungs- und Fördergeldern in die Technologie, die anders besser investiert wären.
- Die CO_2-Emissionen der Errichtung werden nicht mitgerechnet.
- Regelbarkeit der Kernfusion, Anpassung an die Netzlasten
- Kosten der Kernfusion

Die Bedeutung der Kernfusion für die Energiewende
Kernfusion hat ein theoretisches Potenzial, das die gesamte Energieerzeugung revolutionieren kann. Sie wäre ein fundamentaler »Game-Changer«, bietet viele Vorteile und wenige gravierende Nachteile. Sie könnte den Energiemarkt »aufrollen«, wie es die Kernspaltung in den 1970er-Jahren tat – diesmal hoffentlich mit weniger Kopfschmerzen über die Folgewirkungen. Offen ist, ob man es schafft, die Kernfusion stabil zu beherrschen und in eine großtechnische Anwendung weiterzuentwickeln. Von den erwarteten Kosten kann man heute noch nicht sprechen.

Seit 60 Jahren wird daran geforscht. Die Erfolge sind noch spärlich. Im chinesischen **TOKAMAK Reaktor EAST** konnte 2021 eine kontinuierliche Temperatur von fast 70 Millionen Grad Celsius über mehr als 17 Minuten gehalten werden. Ein neuer Weltrekord. Im **Joint European Torus (JET)** in Großbritannien, einem der Aushängeschilder der europäischen Fusionsforschung, wurde im Jänner 2022 über eine Dauer von fünf Sekunden eine Fusionsenergie von etwa 60 Megajoule produziert, also eine Leistung von etwa 12 Megawatt, und es wurde nachgewiesen, dass sich das Plasma so verhielt, wie berechnet.

Kernfusion braucht, wie auch die Kernspaltung, bestimmte Mindestanlagengrößen. Es ist daher eine Forschungsanstrengung von ganzen Kontinenten und Wirtschaftsräumen erforderlich, um diese Entwicklungen zu finanzieren und weiterzutreiben – und ein Erfolg ist keineswegs sicher.

Das internationale Kernfusionsprojekt **ITER** in Südfrankreich ist etwa zehnmal so groß wie das oben erwähnte JET. Es handelt sich um das ambitionierteste Unterfangen mit den wahrscheinlich größten Chancen, auch wenn die politischen Ambitionen der Partner das Projekt nicht einfacher machen. Ursprünglich mit 5,5 Milliarden Euro und einer Fertigstellung 2016 geplant, steht man heute bei einem erwarteten Budget von 22–50 Milliarden Euro und einem Beginn der relevanten Experimente mit Deuterium und Tritium ab etwa 2035. Damit beginnt die Forschung erst richtig. Von Serienreife kann man daher heute noch nicht einmal träumen. Jede Investitions- und Betriebskostenschätzung für die kommerzielle Kernfusion wäre ebenfalls unseriös.

Kernfusionskonzepte

Die Begriffe »Tokamak« und »Stellerator« geben an, welche Form das Magnetfeld hat, das das Plasma bündelt. Tokamak bedeutet, dass das Plasma in einem torusförmigen Magnetfeld gebündelt wird. Beim Stellarator handelt es sich um ein komplexeres, nicht rotationssymmetrisches Magnetfeld.

Diese Kernfusion verwendet statt des sehr starken Magnetfeldes einen ultrakurzen Beschuss mit hochenergetischen Laser- oder Ionenstrahlen, um Plasma und eine Zündung herzustellen. Bei der entstehenden Kernfusion soll mehr Energie erzeugt werden, als für die Zündung erforderlich ist.[112]

Ein alternatives Konzept ist die »**Trägheitsfusion**«: Experimentell wurden am National Ignition Facility, einem Labor im kalifornischen Livermore, mit dem stärksten Laser der Welt im Jahr 2018 3 %, im August 2021 65 % und im Dezember 2022 150 % der hineingesteckten Energie zurückgewonnen, damit wurde der experimentelle Durchbruch geschafft. Mit dem Energieüberschuss von 0,3 kWh lässt sich ein Frühstücksei kochen. Die Umwandlungsverluste des Lasers in Höhe von 70 kWh blieben unberücksichtigt. Es wird also noch einige Jahre dauern, das Konzept so hochzuskalieren, dass es einen Beitrag zur Energieversorgung der Welt liefern kann.

Eine Kernfusion von Wasserstoffisotopen, die kein Plasma (mit hoher Temperatur und Dichte) benötigt, wäre der Wunschtraum der Energiewirtschaft. Ende der 1980er-Jahre wurde behauptet, dass die »kalte Fusion« experimentell funktioniert hätte. Das konnte widerlegt werden. Heute hat sich die Wissenschaft damit abgefunden, dass es auch keinen Grund gibt, anzunehmen, dass es jemals funktionieren wird. Dies heißt aber nicht, dass es nicht immer wieder neue Ideen dazu in die Zeitung schaffen.

GEOENGINEERING

Unter »Geoengineering« werden Maßnahmen zur Veränderung der Strahlungsbilanz der Erde verstanden, also der Änderung der effektiven Wärmeaufnahme aus der Sonneneinstrahlung, darüber hinaus Technologien zur Entfernung von CO_2 aus der Atmosphäre und dessen Speicherung, zum Beispiel:

- Das Versprühen von Aerosolen, um die Reflektivität der Wolken zu erhöhen, um mehr Sonnenlicht zu reflektieren und dadurch die Erde zu kühlen[113]
- Die Entfernung von CO_2 aus der Atmosphäre durch Düngung der Meere mit Eisenoxid
- Das Auslegen von reflektierenden aluminiumbeschichteten Sandsäcken in der Sahara, Anbau hellerer Gräser, Weißen von Dächern
- Die Beschattung der Erde aus dem Weltraum
- Das Versenken von Biomasse tief im Meer
- Die unter »Brückentechnologien« bereits beschriebenen CCS-Technologien

Häufig werden unter Geoengineering Konzepte propagiert, die »rasche Lösungen« versprechen und großräumige Eingriffe in biochemische Kreisläufe der Erde erfordern. Meist ist deren Risikopotenzial kaum abschätzbar.

Der Klimawandel ist ein komplexer Prozess, beeinflusst von vielen verschiedenen Faktoren. Schon derzeitige Modelle, die einfach versuchen, darzustellen, was ist, und dies auf leicht veränderte Parameter fortzuschreiben, sind schwierig zu erstellen und müssen immer wieder mit der Realität abgeglichen werden. Ein Eingriff in die Strahlungsbilanz aber, durch Veränderung einzelner dieser Faktoren – seien es die Wolkenalbedo oder stratosphärische Aerosole –, lässt sich daher kaum prognostizieren. Oft werden die Klimamodelle gerade von jenen infrage gestellt, die Geoengineering propagieren, also eine Technologie, die noch viel mehr Vertrauen in die Klimamodelle benötigt als alles andere. Denkverbote zu erlassen und die wissenschaftliche Forschung in diese Richtung zu behindern, wäre trotzdem kontraproduktiv.

Mindestens die folgenden Fragen zum Geoengineering (GE) sollte man sich stellen[114], bevor man tatsächlich Maßnahmen umsetzt:

- Wie bleibt der Entscheidungsspielraum zukünftiger Generationen gewahrt?
- Wären Eingriffe reversibel?
- Wie lässt sich beurteilen, ob wir die globalen Ökosysteme umfassend genug verstehen, um kontrolliert eingreifen zu können?

- Welcher Rechtsrahmen kann die Forschung zu GE verbindlich regeln?
- Können demokratische Entscheidungen über den Einsatz von GE zustande kommen?
- Wollen wir wirklich die gesamte Erde als Testlabor für einen Erstversuch nutzen?
- Wie könnte die Weltgemeinschaft mit Konflikten aufgrund ungleich verteilter Auswirkungen durch GE umgehen?
- Wie lässt sich ausschließen, dass Hoffnungen auf GE wirksamen Klimaschutz behindern?

»GRÜNER« WASSERSTOFF

DIE BEDEUTUNG VON WASSERSTOFF FÜR DIE ENERGIEWENDE

»Grüner« Wasserstoff ist **die** Basis für die entscheidenden Technologien, die erforderlich sind, um die letzten 20–30 % der Energiewende zu schaffen, parallel zu Atomkraft und Carbon Capture oder als Ersatz dafür. Er ist jedoch kein Wundermittel, um die heutige Erdgasnutzung zu ersetzen und »business as usual« weiterzubetreiben.

Die entscheidende Voraussetzung für den Aufbau einer »grünen« Wasserstoffwirtschaft ist die Verfügbarkeit von »grünem« Strom, idealerweise Überschussstrom. Dafür müssen zuallererst Windenergie und PV ausgebaut werden. Da Überschussstrom nicht permanent anfällt, sondern nur zu Zeiten, wenn zu viel Wind- und PV-Strom produziert werden, ist eine gleichmäßige Auslastung der Wasserstoffproduktion schwierig. Investitionskosten für die Elektrolyseure sind hoch, ebenso jene für die verschiedenen chemischen Umwandlungsverfahren und die Rückumwandlungstechnologien. Weitere Kostenfaktoren sind die Verfügbarkeit von seltenen Rohstoffen, aber auch der CO_2-Preis sowie die Vergleichskosten der kalorischen Brennstoffe.

 Wasserstoff ist der Wunderstoff, der das Erdgas und die Erdölprodukte ersetzt.

 Nein, Wasserstoff wird eine sehr wichtige Rolle spielen, er ist aber »nur« ein Energieträger, mit dem sich die fluktuierende Energie der erneuerbaren Energien besser speichern und verwenden lässt. H2 und die aus Wasserstoff hergestellten E-Fuels werden in schwierig zu elektrifizierenden Bereichen der Mobilität, für Energiespeicherlösungen, bei Industrieprozessen und chemischen Grundstoffen unverzichtbar werden und auch manche Erdölprodukte ersetzen. H2 wird aber nicht generell das Erdgas im Haushalt oder in der Industrie ersetzen.

Gemeinsam mit den hohen Investitionskosten und den mäßigen Wirkungsgraden ergibt sich damit ein hoher spezifischer Preis. Für die ersten 70–80 % der Energiewende wird Wasserstoff nur in Nischenanwendungen eingesetzt. Wasserstoff ist teuer im Vergleich zu Erdgas und -öl. Er wird auch zukünftig teuer sein. Die Gesamt-Prozesswirkungsgrade (Strom → Wasserstoff → Strom) sind aus physikalischen Gründen nicht besonders hoch, derzeit liegen sie bei etwa 30 %, bis 2050 könnten jedoch schon 50 % möglich sein. Das bedeutet, dass man von dem »Sommerüberschussstrom«, den man in Wasserstoff umwandelt, im Winter nur die Hälfte als Strom entnehmen kann. Stellt man es geschickt an, kann ein Teil der Abwärme genutzt werden, um Wärme für Industrieprozesse oder Fernwärme zu erzeugen.

Unter diesen Rahmenbedingungen gibt es daher noch wenige funktionierende Wasserstoff-Geschäftsmodelle. Viele Anwendungstechnologien sind noch nicht fertig entwickelt, und auch die Transport- und Speicherinfrastruktur fehlt größtenteils. Dennoch: Soll Erdgas ersetzt werden, gibt es für die Bereiche Eisen/Stahl, Kupfer, Aluminium, Dünger, Chemie, Petrochemie und Glas kaum gute Alternativen zu Wasserstoff oder wasserstoffbasierten Energieträgern.

Solange die Nutzung von Erdgas wirtschaftlich günstiger ist und akzeptiert wird, dass damit keine CO_2-Neutralität erzielt wird, steht Wasserstoff in direkter Konkurrenz zum Gas. Das »Hydrogen Council« erwartet, dass der Preis von »grünem« Wasserstoff bis 2032 unter jenem des »grauen« liegt. Das ist eine optimistische Annahme, die stark von den steuerlichen Rahmenbedingungen, von der Weiterentwicklung kostengünstiger erneuerbarer Energien sowie der Kostendegression bei der Wasserstoffelektrolyse abhängt.

Wirtschaftlichkeit ist jedoch nicht das einzige Beurteilungskriterium für den Einsatz von Wasserstoff. Für die Dekarbonisierung gibt es in vielen Bereichen kaum Alternativen zu Wasserstoff. Wenn höhere Prozesstemperaturen erforderlich sind, als man sie mit Strom erreichen kann, wird man trotz Problemen mit der Wirtschaftlichkeit auf Wasserstoff zurückgreifen müssen. Geht es um saisonale Speicherung und Verschiebung, gibt es ebenfalls kaum Alternativen zu Wasserstoff oder Wasserstoff-Derivaten (»E-Fuels«). Und wenn es letztlich um die Frage der Versorgungssicherheit geht, ist wieder Wasserstoff der Brennstoff erster Wahl – zumindest in langer Frist von 20–30 Jahren.

DIE »FARBEN« VON WASSERSTOFF

1 Kilogramm Wasserstoff hat etwa den Energieinhalt von 2,5 Kilogramm Erdgas oder 3,5 Liter Benzin. Um die Herkunft von Wasserstoff leicht unterscheiden zu können, haben sich die »Farben« als Begrifflichkeiten durchgesetzt.

Name	Anteil	Beschreibung	CO_2
»Grauer« Wasserstoff	99 %	Aus Erdgas (50 %), Erdöl (20 %) und Kohle (19 %) meist mit Dampfreformierung gewonnener Wasserstoff. Sehr CO_2-intensiv.	– –
»Grüner« Wasserstoff	1 %	Gewonnen über Elektrolyse, die mit »grünem« Strom aus Wasser betrieben wird. Derzeit noch teuer, aber zunehmend konkurrenzfähig.	+ +
»Türkiser« Wasserstoff	0 %	Gewonnen aus Erdgas über Pyrolyse: Es entsteht H_2 und fester Kohlenstoff, der gelagert wird. Das Verfahren ist CO_2-neutral, wenn der Pyrolysereaktor mit erneuerbarer Energie betrieben und die Erdgasförderung nicht berücksichtigt wird. Das Verfahren befindet sich in Entwicklung.	+
»Blauer« Wasserstoff	0 %	Wird wie grauer Wasserstoff aus Erdgas gewonnen, jedoch werden etwa 90 % CO_2 abgeschieden und gespeichert. Darauf setzen viele OPEC-Staaten.	+
»Rot, Rosa, Violett«	0 %	Aus Atomkraft mit Elektrolyse, wäre für Länder wie Frankreich eine Variante zum Sommer-/Winter-Ausgleich.	+ +

Tabelle 5 *Die Farben von Wasserstoff*

Heute hängen Wasserstoffpreise noch stark von den Preisen für Erdgas ab, da 99% des verfügbaren Wasserstoffs »grau« sind und damit zum größten Teil aus Erdgas und -öl hergestellt werden. Prognosen sagen, dass die Herstellungskosten vom Preisniveau 2020 von etwa 5 Euro je Kilo bis 2030 auf unter 2 Euro fallen könnten. In manchen Ländern sind die Voraussetzungen noch günstiger, sodass bis 2050 Kosten von unter 1 Euro pro Kilo prognostiziert werden. Das Hydrogen Council rechnet damit, dass der »grüne« Wasserstoff bis 2032 preisgünstiger sein wird[115] als der »blaue« (konventionell hergestellter Wasserstoff, jedoch mit Kohlenstoffabscheidung). Grund ist einerseits die erwartete Kostendegression bei Strom aus Erneuerbaren, andererseits der optimierte Einsatz von teuren Werkstoffen wie Platin (statt 0,35 nur mehr 0,05 Gramm je Kilowatt), Scandium, Titan und Iridium. Eine Kostenparität mit grauem Wasserstoff (aus Erdgas) liegt jedoch in weiterer Ferne. Es könnte aber auch sein, dass die Rohstoffmärkte mit dem steigenden Bedarf nicht Schritt halten können und die Rohstoffpreise mittelfristig deutlich steigen. All diese Annahmen sind jedoch wahrscheinlich deutlich zu optimistisch und insbesondere bei Herstellung in Europa nicht erreichbar, vielleicht für Produktionsstätten im windreichen Patagonien.

EINSATZBEREICHE VON WASSERSTOFF

Grüner Wasserstoff kann in der Brennstoffzelle, in Gasturbinen sowie in Verbrennungsmotoren CO_2-frei in Strom und Wärme umgewandelt werden. In Form von flüssigem oder gasförmigem E-Fuel lässt grüner Wasserstoff sich praktisch in allen Einsatzbereichen in mechanische bzw. elektrische Energie umwandeln. Damit ist Wasserstoff der Schlüssel zur Kopplung der Sektoren Industrie, Mobilität, Wärme, Gas und Strom.[116]

Für die zukünftigen Einsatzbereiche von grünem Wasserstoff gibt es viele Spekulationen, Annahmen und Prognosen. Liebreich Associates[117] haben dazu mögliche Einsatzbereiche nach ihrer Wirtschaftlichkeit gereiht.

In einer »wasserstoffoptimistischen« Sichtweise wären sehr viele chemische Prozesse, die Schifffahrt, Stahlherstellung, der Flugverkehr bis hin zum Schwerverkehr prädestinierte Anwendungsbereiche von Wasserstoff. Tatsächlich weiß man heute einfach noch nicht, wo sich Wasserstoff wirtschaftlich durchsetzen kann. Dies wird stark von Forschungsfortschritten abhängen.

Aus heutiger Sicht sind folgende Hauptanwendungen realistisch:

– Düngemittel aus »grünem« Ammoniak, Hydrierung, Hydrocracken in Raffinerien und Entschwefelung. Die Standorte für diese energieintensiven Prozesse werden sich jedoch dorthin verlagern, wo grüner Strom billig ist.
– Spezielle Industrieprozesse, bei denen hohe Temperaturen erforderlich sind, die elektrisch nicht erreicht werden können, etwa in der Stahl-, Zement- oder Glasherstellung. Wenn jedoch elektrischer Strom direkt eingesetzt werden kann, ist dieser zu bevorzugen. In der Stahlherstellung können mit H_2 auch Qualitätsverbesserungen erzielt werden:
  · Hochofen (Blast Furnace)
  · Eisenschwammherstellung (DRI = Direct Reduced Iron)
– Im Energiesektor als Großspeicher für langfristige Energiespeicherung und für große Energiemengen. Damit verbunden ist die Rückumwandlung in elektrischen Strom in entsprechend ausgerüsteten Kraftwerken mit Gasturbinen, Motoren oder zukünftig vielleicht auch mit Brennstoffzellen. Trotz Wirkungsgraden < 50 % und hoher Investitionskosten stellt dies ein Schlüsselelement für eine vollständige Dekarbonisierung dar.
– Mobilität
  Wasserstoff und seine Folgeprodukte (E-Fuel, Methanol, Synthetische Treibstoffe oder Ammoniak) werden wahrscheinlich dort eingesetzt, wo Batterietechnologien die erforderlichen Leistungen nicht bringen können oder das Gewicht oder Volumen zu groß wird.
  · Auf Schiffen
  · In Flugzeugen
  · In Straßenfahrzeugen mit sehr hoher Dauerleistung (Lkw etc.)
  · Spezialfahrzeuge, Motorräder und eine kleine Nische im konventionellen Pkw-Markt

Wo lohnt sich der Einsatz von Wasserstoff nicht?

- Überall dort, wo Batterien oder andere strombasierende Systeme wirtschaftlich eingesetzt werden können.
- Es ist nicht zielführend, eine Erdgasheizung durch den Brennstoff Wasserstoff zu ersetzen. H_2 ist viel zu wertvoll und zu teuer, um aus einer Flammentemperatur von fast 2000 °C Heizungswasser mit 55 °C herzustellen. Das wäre Energievernichtung pur. Aus demselben Grund ist es grundsätzlich nicht sinnvoll, Niedertemperaturwärme aus Wasserstoff oder fossilen Brennstoffen herzustellen.
- Wenn E-Mobilität möglich ist, ist es meist nicht sinnvoll, Wasserstoff im Mobilitätssektor einzusetzen, da der Primärenergiebedarf für Wasserstoff und E-Fuels ein Mehrfaches beträgt.[118]
- Bei manchen der oben angeführten Anwendungen werden wahrscheinlich Biogas und Biotreibstoffe statt Wasserstoff zur Anwendung kommen.

HINDERNISSE UND HERAUSFORDERUNGEN

Wirtschaftlichkeit
- In den meisten der oben angeführten Bereiche ist der Einsatz von Wasserstoff heute unwirtschaftlich. Daher sollten sich die öffentlichen Anstrengungen vor allem darauf richten, Forschungs- und Pilotanlagen zu fördern, eine gute Pipeline-Wasserstoff-Infrastruktur herzustellen sowie verlässliche technische und rechtliche Rahmenbedingungen zu schaffen.
- Steigende Strompreise bedeuten auch höhere Kosten für grünen Wasserstoff.
- Emission Trading System (ETS) ist noch zu wenig weitreichend, um H_2-fördernd zu wirken.
- Produktion
- Verfügbarkeit von Strom aus erneuerbaren Quellen. Die Ausbauraten für Wind- und PV-Ausbau müssen vervielfacht werden.
- Wettbewerbsfähigkeit der Produktion
- Investitionsklima und Technologieoffenheit

Transport
- Straßen- und Schiffstransport sind nur sehr begrenzt möglich
- Fehlende Pipelines, zögerliche Vorgangsweise beim European Hydrogen Backbone, keine »reinen« H_2-Pipelines verfügbar
- Technische Herausforderungen (Werkstoffe, Sicherheit, Ausrüstung)
- Rechtsrahmen (Einspeisung, Regulierung der Monopole)

Sicherheit
- Aufwendige Sicherheitsbetrachtungen (HAZOP) erforderlich
- H_2 hat einen sehr weiten Detonationsbereich von 18-59 % in Luft.
- H_2 hat eine indirekte Klimawirkung, da es mit Hydroxid-Molekülen reagiert und diese dann für den Treibhausgasabbau fehlen. Auch daher muss H_2-Austritt vermieden werden.

Nutzung
- Businessmodelle rechnen sich heute meist nur unter Einbeziehung der PR-Umwegrentabilität.
- Nutzungs- und Transporttechnologien sind noch nicht ausgereift.
- Rapide Weiterentwicklung in Chemie, Stromproduktion und für Hochtemperaturanwendungen erforderlich
- Anwendungsherausforderungen (Werkstoffe, Sicherheit, Ausrüstung)
- Genehmigungsverfahren sind aufwendig und teuer.

HERSTELLUNG UND UMWANDLUNG VON WASSERSTOFF

Wasserstoff ist einer der flexibelsten und vielseitigsten verfügbaren Energieträger. Es gibt verschiedene Wege der Herstellung und der Umwandlung und viele Produkte, die sich auf Wasserstoffbasis herstellen lassen. Es lassen sich sehr große Energiemengen speichern. Die Verbrennung von Wasserstoff erzeugt kein CO_2. Bei der idealen Verbrennung mit Luft entsteht nichts als Wasser und Stickstoff. Der Transport außerhalb von Pipelines erweist sich jedoch als schwierig und der Gesamt-Systemwirkungsgrad ist nicht so gut wie jener von anderen Energiesystemen.

Grafik 14: Wesentliche Wege der Wasserstoffumwandlung[119]

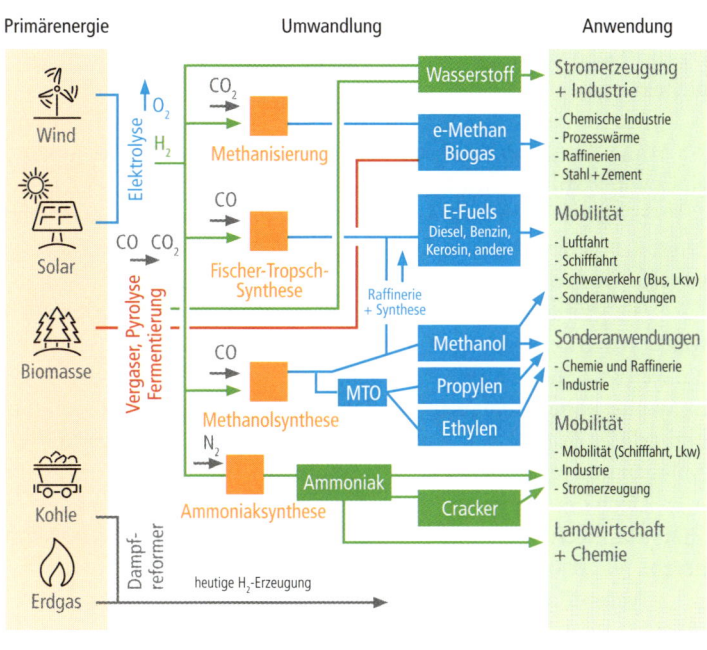

Sonstige Nicht-Elektrolysetechnologien zur Wasserstoffherstellung im Entwicklungsstadium sind beispielsweise:

– Künstliche Photosynthese, die nicht den Umweg über die Stromerzeugung geht, sondern direkt aus Sonnenlicht und Wasser Wasserstoff herstellt.
– Hochtemperatur-Plasma-Pyrolyse, die bei über 3000 °C Abfall in die Grundkomponenten Wasserstoff und CO_2 aufspaltet. Durch einen hohen Grad an Energierückgewinnung soll sich der elektrische Strombedarf für die Reaktorbeheizung in Grenzen halten.

DIE EU-WASSERSTOFFSTRATEGIE

Sie besagt, dass bis 2024 6 Gigawatt grüne Wasserstoffelektrolysekapazität zur Verfügung stehen soll und bis 2030 bereits 40. Damit möchte man 10 Millionen Tonnen Wasserstoff jährlich produzieren. Das hört sich viel an, es sind aber gerade einmal 2 % des Primärenergiebedarfes.

Die EU hat 2022 ein Wasserstoff-Förderprogramm in Höhe von 5,2 Milliarden Euro verabschiedet, das U.S. Department of Energy eines von 7 Milliarden US-Dollar.

Bis 2050 (nach anderen Prognosen erst 2070) soll grüner Wasserstoff 13 % der globalen Energieerzeugung stellen. Das wäre etwa so viel, wie Atomkraft heute liefert. China plant mit 10 %.

Die größten europäischen Elektrolyseanlagen sind 2022 noch weit von den zu erzielenden Größenordnungen entfernt. Audi hat 2013 die weltweit erste Power-to-X-Anlage in industrieller Größe (6 MW) in Werlte nahe Bremen in Betrieb genommen, die E-LNG, E-Gas und grünen Wasserstoff herstellt, 2022 noch immer eine der größten Anlagen und jene mit der längsten Betriebserfahrung.

Doch der Boom der Errichtung neuer, großer Anlagen beginnt jetzt. Man rechnet damit, dass der Bedarf nach grünem Wasserstoff bereits bis 2030 auf 80–120 Millionen Tonnen steigt.

Wesentlichste Maßnahmen für den Ausbau der Wasserstoffinfrastruktur sind die Errichtung eines europäischen »Wasserstoffrückgrates«, also eines zentralen Pipelinenetzes zum Transport von Wasserstoff von der Ostsee bis zur Adria, vom Atlantik bis an die Ostgrenze der EU, und die Schaffung einer Gasspeicherinfrastruktur. Ziel ist die Verbindung der wesentlichen europäischen Industriecluster sowie der Importhäfen, der Windkraft- und PV-Standorte und der möglichen Speicherstätten. Staaten wie die Schweiz und Österreich, die sich daran nicht rechtzeitig beteiligen, könnten den Anschluss verpassen und Optionen in der Klimapolitik aufgeben, während Norddeutschland Vorreiter ist.

Eine optimale Positionierung der Umwandlungstechnologien (Elektrolyse, Gaskraftwerke, Industrieprozesse, Brennstoffzellen) ermöglicht, die bei den Umwandlungsprozessen entstehenden Verluste zu nutzen und als Wärme für Industrie und Haushalte zur Verfügung zu stellen.

BEDARFSPROGNOSE DEUTSCHLAND, EU UND DIE WELT

Grafik 15: Prognosen Wasserstoffbedarf Welt, EU, D[120]

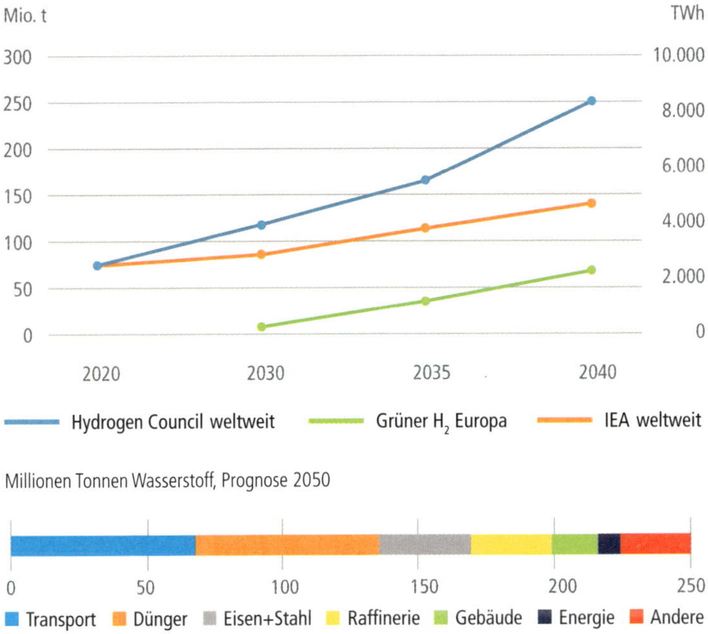

Millionen Tonnen Wasserstoff, Prognose 2050

Was die meisten Studien unterschätzen, ist der Bedarf an Wasserstoff für den Ausgleich der elektrischen Winterlücke. Tatsächlich dürfte jener allein in der EU bei mindestens 1000 Terawattstunden, also etwa 30 Millionen Tonnen, liegen.

Obwohl die Szenarien noch ziemlich uneinheitlich sind, ist klar, dass es bereits in den nächsten Jahren schon starke Zuwächse geben wird. Alles steht und fällt aber mit dem Überschussstrom und der Verfügbarkeit von Wasserstoffnetzen. Diese werden zuerst mit Beimischung von Wasserstoff zu Erdgas funktionieren, jedoch schon bald als spezifisch für Wasserstoff gewidmete Netze.

ELEKTROLYSETECHNOLOGIEN (POWER TO GAS)

Elektrolyse, oft auch genannt »Power to Gas« (PtG, P2G), wandelt Strom aus Wind- oder Solarenergie in Wasserstoff um.

Dafür gibt es verschiedene etablierte Technologien:
- Alkalische Elektrolyse (AEL)
  (bestehende Elektrolyseanlagen, etabliert)
- Proton-Exchange-Membrane Elektrolyse (PEM-EL)
  (neue Elektrolyseanlagen)

Und neue Technologien im Entwicklungsstadium:
- Hochtemperaturelektrolyse (HTEL)
- Festoxid-Elektrolyse (SOEC), eine »umgekehrt« betriebene Festoxid-Brennstoffzelle
- AEM, eine Kombination aus AEL und PEM
- Kapillarelektrolyse, die bisher unerreichte Wirkungsgrade schaffen soll[121]

Die bisherigen Wirkungsgrade liegen bei etwa 60–70 %, bezogen auf den Brennwert, bzw. 71–83 %, bezogen auf den Heizwert. Ein Elektrolyseur mit einem Wirkungsgrad von 80 % und einer Leistung von 10 kW(el) erzeugt etwa 5 Kilo H_2 pro Tag und benötigt dafür 70 Liter entsalztes Wasser.

Problematisch sind der Bedarf an seltenen Rohstoffen und die neue Abhängigkeit von »Elektro-Rohstoff-Ländern«. Ohne wesentliche Fertigungsfortschritte würde beispielsweise die Iridiumproduktion nicht schritthalten können. Auch die Lebensdauer der Elektrolyseure und die Wiedergewinnung der Rohstoffe müssen deutlich verbessert werden.

TRANSPORT VON WASSERSTOFF

Wasserstoff zu befördern, ist schwieriger, als man denkt. In verflüssigter Form benötigt man eine Temperatur von -253 °C, das sind nur 20 Kelvin über dem absoluten Nullpunkt. Das ist sehr kalt. Um diese Temperatur zu erreichen und sie beim Transport zu halten, braucht man sehr viel Energie, nämlich etwa ein Drittel des Energieinhaltes von Wasserstoff. Um ihn hingegen unter 300 Bar Druck zu transportieren, bedarf es sehr starker Behälter.

Daher wird beim Transport von Wasserstoff üblicherweise an die vorherige Umwandlung in E-Fuels (Ammoniak, Methanol, Methan) oder an die Einlagerung in flüssige, organische Wasserstoffträger (LOHC) oder in Metallhydridspeicher gedacht. Dies ist jedoch mit weiteren Energieverlusten bei der (Rück-)Umwandlung verbunden oder ergibt einen Brennstoff, der sich nur mehr eingeschränkt verwenden lässt.

Das für die Umwandlung in Methan oder Methanol erforderliche CO_2 ist an weit entfernten Wasserstoff- und Windkraftstandorten in reiner Form kaum verfügbar. Daher wird sich dort wahrscheinlich die Umwandlung in Ammoniak durchsetzen. Der Bedarf ist groß, die Transportlogistik gibt es, und der Einsatz als Brennstoff zur Energieerzeugung oder Mobilität ist zumindest denkbar, auch wenn noch viel Entwicklung bevorsteht.

Transport per Schiff

Für den Transport per Schiff gibt es bisher noch keine vernünftigen Möglichkeiten, die dafür erforderlichen Schiffe gehen gerade erst in Bau oder Erprobung. Bis 2030 werden nur wenige Einzelschiffe zur Verfügung stehen, viel zu wenige jedenfalls, um den Transport aus dem Nahen Osten, Nordafrika, dem südlichen Afrika oder aus Südamerika (Chile und Argentinien) zu ermöglichen.

- Erste Transportschiffe für verflüssigten Wasserstoff sind in Entwicklung, aber noch kein wirklich kommerzielles Geschäftsmodell. Das erste Schiff, die »Suiso Frontier«, machte 2022 seine kommerzielle Jungfernfahrt vom australischen Hastings nach Kōbe in Japan. Es soll 1250 Kubikmeter Flüssigwasserstoff transportieren. Das entspricht vom Energieinhalt etwa einem Drittel eines modernen LNG-Tankschiffs. Für die Verflüssigung sind rund 30 % der transportierten Energiemenge erforderlich.

– Erste Projekte sind auch zum Transport von komprimiertem Wasserstoff in Entwicklung.[122]

– Die IEA rechnet mit Transportkosten von etwa 40–60 Euro je Megawatt (etwa 1,4–2 Euro pro Kilogramm) beim Schiffstransport, die Entfernung fließt aufgrund der hohen Fix- und Umschlagkosten nicht mehr besonders ein. Damit wären die Transportkosten etwa gleich hoch wie die prognostizierten Herstellungskosten von Wasserstoff im Jahr 2040. Die Transportschiffe könnten am Rückweg jeweils verflüssigtes CO_2 zu den Verladestationen bringen. Zusätzlich benötigt es eine Entladeinfrastruktur, vergleichbar mit LNG-Entladeterminals.

Straßen- und Schienentransport

Ein Tanklastwagen mit Benzin oder Diesel transportiert etwa 26 000 Liter. Um die gleiche Menge Energie in Form von Wasserstoff zu transportieren, benötigt man 8–10 große, teure Spezialsattelschlepper mit 300-Bar-Druckspeichern sowie viel Spezialinfrastruktur bei der Verladung und Entladung.

Für große Energiemengen ist das keine Option. Dasselbe gilt für den Schienentransport.

Pipeline

Eine H_2-Pipeline mit 1,2 Meter Durchmesser kann etwa 13 Gigawatt Leistung[123] übertragen, fast so viel wie eine gleich große Erdgaspipeline und ein Vielfaches der größten Strom-Hochspannungsübertragungsleitungen.

Wasserstoff wird am besten in Rohrleitungen transportiert. Bestehende Pipelines sind meist nur für eine geringe Wasserstoffbeimischung 5–15 %vol[124] zugelassen. Man nimmt an, dass diese Leitungen nur geringfügige Anpassungen benötigen, um sie für deutlich höhere Beimischungen nutzbar zu machen. Materialversprödung ist eine technische Herausforderung, ebenso die Anpassung der sonstigen technischen Anlagenausrüstung und der Sicherheitseinrichtungen. Es gibt noch keine einheitlichen Industriestandards für die Gasqualität. Der Gasverdichtungsstrombedarf beträgt etwa 2 % des Gasenergieinhaltes pro 1000 Kilometer. Das ist bei Weitem die effizienteste und kostengünstigste Form des Wasserstofftransportes.

Gleichzeitig stellt das Pipelinenetz selbst Speicherkapazität zum Lastausgleich dar.

Essenziell für Europa ist daher die Schaffung eines leistungsfähigen Wasserstoffpipelinenetzes, das alle wichtigen Industrieregionen und Verbraucher anbindet.

Europäisches Wasserstoffrückgrat (European Hydrogen Backbone)

Das geplante europäische Wasserstoffrückgrat soll bis 2040 40 000 Kilometer Wasserstoffpipelines umfassen. Die Investitionskosten werden bis 2040 bei mindestens 30–60 Milliarden Euro liegen, die Betriebskosten betragen etwa 2 Milliarden jährlich.

Wer heute nicht beginnt, diese Infrastruktur aufzubauen, wird zu spät dran sein, um bei der Energie-, Wärme- und Mobilitätswende mit dabei zu sein. Die Routenführung der Pipelines ist nicht kompliziert zu finden: Sie muss die großen Windparks mit den großen Industriestandorten und den Städten verbinden und am besten die bereits bestehenden Trassen der Erdgaspipelines nutzen.

POWER TO X

E-FUELS

Unter »Power to X« (PtX, P2X) versteht man die Erzeugung von Wasserstoff aus Strom, aber auch die Herstellung und Weiterverarbeitung des »grünen« Wasserstoffs zu E-Fuels. Die Umwandlung in oftmals flüssige Treibstoffe verbessert die Transportierbarkeit und ermöglicht den direkten Einsatz in bestehenden Kolbenmotoren und Turbinentriebwerken.

Typische E-Fuels (E-Treibstoffe) sind:

- Synthesegas (»Substitute Natural Gas«, SNG oder »E-Methan«)
- E-Diesel, E-Kerosin, E-Benzin, E-Methanol
- E-Ammoniak (NH_3), »grüner« Wasserstoff (H_2)

Oft wird dazu CO_2 eingesetzt, das bei anderen Prozessen abgeschieden wird. Um zu beurteilen, wie stark die oben genannten E-Fuels zur Vermeidung des CO_2-Ausstoßes beitragen, ist daher die Betrachtung des Gesamtprozesses erforderlich.

E-Fuels haben durch die vielen Umwandlungsschritte und -verluste einen schlechten Gesamt-Systemwirkungsgrad und sind teuer.

AMMONIAK

Ammoniak (NH_3) hat das Potenzial, der wichtigste Energieträger im Bereich der Mobilität zu werden. »Grünes« Ammoniak könnte zukünftig die Rolle eines universellen Energiespeichermediums übernehmen. Betreiber von erneuerbaren Energieerzeugern könnten überschüssige Energie zwischenlagern und dorthin verschiffen, wo sie gebraucht wird. Sonnenstrom aus Afrika oder Windstrom aus dem Nordatlantik und Südamerika kann als Ammoniak per Schiff[125] in die ganze Welt geliefert werden. Statt Wasserstoff fast auf den absoluten Nullpunkt kühlen zu müssen oder LNG auf -164 °C, reichen zur Ammoniak-Verflüssigung Temperaturen von -33 °C oder alternativ nur 9 Bar Druck bei Umgebungstemperaturen, mit einem Bruchteil des Energieeinsatzes.

Flüssiges Ammoniak hat eine hohe Volumen-Energiedichte, mehr als flüssiger Wasserstoff und fast die Hälfte von Benzin. Es ist leicht transportier- und lagerbar, ein immenser Vorteil für viele Anwendungen. Das Beste ist: Es verbrennt bloß zu Wasser und Stickstoff, es bildet sich kein CO_2. Stickstoff-Nebenprodukte wie NOx und N_2O können durch Katalysatoren vermieden werden. Es lässt sich mit nur 15 % Energieverlust aus Wasserstoff herstellen.

Ammoniak ist jedoch giftig und bei hoher Dosierung potenziell tödlich. Es verflüchtigt sich zwar schnell, aber wenn es in Gewässer kommt, richtet es aufgrund seiner hohen Wasserlöslichkeit Umweltschäden an. Da schon kleine Mengen über Sensoren und auch den menschlichen Geruchssinn wahrgenommen werden, sind Ammoniakaustritte meist schnell erkennbar.

Ammoniakherstellung, -transport, -lagerung und -nutzung basieren auf ausgereiften Technologien, funktionierenden Lieferketten und einer etablierten Transportinfrastruktur. 70 % der weltweiten Düngemittel basieren auf Ammoniak bzw. dem verwandten Harnstoff. Jährlich werden etwa 200 Millionen Tonnen Ammoniak erzeugt, davon ca. 80 % für die Düngemittelindustrie. Damit steht die Ammoniakproduktion an zweiter Stelle der größten Wasserstoffverbraucher, direkt nach den Raffinerien.[126]

Ammoniak-Herstellungsanlagen sind groß und teuer: 3–5 Milliarden Euro Investitionskosten pro Anlage. In einer CO_2-neutralen Welt müssten 10–20 dieser Anlagen mit grünem Wasserstoff aus erneuerbarer Energie versorgt werden.

Die heutige Ammoniakproduktion baut jedoch fast ausschließlich auf fossile Rohstoffe, die mit Dampfreformation Wasserstoff erzeugen, der dann im Haber-Bosch-Verfahren zu Ammoniak umgesetzt wird. Ammoniak verursacht daher 1,4 % der globalen CO_2-Emissionen.

Andere Verfahren in Entwicklung beruhen auf Membrantechnologien mit Katalysatoren und Direktreaktion zu Ammoniak oder Membranreaktoren, die Elemente aus der Brennstoffzelle und dem Verbrennungsmotor kombinieren.

Für die Rückumwandlung werden Spaltreaktoren eingesetzt, um aus dem abgespalteten Wasserstoff in Brennstoffzellen wieder Strom herzustellen, für Schiffsantriebe oder stationäre Anwendungen.

Ein Beispiel dafür ist das norwegische Versorgungsschiff »Viking Energy« mit einer Zwei-Megawatt-Brennstoffzelle, das ab 2024 emissionsfrei unterwegs sein soll.[127]

METHANOL

Methanol (CH_4O) ist ein flüssiger Brennstoff, ähnlich wie Benzin. Die hohen Kosten sowie die ungeklärte Herkunft des kreislaufneutralen CO_2 verhindern die weitere Verbreitung als Energieträger. Es hat beispielsweise keinen Sinn, CO_2 aus Methanverbrennung abzuscheiden und daraus Methanol herzustellen. Dafür wäre ein Vielfaches des Stroms notwendig, den man aus der Erdgasverbrennung erzeugen könnte.

Fraunhofer IMM hat im März 2022 bekannt gegeben, einen neuartigen Methanol-Reformer entwickelt zu haben, der in der Lage ist, mit einem sehr hohen Wirkungsgrad Wasserstoff aus dem Methanol abzuspalten und sich daher für mobile Anwendungen eignet, um in Kombination mit Brennstoffzellen beispielsweise Schwerfahrzeuge, Schiffe und Züge anzutreiben. Methanol ist mit einer Jahresproduktion von etwa 140 Millionen metrischen Tonnen eine der meisthergestellten organischen Chemikalien.

Vorstellbar ist, dass bis 2050 ein großer Teil des in der Chemieindustrie eingesetzten Methanols aus grünem Wasserstoff bzw. aus Biomasse hergestellt wird. Denkbar ist auch, Methanol als Energiespeicher für sehr große Energiemengen zu verwenden.

ENERGIESPEICHER

DIE BEDEUTUNG DER SPEICHER
FÜR DIE ENERGIEWENDE

Speicher sind das am meisten unterschätzte Thema der Energiewende.

Strom »selbst« hat keine Energie[128], Strom transportiert Energie. Stellen Sie sich den Strom vor wie ein Seil: Wenn Sie daran ziehen, dann können Sie damit Energie übertragen, nämlich einen Gegenstand ziehen. Im Seil selbst können Sie jedoch keine Energie speichern. Auch Strom kann nicht »als Strom« gespeichert werden.[129] Er muss im Moment seiner Erzeugung auch schon wieder verbraucht und in eine Energieform umgewandelt werden: etwa Bewegungsenergie, chemische Energie oder Wärme.

Je nach Art des Speichers, der Geschwindigkeit der Umwandlung, der Dauer der Speicherung und der Art der Umwandlung ergeben sich dabei Wirkungsgrade von weniger als 10 bis zu mehr als 90 %. Je geringer die Umwandlungs- und Speicherverluste und je niedriger die spezifischen Investitionskosten, desto wertvoller und besser der Speicher.

Die größten existierenden Energiespeicher sind Erdgas- und Wasserpumpspeicher, große Öltanklager sowie Kohlebunker. Je mehr erneuerbare Energie in Form von Wind- und Solarkraft in die Netze eingespeist wird, desto wichtiger werden große, leistungsfähige Speicher. Sie bilden das Rückgrat der Energiewende.

Heute – bei einem Anteil von 40–50 % fluktuierender Energie – sind Speicher für die Betreiber oft nicht besonders wirtschaftlich. Die Neuerrichtung von Speicherkapazitäten steht in Konkurrenz zur bestehenden, kurzfristig regelbaren Kraftwerkskapazität von Kohle-, Atom- und Gaskraftwerken, die noch ausreichend verfügbar ist. Sie rechnet sich daher wirtschaftlich nur in Ausnahmefällen. Speicher werden auch von der Energiebesteuerung meist nicht besonders gut behandelt.

Langzeitspeicher

In einer Welt der erfolgreichen Energiewende jedoch wird der Strom fast ausschließlich aus den fluktuierenden Energieerzeugern kommen. Wenn diese keinen Strom liefern, muss die Versorgung trotzdem gesichert werden. Dies kann über die Primärenergieträger Kohle, Atomkraft oder Erdgas erfolgen. Will man aber langfristig CO_2-frei werden, benötigt man Langzeitspeicher, die aus heutiger Sicht Wasserstoffspeicher oder wasserstoffbasierte Brennstoffe sind.

In dieser Welt der erfolgreichen Energiewende braucht man zusätzlich viel Stand-by-Kraftwerkskapazität und Speicher.

Je mehr Erneuerbare zugebaut werden, desto weniger kann der kalorische Kraftwerkspark die Schwankungen ausgleichen. Große Energiespeicher werden daher unabdingbar. Sollten die Speicher nicht errichtet werden, bringt der weitere Zubau von erneuerbaren Energien fast nichts mehr, weder für CO_2-Emissionen noch für den tatsächlichen Anteil erneuerbaren Stroms im Energienetz. Ohne ausreichend große Speicher ergibt sich ein Kipppunkt, ab dem der weitere Zubau erneuerbarer Energien kontraproduktiv ist (Ressourceneinsatz, Kosten, CO_2-Emissionen).

Kurz- und Mittelfristspeicher

Um kurzfristige sowie Tag-Nacht-Schwankungen ausgleichen zu können, erfordert die Energiewende leistungsstarke Kurz- und Mittelfristspeicher.

Wärmespeicher

Wärmespeicher spielen künftig bei städtischen Fernwärmesystemen, Industriespeichern und Haushalten eine wichtige Rolle. Sie werden ein wesentlicher Teil der Wärmewende und der Sektorenkopplung sein. Sie ermöglichen damit eine zeitliche Entkopplung von Erzeugung und Verbrauch über mehrere Stunden und Tage.

ANFORDERUNGEN AN SPEICHERSYSTEME

Speicher sollen möglichst viel Energie speichern können, über die Zeit wenig Energie verlieren, beim Be- und Entladen möglichst wenig Energie verlieren (hoher Wirkungsgrad), sich schnell be- und entladen lassen, preisgünstig sein (Investitions- und Betriebskosten), lange halten, im Betrieb kein CO_2 produzieren, klein und leicht sein (Leistungsdichte), möglichst ungefährlich sein, keine seltenen Rohstoffe erfordern, zu 100 % wiederverwertbar sein und vieles mehr.

In dieser Kombination gibt es das leider nicht. Daher muss man die richtigen Speicher für die richtigen Anwendungsfälle auswählen. Eine zukünftige Speicherstruktur könnte daher etwa so aussehen:

- Für sehr kurzfristige Schwankungen (Sekunden, Minuten): Batterien, Schwungmassenspeicher, Spulen, Kondensatoren
- Für kurzfristige Schwankungen (Stunden, Tag/Nacht): Batterien, Pumpspeicherkraftwerke, Redox-Flow-Batterien, Druckluftspeicher, Biomasse + Biogas
- Für mittelfristige Schwankungen (Tag/Nacht/Woche): Pumpspeicherkraftwerke und Gasspeicher, Biomasse + Biogas
- Für langfristige Schwankungen (Wochen/Monate/saisonal): Gasspeicher (Erdgas, Wasserstoff)
- Als Notfallreserve und in der Übergangszeit bis 2050: Erdgas, Erdöl, E-Fuels, Ammoniak, E-Gas
- Für Wärme: große Wasserspeicher als Tanks oder Becken, unterirdische Poren-Wärmespeicher (Aquifere), Salzspeicher

VERGLEICH DER SPEICHERTECHNOLOGIEN

Die folgende Grafik vergleicht die Speichertechnologien hinsichtlich ihrer Größe und ihres Wirkungsgrades.

Grafik 16: Vergleich der Speichertechnologien

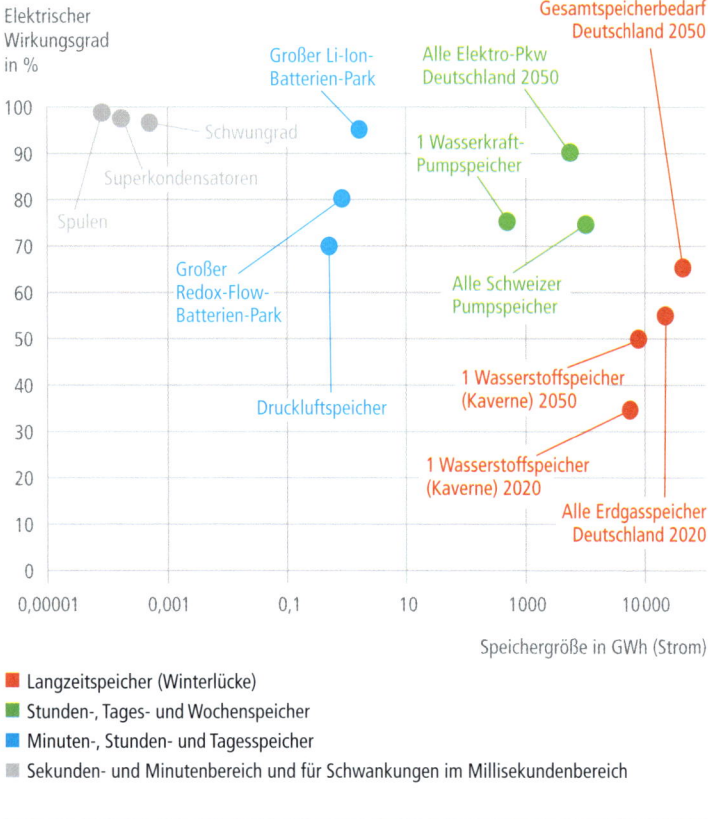

Die Speichergrößen-Skala ist logarithmisch. Das heißt, dass jeder Teil-strich eine Verhundertfachung der Speichergröße bedeutet. Die ange-gebenen Wirkungsgrade zeigen den Systemwirkungsgrad von Um-wandlung in das Speichermedium bis zur Rückumwandlung in Strom.

Aus der Darstellung wird ersichtlich, dass es keine **sehr gro-ßen** Speicher mit **sehr hohem** Wirkungsgrad gibt. Das ist die traurige Nachricht zur Energiewende. Die »eierlegende Wollmilchsau« existiert nicht. Man muss Kompromisse eingehen. Eine gute Kombination stellen Pumpspeicherkraftwerke dar, doch für die Winterlücke sind sie zu klein. Außer gasförmigen und flüssigen Brennstoffen gibt es keine bekannten Technologien, die dafür ausreichend skalierbar sind. Die einzigen CO_2-freien Brennstoffe sind Wasserstoff oder manche wasserstoffbasierten Brennstoffe.

Pumpspeicherkraftwerke

Speicherwasserkraftwerke, die in künstlichen Gebirgsseen Wasser sammeln, bieten zwei Vorteile: Erstens ist ihre Leistungsausbeute aufgrund der großen Fallhöhe sehr groß, und zweitens eignen sie sich zum Ausgleich von Lastschwankungen. Pumpspeicher nutzen Strom, um Wasser bergauf zu pumpen. Wird Strom gebraucht, fließt das Wasser wieder nach unten und treibt einen Generator an.

Pumpspeicherkraftwerke haben hervorragende technische Eigenschaften, wie gute Wirkungsgrade und Regelbarkeit, kurzfristiges Hochstarten, Schwarzstartfähigkeit[130], große Speichervolumen, kurzfristige Aufnahme oder Abgabe von Leistung, keine Alterung. Sie eignen sich daher technisch als Kurz-, Mittel- und Langfristspeicher.

Wirtschaftlich sieht die Sache anders aus. Hier ist der Einsatz als Mittel- oder Kurzfristspeicher gegenüber dem Einsatz als Langzeitspeicher deutlich vorteilhafter, da der Pumpspeicher nur dann »Geld verdient«, wenn er »arbeitet«, und nicht, wenn er ein halbes Jahr steht.

Die Gesamt-Pumpspeicherkraftwerkskapazität beträgt

- in der Schweiz etwa 9 TWh,
- in Österreich etwa 3 TWh,
- in Deutschland etwa 0,04 TWh
  (zum Vergleich: Jahresstrombedarf D: 500 TWh).

Weitere Ausbaupotenziale sind in den Alpen aus Naturschutzgründen und wegen des öffentlichen Widerstandes begrenzt und beschränken sich vornehmlich auf Modernisierungsinvestitionen. Ausbaupotenzial besteht noch in Skandinavien. Insbesondere Norwegen könnte eine wichtige Rolle bei der Stromspeicherung in Europa spielen, wenn leistungsfähige, verlustarme Stromleitungen verlegt werden, und hat ein Speicherpotenzial, mit dem ein großer Teil des deutschen Speicherbedarfes abdeckbar wäre.

Beispiele für Pumpspeicherkraftwerke

– Größtes in Österreich: Maltakraftwerk 0,5 Terawattstunden, das entspricht etwa 1 % des österreichischen Jahresverbrauches. Gesamtwirkungsgrad Pump- und Turbinenbetrieb 75–80 %. Leistungsdifferenz zwischen Pump- und Turbinenbetrieb = 1,3 Gigawatt = 12 % der österreichischen Lastspitze.

Es gibt diverse Sonderformen und Ideen für Pumpspeicher und Speicher, die die Lageenergie nutzen. Diese sind zwar innovativ, aber energetisch nahezu irrelevant:

– Etwa der Kugelpumpspeicher[131]: Eine im Meer versenkte, abwechselnd mit Luft oder mit Wasser gefüllte Beton-Hohlkugel, deren Wasser-Lageenergie in Strom umgewandelt wird.
– Verschiedene andere Konzepte[132] wie Speicherung von Strom mithilfe eines Krans[133], der 35 Tonnen schwere Betonblöcke 40 Meter in die Luft hebt und beim Absenken die Lageenergie in Strom rückumwandelt, angeblich 1 Megawatt für 30 Sekunden[134], das wären 8,3 Kilowattstunden, also etwa ein Zehntel eines Tesla-Pkw-Akku-Inhaltes in einer Krankonstruktion, die wahrscheinlich das 100-Fache eines Pkw-Akkus kostet.

Gasspeicher

Große Gasspeicher sind meist geologische Formationen, in die das Gas hineingepumpt und von dort wieder entnommen werden kann.

Die Speicherkapazität der Gasspeicher[135] in der EU betrug 2019 etwa 1100 Terawattstunden, das entspricht etwa 110 Milliarden Kubikmetern. Anschaulicher wird es, wenn man es dem durchschnittlichen Gasverbrauch gegenüberstellt, dann ergeben sich rechnerisch etwa 2,5 Monate Speichervolumen. Sind diese, wie zu Beginn des russisch-ukrainischen Krieges, nur zu 20–40 % gefüllt, so bilden sie eine Reserve für 2–4 Wochen. Von einer strategischen Reserve ist man hier weit entfernt.

Grafik 17: Europäische Erdgasspeicher-Kapazitäten

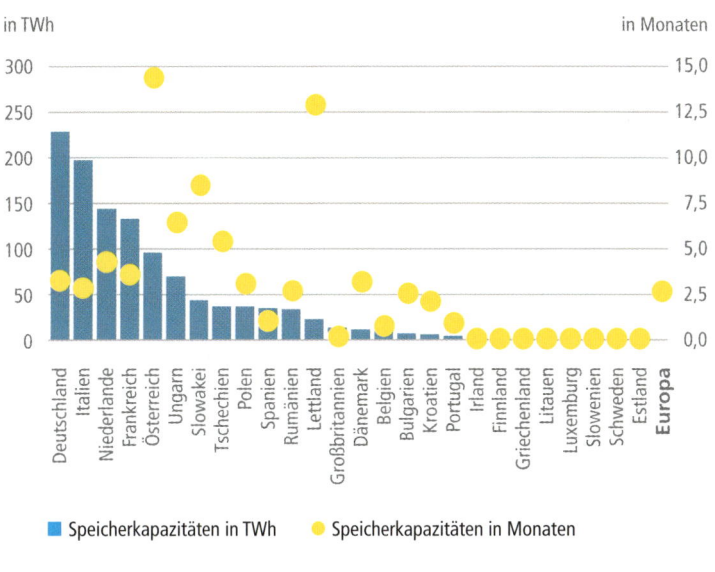

Speicherkapazitäten in TWh
Speicherkapazitäten in Monaten

Länder an den Gastransitrouten wie Ungarn, Tschechien und Österreich haben im Verhältnis höhere Gasspeichervolumina, doch diese sind oftmals nicht in ihrer Verfügungsgewalt. Österreich kann nur auf etwa 50 % der Speicher für den inländischen Bedarf zugreifen, der größte Speicher war bis vor Kurzem in russischem Besitz und für den deutschen Markt bestimmt.

Bis 2021 wurden in einem Normaljahr etwa 40–60 % des Arbeitsspeichervolumens der europäischen Gasspeicher zum Ausgleich der Sommer-Winter-Schwankungen genutzt. Dazu wird der durchschnittliche Verbrauch von 1–1,5 Monaten vom Winter in den Sommer verschoben bzw. im Winter aus den Speichern entnommen. Das änderte sich während der Energiekrise 2022/23.

Sollten die Gasspeicher langfristig zu Wasserstoffspeichern umgerüstet werden, wäre das eine gute Basis für den – CO_2-freien – Ausgleich der volatilen Wind- und Solarstromerzeugung. RAG[136] und andere haben dazu umfangreiche Tests durchgeführt[137] und sind zu dem Schluss gekommen, dass sich nahezu jeder große europäische Erdgasspeicher zur Umwandlung in einen für Wasserstoff eignet. Die negativen Effekte lassen sich beherrschen.

Wasserstoff als Stromspeicher: Speicherverluste

Leider gibt es keine Speicher ohne Verluste. Bei Wasserstoffspeichern treten, soweit man das bisher anhand der geringen Betriebserfahrungen überhaupt sagen kann, folgende Verluste auf:

- Durch die Verdichtung entsteht ein Verlust in Form von Abwärme.
- Weitere Verluste entstehen durch Bakterien in der Lagerstätte sowie durch Reaktionen mit Eisen, Kalzit, Sulfatreduktion, abhängig auch von der Speicherdauer.
- Bei der Erstbefüllung verliert man etwa einen Teil der Befüllmenge in das umliegende Gestein, dieser Verlust wird aber nach und nach immer kleiner.

Betrachtet man den Gesamtzyklus von der Wasserstofferzeugung über den Transport, die Speicherung bis zur Rückumwandlung in Strom, liegt der Systemwirkungsgrad heute bei etwa 30 %. Bis 2050 besteht die Chance, nahe an 50 % heranzukommen.

Mit diesem Systemwirkungsgrad und reduzierten Investitionskosten wäre die Energiespeicherung für die Residual-/Winterlücke keine große Schwierigkeit mehr, auch diverse sonstige Schwankungen im Mehrtages- und Wochenbereich ließen sich dann gut bewältigen.

Ein Teil der Umwandlungsverluste würde im Winter als Wärme anfallen und könnte damit in Fernwärmenetzen oder in der Industrie genutzt werden, womit sich der Systemwirkungsgrad noch weiter erhöht.

Grafik 18: Speicherung von Strom durch Umwandlung in Wasserstoff und Rückumwandlung
Wirkungsgrad der gesamten Umwandlungskette

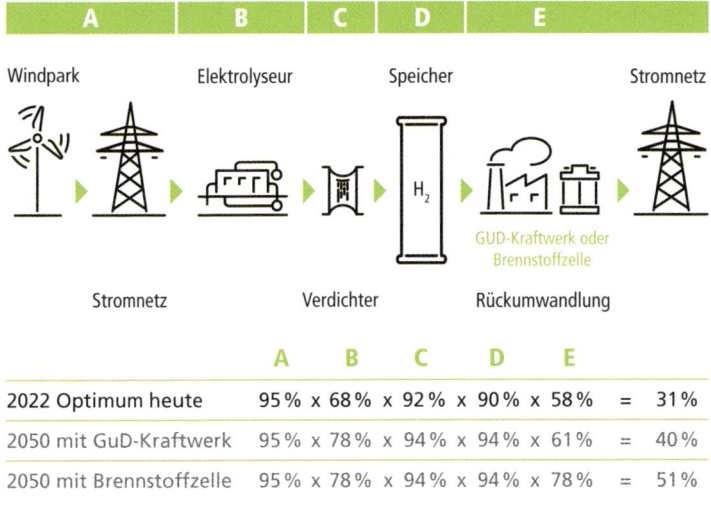

	A	B	C	D	E		
2022 Optimum heute	95 %	x 68 %	x 92 %	x 90 %	x 58 %	=	31 %
2050 mit GuD-Kraftwerk	95 %	x 78 %	x 94 %	x 94 %	x 61 %	=	40 %
2050 mit Brennstoffzelle	95 %	x 78 %	x 94 %	x 94 %	x 78 %	=	51 %

Batterien (Akkumulatoren)

Batterien werden im Kapitel 5 »Energiewende« – »Mobilitätswende« ausführlich erklärt. Der Fortschritt in der Entwicklung von Batterien wird hauptsächlich durch die Autoindustrie bestimmt. Profitieren werden davon Sektoren wie Photovoltaik (Tag-Nacht-Speicher) und auch Kurzfristspeicher in der Energiewirtschaft und Industrie.

Netzbooster helfen für kurzfristigen Ausgleichsbedarf. Das sind große Batteriespeicher (wie Kupferzell in Baden-Württemberg mit 250 Megawatt für eine Stunde um 200 Millionen Euro) zur Primärleistungsregelung. Sie können im Millisekunden-Bereich agieren und die Netzstabilisierungskosten vermindern.

Redox-Flow-Speicher

Redox-Flow-Speicher speichern Strom elektrochemisch, wie eine große Batterie. Die zwei energiespeichernden Elektrolyte befinden sich dabei in getrennten, beliebig groß dimensionierbaren Behältern. In einer galvanischen Zelle geschieht der Ionenaustausch und damit die Stromerzeugung. Die Energiespeichergröße (kWh) und die Energieleistung (kW) können damit weitgehend getrennt voneinander betrachtet werden, da die Speichergröße nur durch das Volumen des Speichertanks der Vanadiumlösung bestimmt wird. Der Preis von Redox-Flow ist relativ hoch und die Energiedichte geringer als jene von Lithium-Ionen-Batterien. Die größte Redox-Flow-Batterie sollte in China (Dailan) 2022 in Betrieb gehen.[138] Der Speicher hat 0,8 Gigawattstunden Kapazität und kann in etwa vier Stunden mit 200 Megawatt entladen werden. Es gibt auch Konzepte, bei denen ein Teil der Energie in Feststoffen gespeichert wird und die als »Organic-Solid-Flow-Batterien«[139] bezeichnet werden.

Redox-Flow-Batterien haben mehrere Vorteile gegenüber den anderen angeführten Technologien: kein Kapazitätsverlust auch nach Tausenden Ladezyklen, die Speicherkapazität ist einfach zu vergrößern, sie sind schwer entflammbar, sie brauchen wenige seltene Materialien und sind damit gut geeignet für stationäre Anwendungen. Ungeeignet sind sie für Mobilitätsanwendungen.

Druckluftspeicher

In Druckluftspeicherkraftwerken (Compressed Air Energy Storage – CAES) wird Luft in Kavernen gedrückt. Im Bedarfsfall entweicht die Luft wieder, wobei der Luftdruck eine Turbine mit Generator antreibt. Es gibt wenige aktive Druckluftspeicherkraftwerke relevanter Größe, etwa Huntorf (D) und McIntosh (Alabama/USA). Die Speichermengen betragen lediglich 0,4–2,8 Gigawattstunden, also weniger als ein Hundertstel des größten österreichischen Pumpspeicherkraftwerks. Die Speicher ersetzen jedoch nur einen Teil der eingesetzten Gasturbine (den Verdichter) und sind damit im Gesamtkonzept keine CO_2-neutrale Technologie. Eine chinesische Anlage verwendet einen adiabatischen Druckluftspeicher mit einem Salz-Wärmespeicher, um den Speicherwirkungsgrad von 50 auf etwa 70 % zu steigern.

Die Anlagen werden zum täglichen Be- und Entladen eingesetzt – zum Beispiel in Kombination mit Photovoltaik. Als Langzeitspeicher ist die Technologie zu teuer, als Tag-Nacht-Speicher aber preisgünstiger als Batteriespeicher.

Schwungradspeicher
Schwungräder werden über einen Motor angetrieben, um Energie aufzunehmen und wieder abzugeben. Für die kurzfristige Netzstabilisierung eignen sich diese Aggregate gut. Vorteilhaft ist die sehr hohe Zyklenzahl infolge nur sehr geringer Abnutzung im Betrieb. Sie werden mehr und mehr durch Batterien ersetzt.

Auch die rotierende Masse aller in Betrieb befindlichen Kraftwerksgeneratoren und Turbinen sind Schwungradspeicher, die verhindern, dass kurzfristige Lastveränderungen im Stromnetz sofort zu einer starken Veränderung der Stromnetzfrequenz (= Veränderung der Drehzahl aller Generatoren) führen.

Wärmespeicher
Wärmespeicherung ist deshalb besonders wichtig, weil damit eine zeitliche Verschiebung von Erzeugung zu Verbrauch erzielt werden kann. Wärme ist über Stunden und Tage gut speicherbar, über lange Zeiträume geht jedoch viel Energie verloren.

Kurzfristige Wärmespeicher finden sich in vielen Heizungsanlagen und Fernwärmenetzen. Meist bestehen sie aus einem großen Wasserbehälter oder -reservoir. In Dänemark gibt es Speicherseen mit bis zu 200 000 Kubikmetern für langfristige Speicherung.

Durch die fluktuierende Energieerzeugung der Erneuerbaren wird der Bedarf nach Wärmespeichern zukünftig deutlich steigen und helfen, Primärenergie und Kosten zu sparen.

Sonstige Wärmespeicher sind beispielsweise:

- Beton, keramische oder metallische Verbindungen
- Speicher für Latentwärme auf Salz- oder Ölbasis, die für solarthermische Anwendungen und hohe Temperaturen (200 °C) eingesetzt werden können
- Thermochemische Speicher

ÖL, KOHLE, BIOMASSE- SEKTORENKOPPLUNG

»Sektorenkopplung« bedeutet die intelligente Vernetzung verschiedener Energietransportmedien wie des Stromsektors mit dem Wärme-, Kälte-, Gas- oder dem Mobilitätssektor.

Die Kernaspekte »intelligenter« Sektorenkupplung sind

– die Umwandlung von einer Energieform in eine andere,
– die Zwischenspeicherung in einer anderen Energieform,
– die zeitliche Entkopplung von Energieerzeugung und Energieverwendung.

Bisher verstand man unter Sektorenkopplung vor allem die traditionelle Kraft-Wärme-Kopplung, bei der die Abwärme der Stromerzeugung genutzt wird, um industrielle Wärme oder Heizwärme zu erzeugen. Damit lässt sich der Wirkungsgrad der Stromerzeugung von 40–60 % auf einen Brennstoffnutzungsgrad von über 90 % steigern.

Mit der Dekarbonisierung werden diese Anwendungen auf lange Sicht obsolet. Sie reduzieren zwar CO_2 gegenüber der getrennten Herstellung von Strom und Wärme, aber sie können nie CO_2-frei werden. Im neuen Energiesystem der Energiewende ist Wärmeerzeugung mit Strom ein Teil dieser Zukunft: Wärmepumpen, die Erd- oder Umgebungswärme auf ein höheres Temperaturniveau transformieren. Um den Verbrauch an die Zeiten der besten Energieverfügbarkeit anzupassen, ist auch hier der Einsatz möglichst groß dimensionierter Speicher, nämlich von Wärmespeichern, »aktivierten« Gebäudebauteilen sowie Tag-Nacht-Batteriespeichern, sinnvoll.

Im Zuge der Wärmewende soll der Anteil von nur 15 %[140]erneuerbarer Energie bei der Wärmeerzeugung auf 100 % steigen, vor allem mit Wärmepumpen, Biomasse und Geothermie.

Auch »Power to Gas«, also die Herstellung von Wasserstoff über Elektrolyse und Einspeisung in ein Gasnetz bzw. in -speicher, fällt in den Bereich der Sektorenkopplung, ebenso die Elektrifizierung des Mobilitätssektors, vor allem dann, wenn es auch eine Rückspeisung von Strom aus den E-Auto-Batterien ins Stromnetz gibt.

»SMARTE« TECHNOLOGIEN

Dieser Begriff beschreibt Systeme, die durch eine Vernetzung von Geräten, Sensoren und die intelligente Auswertung von Daten bessere Ergebnisse erzielen sollen als nicht vernetzte. Manche davon werden bleiben, einige nur Schlagworte sein. Gemeinsam ist allen, dass sie das Potenzial haben, den Energieeinsatz zu optimieren und damit Energie einzusparen.

Beispiele sind:

- Smart Homes und Smart Lighting, also die vernetzte Steuerung aller Geräte in einem Wohnhaus, vor allem um Energie zu sparen
- Smart Cities, die vernetzte Steuerung vieler verschiedener Bereiche einer Stadt, die sich von Energiethemen über Mobilität bis hin zu städtebaulichen Themen erstrecken können
- Smart Farming, also eine digitalisierte Landwirtschaft, die von Pflanzung, Düngung, Vegetationsmonitoring bis zur Ernte (unter Einbeziehung jeweils aktueller meteorologischer Daten, dem optimalen Maschineneinsatz und der Überwachung der Tiergesundheit) den kompletten Zyklus und Arbeitsablauf steuert und optimiert. Darunter fällt auch Indoor Farming in mehrstöckigen Plantagen.
- Smart Traffic, wo Verkehrsflüsse vom Fußgänger bis zum Pkw und zum öffentlichen Verkehrsmittel optimiert werden
- Smart Metering, also Stromzähler, die einen optimierten Energieeinsatz sowie zeit- und bedarfsabhängige Steuerungen und Tarife ermöglichen könnten, und gleichartig aufgebaute smarte Steckdosen und »intelligente« Verbraucher
- Smart Factories, bei denen die vernetzten Geräte viele Optimierungsaufgaben selbsttätig übernehmen
- Smarte Ladestationen für E-Autos, die dann laden, wenn viel Strom verfügbar ist, und dann zurückspeisen, wenn Strom im Netz benötigt wird.
- Virtuelle Kraftwerke, die »intelligente« virtuelle Zusammenschaltung vieler kleiner Verbraucher und Erzeuger zu einem gemeinsamen »Kraftwerk«

ENERGIENETZE

HERAUSFORDERUNGEN

Die Energie-, Wärme- und Mobilitätswende sowie die damit verbundene Elektrifizierung schaffen zusätzliche Herausforderungen für die Netze. Die Einspeisung aus Wind und Sonne, abschätzig »Flatterstrom« genannt, schwankt viel mehr als jene der bisherigen Erzeuger Kohle und Gas. Die Übertragungslängen vom Erzeuger zu den Verbrauchern werden größer, da die Windenergie im Norden produziert wird und die Verbraucher im Süden stehen. Der Stromverbrauch verdoppelt sich innerhalb der nächsten 30 Jahre. Energienetze sind damit ein substanzieller Baustein der Energie-, Wärme- und Mobilitätswende, insbesondere die Stromnetze.

Jeder Energieengpass und jede Instabilität kann das Netz ins »Stolpern« bringen und potenziell zu großflächigen Abschaltungen führen, sollten keine Reserve-Übertragungskapazitäten zur Verfügung stehen und keine Netz-Topologie-Anpassungen in den Schaltanlagen genutzt werden können.

Verstärkte Eingriffe bei Verbrauchern und Erzeugern werden erforderlich, um die Netze kurz- und mittelfristig stabilisieren zu können.

Ein elektrisches Versorgungsnetz stabil zu halten, ähnelt ein wenig dem Kunststück eines Jongleurs, der zahlreiche Bälle ständig in kurzer Zeit abfangen und wieder hochwerfen muss. Die Bälle sind die Energieerzeuger und -verbraucher, seine Hände sind die Schwungmassen im Netz. Kommt er auch nur kurz aus dem Takt, so gerät das dynamische Gleichgewicht durcheinander: Alle Kugeln fallen zu Boden – die Netzfrequenz fällt also aus dem zulässigen Rahmen und wird unkontrollierbar, das Netz bricht zusammen.

AUSBAU DER STROMNETZE

Für die Netzplanung und den -ausbau ist vor allem die maximal auftretende Leistung und nicht die im Jahr erzeugte Energiemenge entscheidend. Wenn man bedenkt, dass die Windenergie nur etwa ein Drittel Volllaststunden hat (knapp 3000 Stunden jährlich, Photovoltaik noch weniger, nämlich 1000 Stunden pro Jahr), so folgt daraus bei komplettem Umstieg auf Erneuerbare eine deutliche Vergrößerung der Kapazität der Versorgungsnetze, selbst bei gleichem Jahresstrombedarf. Berücksichtigt man zusätzlich, dass bei einer weitgehenden Elektrifizierung der Abnehmer sich der Strombedarf verdoppelt, bekommt man eine Vorstellung, wie groß die Herausforderung ist. Dezentralisierung, »Demand Side Management« und eine großräumige Vernetzung der erneuerbaren Stromerzeuger über Wetter- und Ländergrenzen helfen dabei.

Besonders geeignet für die Stromlieferung über lange Strecken ist Hochspannungs-Gleichstrom-Übertragung (HGÜ), welche im Vergleich zu konventionellen Wechselstromleitungen deutlich ärmer an Übertragungsverlusten ist. In Europa sind HGÜ-Leitungen bisher vor allem für Unterseeverbindungen sowie bei der Anbindung von Offshore-Windparks im Einsatz. Dazu kommen noch technische Herausforderungen wie Netzengpassmanagement, sinkende Schwungmasse der Generatoren, fehlende Blindleistungskompensation und sinkende Kurzschlussstromfähigkeit der Netze, ebenso Equipment wie statische Phasenschieber, mehr künstliche Intelligenz zur besseren Netzfehlererkennung, bessere Netzmodelle und Blindleistungsprognosen, schließlich eine Anpassung der Einspeiseanforderungen für dezentrale Erzeuger.

Auf Verbraucherseite benötigen die Netze Smartmeters, Steuerungen von Smart Micro Grids und Flexibilitätsmanagement bei industriellen Abnehmern. Es gibt hier einen Konflikt zwischen Sicherheit (Cybersecurity) und optimaler Energienutzung, der nicht ganz einfach aufzulösen sein wird.

 Die Stromnetze halten nicht mehr Erneuerbare aus.

 Noch im Jahr 2000 wurde an den Universitäten gelehrt, dass die Stromnetze bei einem weiteren Ausbau der Erneuerbaren zusammenbrechen würden. Damals gab es 10 % Anteil in Deutschland, heute 45 %.

Nichts ist zusammengebrochen, es gibt immer noch Reservekapazitäten. Aber: die Stromnetze von 2040–2050 erfordern, wenn es keine kalorischen Erzeuger mehr gibt, deutlich mehr als die doppelte Kapazität von heute.

Und selbst das rcicht nur dann, wenn die Erzeuger und Abnehmer schon einen Teil des Lastmanagements übernehmen. Das betrifft nicht nur die Hochspannungsnetze, sondern – aufgrund der zunehmenden Elektrifizierung – alle Netze, hinunter bis zu den Haushaltsanschlüssen.

Solange die Netze unterirdisch ausgebaut werden können, gibt es wenig öffentlichen Widerstand. Viel größer ist der Widerstand aber bei den neuen Hauptschlagadern der Energiewende, den Hochspannungsverbindungen von den Küsten zu den Industriezentren.

»Südlink«, zwei 525-kV-Hochspannungsgleichstrom-Übertragungskorridore von der Nordseeküste nach Bayern und Baden-Württemberg, sollte ursprünglich 2026 fertiggestellt werden. Nun rechnet man mit 2028 oder später. 2013 wurde der »vordringliche Bedarf« gesetzlich festgelegt. Beim heutigen Ausbautempo wäre die Fertigstellung erst 2045 in Sicht.

Die Südlink-Trassen werden als Erdkabel geplant. Es wird von Kosten von etwa 10 statt 3 Milliarden Euro für Freileitungen ausgegangen. Bei einer gesamten Südlink-Trassenlänge von etwa 1260 Kilometern sind das etwa 8 Millionen Euro pro Kilometer. Das liegt in der Größenordnung der Kosten der Errichtung eines Autobahnkilometers.

Die Übertragungsleistung soll nur 4 Gigawatt (2 pro Korridor) betragen, das ist knapp mehr als die Leistung der drei Atomkraftwerke Isar 2, Emsland und Neckarwestheim zusammen. Den Zusatzbedarf der Energiewende können diese Leitungen jedoch bei Weitem nicht erfüllen.

Erdkabel verursachen geringeren öffentlichen Widerstand. Sie weisen jedoch höhere Verluste auf, sind wesentlich teurer in der Errichtung und im Betrieb und haben geringe Überlastungsreserven. Es gibt noch wenig Betriebserfahrungen mit derartigen Leitungen. Eine konventionelle »Erdverlegung« ist außerdem unüblich, der Bau eines Tunnels für Wartung und Wärmeabfuhr unerlässlich.

GASNETZE – ERDGAS UND WASSERSTOFF

Bei den europäischen Gasnetzen sind einige Lückenschlüsse erforderlich, etwa zwischen Spanien und Frankreich, oder neue Anbindungen zu LNG-Terminals. Grundsätzlich sind die Gasnetze gut ausgebaut. Außerdem müssen die neuen Versorger im Mittelmeer oder an der Nordsee besser angebunden werden.

Ansonsten liegt der Fokus auf den im Kapitel »Wasserstoff« beschriebenen Hydrogenrückgrat.

Teile der bestehenden Netze können genutzt oder umgerüstet, manche Teile müssen parallel aufgebaut werden. Über viele Jahre werden beide Netze aber parallel betrieben werden müssen, bis irgendwann das Wasserstoffnetz jenes von Erdgas komplett ablöst. Gas- und Wasserstoffnetze übertragen ein Vielfaches der Energiemenge, die Stromnetze transportieren können. Daher werden sie auch in Zukunft einen Teil des Energienetzrückgrats der europäischen Energieversorgung bilden.

WÄRME- UND KÄLTENETZE

Wärmenetze müssen ausgebaut werden, da Energiewende und Elektrifizierung nur in Kombination mit der Wärmewende sinnvoll sind. Dies betrifft insbesondere dicht besiedelte Gebiete und Industriezonen.

Auch wenn dieses Thema hier nur kurz behandelt wird, ist es wahrscheinlich eine der größten Aufgaben der zukünftigen Stadt- und Infrastrukturplanung, Rohrleitungen mit Durchmessern von einem Meter quer durch bestehende Städte zu verlegen, um die Wärme zu den vielen Verbrauchern zu bringen.

IT-NETZE UND CYBERSECURITY

Die IT-Infrastruktur muss erweitert werden, damit jeder Energieabnehmer auch in »intelligente« Netze eingebunden werden kann. Es braucht »smarte« Stromzähler und einen stark vernetzten »Datenraum«, um die für die Energiewende erforderlichen Innovationen bei Verbrauch und Erzeugung umzusetzen. Die Akzeptanz dafür zu schaffen und den Nutzen zu vermitteln, wird die nächste große Herausforderung werden.

Cybersecurity wird für die zukünftigen Stromnetze ein immer wichtigeres Thema werden, je mehr die Datenvernetzung voranschreitet. Aber auch sämtliche andere Infrastruktur ist einer stetigen Cyberbedrohung ausgesetzt: Hafenanlagen, Wasserversorgung, Gasnetze, Satelliten etc.

FLEXIBILISIERUNG DER ERZEUGER

Früher beruhte das Stromsystem primär auf zentraler Stromproduktion aus großen Kraftwerken. Das war langfristig gut plan- und steuerbar. Die Stromerzeugung folgte dem Stromverbrauch.

Die Kosten für die Stabilisierung der Netze (Dispatch-, Re-Dispatch- und Einspeisemanagement) sind in Deutschland von 2012 bis 2022 um das Vierfache gestiegen und werden weiter steigen. Um Kosten zu sparen, gehen Netzbetreiber oft an die Stabilitätsgrenzen der Netze.

Im Energiesystem des Jahres 2050, das vorwiegend aus Wind- und Solarstrom besteht, gibt es ein Problem der Flexibilität der Erzeuger. Erneuerbarer Strom wird abhängig vom Wetter produziert, und die Erzeugungsstandorte liegen dezentral, fernab von Verbrauchszentren. Neben den schon ausführlich beschriebenen Speichern und Reservekraftwerken gibt es auf der Erzeugerseite noch weitere Möglichkeiten. Einige der Maßnahmen sind hier nur beispielhaft angeführt:

Virtuelle Kraftwerke beschreiben die digitale Modellierung und Zusammenschaltung von verschiedenen Speicher- und Produktionskapazitäten, die räumlich verteilt sind. Also ein »virtuelles« Kraftwerk, bestehend aus vielen kleinen Einheiten, die über Software so gesteuert werden können wie ein großes. Das können etwa Batteriespeicher und Elektroautos sein, deren Speicherkapazität dazu genutzt wird, kurzfristig Stromabnahme oder -erzeugung zur Verfügung zu stellen, aber auch viele kleine Stromerzeuger der verschiedensten bereits in diesem Buch genannten Technologien. Üblicherweise setzt das ein gutes Energiebedarf-Vorhersagesystem voraus und damit gute Digitalisierung und künstliche Intelligenz.

Virtuelle und Dezentrale Kraftwerke werden am Energiemarkt der Zukunft, der sich aus den vielen kleinen Einspeise- und Abnahmestellen der erneuerbaren Energien ergibt, eine immer stärkere Rolle spielen. Der einzelne Haushalt mit seiner Photovoltaikanlage am Dach, dem Batterie- und dem Wärmespeicher im Keller wird für sich selbst nicht in der Lage sein, die Fahrweise optimal zu steuern. Hier werden sich Serviceanbieter entwickeln, die diese Steuerung für ihn übernehmen, im Rahmen der Rechte, die er dafür eingeräumt bekommt.

Jeder Haushalt kann dadurch zum Energiehändler werden. Leider schränken die Gesetze und die Einspeisebedingungen der Energiewirtschaft dies noch zu stark ein.

Biomasse, die bisher oft im Grundlastbetrieb verstromt wird, lässt sich gezielt zum Füllen von Bedarfslücken einsetzen.

Zusätzliche Flexibilität kann auch erzeugt werden, wenn man auch Erneuerbare verpflichtet, eine gewisse Regelleistung zurückzuhalten, um kurzfristige Schwankungen selbst ausgleichen zu können. Weil das zwar für die Netzstabilität sinnvoll ist, aber nicht aus energetischer Sicht, soll diese Regelreserve klein gehalten werden.

FLEXIBILISIERUNG DER VERBRAUCHER

Unter »Flexibilisierung« und »aktive Steuerung des Stromverbrauches« fallen Begriffe wie »Demand Side Management«, »Verbraucherflexibilisierung«, »Lastmanagement«. Es geht von geringen Eingriffen bis hin zur Fernbedienung von Verbrauchern. In extremen Fällen, wenn zu wenig Energie zur Verfügung steht, ist »Lastabwurf« von ganzen Versorgungsgebieten notwendig.

Die Flexibilisierung der Verbraucherseite stellt eine Möglichkeit dar, um kurzfristige Stromversorgungslücken zu verkleinern: Mit variablen Stromtarifen werden Anreize geschaffen, die Stromnachfrage von teuren Stunden, in denen Stromknappheit herrscht, in günstige zu verlegen, in denen reichlich Strom vorhanden ist. Dies ist nicht nur ökonomisch für die Verbraucher sinnvoll, sondern es wirkt sich auch positiv auf die Stabilität des gesamten Stromnetzes aus. Strom wird dann verbraucht, wenn er reichlich vorhanden und günstig ist – in stromarmen und daher teuren Zeiten, etwa während einer Dunkelflaute, reduzieren Stromverbraucher freiwillig und ökonomisch motiviert ihre Nachfrage.

Der Vorteil dieser Art der Flexibilisierung liegt in ihrer großen Energieeffizienz, da sie verlustfrei ist. Heute fehlen jedoch noch viele technischen Voraussetzungen, sowohl in der Industrie als auch bei den Endverbrauchern.

Voraussetzung für die meisten Maßnahmen sind intelligente Zähler und Ansteuermöglichkeiten der Verbraucher. Dies ist erstens technisch nicht trivial, erfordert teilweise Umbauten der elektrischen Versorgung, und es gibt eine grundsätzliche Skepsis hinsichtlich Überwachung und IT-Sicherheit der Konsumenten.

Besonders geeignet für verbraucherseitige Maßnahmen sind Bereiche aus der Sektorenkopplung, weil Wärme und Kälte in Gebäuden im Bereich der Gebäudeheizung über Stunden ohne große Auswirkungen gespeichert werden können. Das betrifft Warmwasserspeicher mit elektrischen Heizstäben, die Gebäudeklimatisierung zum Kühlen und zum Heizen, Wärmepumpen, elektrische Speicher und solche von Fernwärmesystemen.

In Haushalten gibt es dann noch »Großverbraucher«, die ebenfalls über Netzsignale sinnvoll ansteuerbar wären:

- Waschmaschinen, Trockner, Geschirrspüler
- Elektrofahrzeuge (zeitabhängig ansteuern), Entladen (Vehicle to Grid) – bisher können die Fahrzeuge das meist gar nicht
- Batteriespeichern der Solaranlagen

Bei Industriebetrieben könnte ebenfalls vom Netzbetreiber direkt angesteuert werden, oder wenn Betriebsführungs- oder IT-Sicherheitsbedenken dagegensprechen, der Industriebetrieb selbst in die Lage versetzt werden, auf Vorschläge zur Lastreduktion aktiv zu reagieren und selbst Abschaltungen vorzunehmen.

DEZENTRALISIERUNG

Dezentralisierung ist eine Voraussetzung für die erfolgreiche Energiewende. Sich darauf zu verlassen, dass der Strom von Windparks aus dem Norden und die Ausgleichsenergie von Wasserstofftransporten aus dem Süden kommt, ist zu wenig. Kleine Photovoltaikanlagen, Gemeinschafts-Windkraftwerke, lokale Biomassekraftwerke, Geothermie und viele weitere Technologien haben es möglich gemacht, dass jede Person, jedes Unternehmen und jede Kommune ihr/sein eigener Energieversorger werden kann.

Zentrale Versorgungsstrukturen bleiben in vielen Bereichen weiterhin erforderlich. Sie sorgen oftmals für einen effizienteren Ressourcen- und Energieeinsatz im Bereich der Energieerzeugung. Großanlagen haben bessere Wirkungsgrade gegenüber kleinen. Und sie erleichtern es auch, die Energieerzeuger und -netze zu regeln und zu steuern. Wichtig ist jedoch die Gesamtbetrachtung, das heißt

Primärenergieeinsatz, Umwandlung, Transport und Nutzung beim Verbraucher. Der dezentrale Energieerzeuger, das Windrad in windschwachen Regionen, kann selbst bei viel kleinerer Energieausbeute sinnvoller sein als der hocheffiziente Windpark 500 Kilometer entfernt.

Leider fehlt dafür heute oft das Verständnis, und so werden lokale Projekte blockiert, weil sie doch ohnehin zu wenig bringen würden. Auch bleiben die gesetzlichen Regelungen, die Dezentralisierung fördern sollen, und deren praktische Umsetzung weit hinter den Möglichkeiten zurück.

8.
ENERGIE-
PROGNOSEN

Deutschland, Österreich und die Schweiz geben in ihren Klimaplänen an, dass sie bis 2050 oder schon davor »klimaneutral« werden. Alle drei führen an, dass sie die Differenz zur eigenen Stromerzeugung während eigener Strommangellagen aus dem Ausland beziehen wollen. Das ist grundsätzlich noch nichts Schlechtes. Europäische Netze sind dafür da, Nachfrage und Angebot auszugleichen und dort zu produzieren, wo es am besten ist.

Der Haken an der Sache ist nur: In den genannten Ländern wird der Strommangel gleichzeitig auftreten, nämlich im Winter. Und das wird auch der Zeitraum sein, wenn europaweit eine Strommangellage besteht. Wer rechnet schon damit, dass auch die anderen im Winter Strom benötigen?

Die viel gepriesenen Importoptionen – Wasserstoff aus Südamerika oder Nordafrika – sind ungewiss, unwirtschaftlich oder nur in kleinem Maßstab realisierbar, Atomkraft und Kohle werden stillgelegt, Speicher und Reservekraftwerkstechnologien sind nicht sichtbar und der Ausbau der Erneuerbaren passiert zu langsam. Gleichzeitig steigt der Verbrauch.

 Deutschland, Österreich und die Schweiz werden bis 2045, 2040 oder 2050 CO$_2$-neutral sein.

 Nein, es ist aus heutiger Sicht vollkommen unrealistisch, dass eines der drei Länder dieses Ziel erreichen wird. Der Primärenergiebedarf jener Staaten wird zu etwa 70–80 % aus fossilen Energien gedeckt. Die Energieversorgung, -verteilung und -speicherung in weniger als 30 Jahren komplett umzustellen und Mobilität, Wärme und Produktion zu dekarbonisieren, ist höchst unwahrscheinlich.

Es ist viel wahrscheinlicher, dass die Energiewende nach Erreichung der wirtschaftlich verträglichen 70–80 % Treibhausgasreduktion einen Zwischenstopp einlegt. Die verbleibenden 20–30 % sind nämlich teuer und schwierig zu erreichen, die Technologien dafür noch nicht klar und der internationale Wettbewerbsnachteil so erheblich, dass ein signifikanter Wohlstandsverlust droht.

Alle drei Länder müssen

- mehr erneuerbare Erzeugungskapazität und Speicher errichten. Wie unten genauer ausgeführt wird, müssen die langfristigen Speicher eine Kapazität von etwa 15–20 % des Jahresstromverbrauches haben. Mittelfristspeicher erfordern zusätzlich etwa 1 % (das entspricht 3,5 Tagen) und Kurzfristspeicher vielleicht ein weiteres Zehntelprozent (das wären 9 Stunden).
- »grüne« Energieimportoptionen aufbauen.

Zusätzlich sollte es eine Notstandsreserve von 25–50 % des Jahresverbrauches geben. Wenn diese in Form von Erdgas gelagert wird, wäre das nicht besonders problematisch, da sie im Normalfall nie zur Anwendung kommt, solange die Wasserstoff-Speicherkapazitäten die jahreszeitlichen Schwankungen abdecken.

0,1 und 1 % für die Mittel- und Kurzzeitspeicher hören sich nicht nach viel an, sie sind aber extrem wichtig, weil sie möglichst verlustarm sein sollen, um die Kurzfrischschwankungen auszugleichen. Wenn man Batteriespeicher bauen will, die 0,1 % des deutschen Jahresstromverbrauches speichern sollen, dann entspräche das 20 Millionen vollgeladenen E-Autos oder 40 Millionen davon mit halbem Ladestand. Damit kann man den deutschen Stromverbrauch für neun Stunden decken. Mittelfristspeicher wie zum Beispiel Pumpspeicherwerke müssten die Versorgung für etwa vier Tage sicherstellen. Beides ist viel mehr als bisher.

Die genannten Werte unterscheiden sich von Land zu Land, hängen von der Struktur der Erneuerbaren ab (etwa Offshore-Windanteil), von der Verbrauchscharakteristik und vielen anderen Faktoren und ergeben sich letztlich als Ergebnis einer Kostenoptimierung. Auch Demand Side Management, die verbraucherseitige Lastanpassung, kann die erforderlichen Speicherkapazitäten reduzieren.

Je nach Erzeugungs- und Verbrauchscharakteristik müssen hocheffiziente Kurzzeitspeicher mit weniger effizienten Langzeitspeichern kombiniert werden. Speicher- und Umwandlungsverluste lassen sich für die Industrie- und Fernwärmeversorgung nutzen.

In den folgenden drei Länderbetrachtungen wird versucht, eine grobe, optimistische Abschätzung der Entwicklung bis 2050 vorzunehmen. Das Wirtschaftswachstum, das sich bei 1,5 % jährlich auf

50 % bis 2050 summiert, ist bei den nachfolgenden drei Länderprognosen noch gar nicht inkludiert.

Aber wie das mit Vorhersagen so ist: Die unerwartete Innovation wird natürlich nicht berücksichtigt.

2020–2050 DEUTSCHLAND

Deutschland ist **Nettostromexporteur**. Atomkraft und Erdgas machen jeweils etwas mehr als 10 % der Stromproduktion aus. Ein Entfall dieser Quellen ist kurzfristig nicht substituierbar.

Offshore-Windenergie ist die beste Ressource, die Deutschland für die Energiewende zur Verfügung hat. Um 250 Gigawatt Windkraft zu installieren, ist bei 8 Megawatt Ertrag pro Quadratkilometer eine Fläche von etwa 180 x 180 Kilometer erforderlich. Das entspricht etwa der Größe der kompletten Ausschließlichen Wirtschaftszone (AWZ) Deutschlands in der Nordsee. Ob die Erschließung jedoch technisch möglich und wirtschaftlich ist und auch noch gesellschaftlich akzeptiert wird, scheint zweifelhaft. Die Stiftung Offshore-Windenergie spricht im September 2021 von etwa 60–70 Gigawatt installierbarer Offshore-Leistung auf Basis des neuen Raumordnungsplans (ROP), wenn alle verfügbaren Möglichkeiten genutzt werden.

250 Gigawatt **Offshore-Windenergie** bedeuten **17 000 Windräder**, und zwar die größten derzeit verfügbaren.

Die Leistung der **Photovoltaik** müsste auf etwa 300 Gigawatt versechsfacht werden. Bei PV sieht man derzeit keine vergleichbaren Größeneffekte oder Wirkungsgradsteigerungen wie bei Windkraft: Die sechsfache Leistung würde etwa eine fünffache Fläche erfordern, sofern es nicht zu Technologie- und Wirkungsgradsprüngen bei der PV kommt.

Mit ca. 90 Kilowattstunden pro Quadratmeter und Jahr ergibt sich damit für 300 Terawattstunden ein Gesamtflächenbedarf von etwa 3300 Quadratkilometern (etwa die Größe des Saarlandes oder 1 % der Fläche Deutschlands, zum Vergleich: Alle Straßen zusammengerechnet benötigen etwa 2,2 %). Allein der Gebäudebestand ergibt (laut Karlsruhe Institute of Technology, KIT) ein wirtschaftlich nutzbares Potenzial von etwa 1500 Terawattstunden jährlich, dafür müsste nur ein Fünftel der Gebäudefläche genutzt werden. Diese Flächen sind zwar vorhanden, die politische und wirtschaftliche Durchsetzbarkeit ist jedoch mehr als fraglich.

Deutschland heute

Der deutsche Primärenergieeinsatz betrug 2021 etwa **3400 Terawatt-stunden (TWh),** weniger als 20 % davon kamen aus erneuerbaren Energieträgern. Knapp 30 % der Energie stammten aus dem Inland (Wind, PV, Kohle etc.).

Die Nettostromproduktion betrug 2021 etwa **500 TWh.**
Davon stammten etwa 225 TWh aus Erneuerbaren.
Das sind 45 % des Stromverbrauches.

Stromerzeugung Deutschland 2020: 55 % konventionell und 45 % erneuerbar

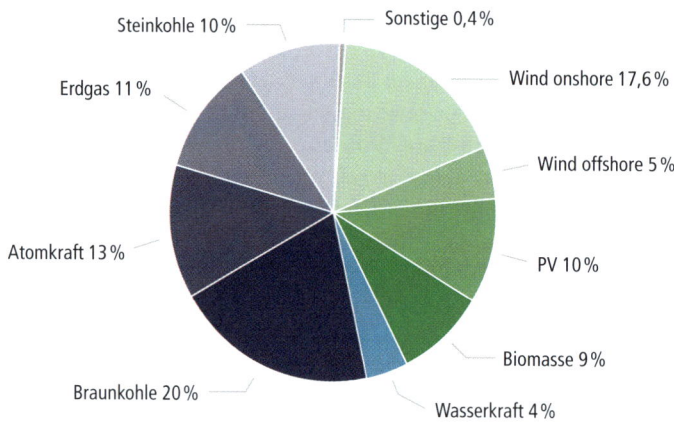

Steinkohle 10 %
Sonstige 0,4 %
Erdgas 11 %
Wind onshore 17,6 %
Wind offshore 5 %
Atomkraft 13 %
PV 10 %
Biomasse 9 %
Braunkohle 20 %
Wasserkraft 4 %

Offshore-Wind: 8 Gigawatt (GW)
Onshore-Wind: 56 GW
PV: 54 GW

Tabelle 6 *Energieprognose Deutschland 2050*

Deutschland 2050

Bis 2050 soll laut Umweltbundesamt der Primärenergiebedarf auf etwa **2000 TWh** reduziert werden, das bedeutet eine **Primärenergieeinsparung von 41 %.**

Optimistische Forschungsinstitute erwarten, dass sich die deutsche Nettostromproduktion nur auf 1000 TWh verdoppeln muss. Selbst unter Einrechnung der positivsten Prognosen ist das unrealistisch: Man muss einschließlich der Speicherverluste mindestens **1600 TWh** Strom erzeugen, um gemeinsam mit den sonstigen Erneuerbaren den deutschen Primärenergiebedarf abzudecken.

100 % Erneuerbare

Es ist eine
**Versiebenfachung des elektrischen Stroms
aus erneuerbaren Energieerzeugern**
erforderlich.

Offshore-Wind: 250 GW **(ca. Faktor 30)**
Onshore-Wind: 180 GW **(ca. Faktor 3,5)**
PV: 300 GW **(ca. Faktor 6)**
+ H_2-Speicher, Elektrolyse, Reservekraftwerke

Ohne Freilandanlagen, landwirtschaftlichen Mischbetrieb sowie die Nutzung von Brach- und Verkehrsflächen wird es praktisch schwer möglich sein. Flächenwidmungen und Genehmigungsverfahren müssten geändert werden.

Für **Onshore-Windkraft** wird das Potenzial für Anlagen (mit Mindest-Kapazitätsfaktor größer 32 %) mit etwa 450 Gigawatt geschätzt. Aufgrund der fehlenden öffentlichen Akzeptanz und der Umweltbedenken (sowie Flächenwidmung, Siedlungsentwicklung, sonstige Nutzungsansprüche) ist es unrealistisch, dass 125 Gigawatt zusätzlich bis 2050 errichtet werden können. Das wären 4,5 Gigawatt jährlich, derzeit werden pro Jahr etwa 1–2 Gigawatt zusätzlich installiert, mit fallender Tendenz.

Zusätzlich zu den oben genannten 1600 Terawattstunden Strom aus Wind und PV sind weitere 500–600 Terawattstunden Primärenergie erforderlich. Das bedeutet, dass **Biomasse und weitere Erneuerbare** noch deutlich ausgebaut werden müssen.

Vielleicht wird der **Import »Grüner Energie«** irgendwann möglich, zum Beispiel in Form von Flüssigwasserstoff oder Ammoniak per Schiff oder über Wasserstoffpipelines. Heute ist man jedenfalls weit, weit weg davon. Auch die Vorstellung, dass sich der Import einer großen Menge E-Fuels außer für spezielle Anwendungen wie die Luftfahrt rechnen würde, ist absurd. Eine vollständige Eigenversorgung mit Grüner Energie 2050 ist jedoch ebenso wenig wahrscheinlich.

Wenn Europa wirklich klimaneutral werden will, kann es auch nicht darauf warten, dass jemand anderer diese Infrastruktur herstellt. Europa muss sich um Transport und Infrastruktur kümmern und selbst investieren, womit wieder die politische Stabilität der potenziellen Lieferländer ins Spiel kommt.

Wasserstoffspeicher sollen etwa 160–180 Terawattstunden Strom zur Verfügung stellen. Geht man von hocheffizienter Umwandlung in Gas-Kombikraftwerken und Brennstoffzellen[141] aus, werden Speicher mit für 280 Terawattstunden Wasserstoff benötigt. Das entspricht etwa 93 Milliarden Normkubikmeter (Nm^3). Das derzeit verfügbare Speichervolumen für Erdgas beträgt etwa 230 TWh = 23 Mrd. Nm^3.

Folglich muss das Wasserstoff-Speichervolumen etwa viermal so groß werden. Die für Carbon Capture and Storage angedachten Speicher sollten besser dazu verwendet werden.

Für **Kurzzeitspeicher** auf Batteriebasis wird ein Speicherbedarf von 84 Gigawattstunden bereits im Jahr 2030 erwartet. Das entspricht etwa einer Million batterieelektrischer Pkw. Zusätzlich werden auch Investitionen in Pumpspeicher und sonstige neue Speichertechnologien erforderlich sein.

Atomkraft (Kernspaltung) oder Technologien, die es heute noch nicht gibt (wie die Kernfusion), wurden nicht eingerechnet. Auch Carbon Capture and Storage wurde nicht berücksichtigt. Sollten diese Lösungen politisch gewünscht werden und technisch/wirtschaftlich möglich sein, könnten sie das Bild deutlich verändern.

Eine vollständige grüne Energieversorgung Deutschlands bis 2050 ist daher äußerst unwahrscheinlich, selbst mit viel Vorstellungskraft, Optimismus und ohne finanzielle Restriktionen.

2020–2050 ÖSTERREICH

Die Alpenrepublik ist **Nettostromimporteur.** Verstärkt wurde dies durch die Gaskrise 2022/23. Vor allem im Winter stammte bisher ein großer Anteil der Primärenergie für Strom aus **russischem Erdgas, tschechischer Kohle und aus Kernkraftwerken.**

Das österreichische Selbstbild des umwelt- und klimapolitischen, atomkraftfreien Vorbildes stimmt leider nicht mit der Realität zusammen. Dazu passt gut, dass Österreich – fern jeder Realität – als Ziel angibt, die **Klimaneutralität bereits zehn Jahre früher als die EU, nämlich schon 2040** zu erreichen. Niemand, der auch nur einen Funken Ahnung von der Energiewende hat, hält das für machbar.

Um die Vergleichbarkeit mit Deutschland und der Schweiz herzustellen, sind die Prognosen und Ziele für das Jahr 2050 angegeben.

Selbst wenn auf wundersame Weise das politische Ziel, bis 2030 100 % der Jahresstromversorgung (bilanziell) aus Erneuerbaren zu erzeugen, erreicht werden sollte, wären damit gerade einmal etwa 45 % des Weges geschafft. Bis 2040 müssten dann die verbleibenden 55 % des Primärenergieeinsatzes eingespart bzw. mit erneuerbaren Energien erzeugt werden.

Österreich heute

Österreichs Primärenergieeinsatz betrug 2021 etwa **410 Terawattstunden (TWh)**, etwa 30 % davon kamen aus erneuerbaren Energieträgern. Knapp über 30 % der Energie stammten aus dem Inland (Biomasse, Wasserkraft, Wind, Öl, Gas etc.).

Mehr als zwei Drittel der in Österreich verbrauchten Energie rühren aus Erdöl, Erdgas, Kohle und Atomkraft.

Die Stromproduktion betrug 2021 etwa **66 TWh**. Davon stammten aufgrund der Wasserkraft etwa 75 % aus Erneuerbaren.

Im Winter wird Strom zu 50 % aus kalorischen Brennstoffen produziert bzw. importiert.

Wind: 3 Gigawatt (GW) (8,5 TWh)
PV: 2,8 GW (2,8 TWh)
Biomasse + Biogas-Strom: 0,4 GW (2,2 TWh)
Wasserkraftwerke: (35 TWh)

Die heutige Energiespeicherkapazität Österreichs beträgt etwa 93 TWh in Form von Erdgaskavernen, die sich großteils unter Kontrolle internationaler Energieversorger befinden.

Zusätzlich gibt es 3 TWh Speicherkapazität in Form von Wasser-Pumpspeicherkraftwerken.

Tabelle 7 *Energieprognose Österreich 2050*

Österreich 2050

In einer Langfriststrategie (2019) des Umweltministeriums wurde eine Reduzierung auf 177 TWh bis 2050 angegeben. Das scheint vollkommen unrealistisch. Sollte man **240 TWh** erreichen, wäre das bereits ein großer Erfolg – eine **Primärenergieeinsparung um 41 %**. Mobilität und Wärmewende müssten den größten Teil beitragen.

Verbund/APG rechnet für 2050 mit etwa 125 TWh Strombedarf und einer Winterlücke von 24 TWh. Das wäre etwa eine Verdopplung gegenüber 2020. Es dürfte – ebenso wie in Deutschland – deutlich unterschätzt sein.

Realistischer sind (einschließlich Speicher-, Pump- und Umwandlungsverluste) **170 TWh**, mit einer Winterlücke von 30 TWh.

Die Differenz zu den oben genannten 240 TWh müsste zu einem großen Teil die Biomasse abdecken.

Wind: 36 GW **(ca. Faktor 12)**
PV: 33 GW **(ca. Faktor 12)**
Biomasse-Strom: 1,2 GW **(ca. Faktor 3)**
Wasserkraftausbau: um 11 TWh **(Faktor 1,3)**

H_2-Speicher + Elektrolyse + Reservekraftwerke oder Stromimporte müssen die Winterlücke von etwa 30 TWh abdecken.

Die bestehenden Erdgasspeicher müssten teilweise mit Wasserstoff gefüllt werden, der Rest könnte als Notstandsreserve bestehen bleiben.

Mit 5 Millionen E-Autos hätte man theoretisch weitere 0,5 TWh Stromspeicherkapazität verfügbar.

Ein **möglicher Energiemix**, um 2050 die erforderliche Menge an erneuerbarer Energie zu produzieren, bedeutete nahezu eine **Verzehnfachung der installierten PV- und Windkraft-Leistung:**

- **Windkraft:** 36 GW installierte Leistung zur Erzeugung von 83 TWh Strom benötigen etwa 2 % der österreichischen Landesfläche. Diese Fläche bleibt trotzdem fast vollständig landwirtschaftlich nutzbar.
- **Photovoltaik:** 33 GW installierte Leistung zur Erzeugung von 33 TWh, das technische PV-Potenzial von Gebäuden, Deponien, Verkehrssektor und Freiflächen wurde optimistisch mit etwa 50 TWh abgeschätzt.
  »Minderwertige« Freiflächen haben laut Solarstudien das größte Potenzial, hier müsste etwa eine Gesamtfläche von 17 x 17 Kilometer in ganz Österreich identifiziert werden, um das erforderliche Potenzial auszuschöpfen.
- Bestehende Wasserkraftwerke leisten bereits 35 TWh, diese können bis 2030 um etwa 5,5 bzw. bis 2050 um etwa 11 TWh ausgebaut werden.
- **Biomasse, Biogas** und andere müssten die verbleibenden 8 TWh erzeugen.

Der **öffentliche Widerstand** gegen derartige Ausbauten dürfte groß sein. Eine Realisierung bis 2040 erfordert Flächen, Genehmigungen, technische Kapazitäten und Budgets, die bei Weitem nicht vorhanden sind, und ist deshalb vollkommen unrealistisch. Atomkraft und CCS wurden nicht berücksichtigt. Sollten diese politisch gewünscht werden und technisch-wirtschaftlich möglich sein, könnten sie das Bild deutlich verändern.

Es ist daher wahrscheinlich erforderlich, sich an windstarken Offshore-Standorten zu beteiligen oder den erneuerbaren Strom aus dem Ausland zu beziehen, oder einen Teil der Grünen Energie in Form von Ammoniak sowie anderen Energieträgern am internationalen Markt einzukaufen.

Was die Kosten der Energiewende betrifft, werden sich diese pro Kopf nicht wesentlich von jenen Deutschlands unterscheiden. Auch die Auswirkungen auf Wohlstand, Wirtschaft und Arbeitsplätze dürften ähnlich sein.

Wie für Deutschland wäre es auch für Österreich angebracht, **in Wind-, PV- und Elektrolysekapazität europaweit und weltweit zu investieren und die eigenen Speicher auszubauen** und teilweise auf Wasserstoff umzurüsten. Nur darauf zu warten, dass jemand anderer diese Infrastruktur schafft, ist wirtschaftlich nicht sinnvoll. Dasselbe gilt für Flüssiggasentlade-Infrastruktur, die noch für eine Übergangszeit von 15–20 Jahren erforderlich ist.

Eine komplette Importunabhängigkeit ist aus technischen und wirtschaftlichen Gründen nicht zu erwarten. Die Herausforderung wird sein, Stromnetze und Wasserstoff- oder Ammoniakinfrastruktur zu schaffen.

2020–2050 SCHWEIZ

Das Land ist **Nettostromimporteur.** Aufgrund des **fehlenden Stromabkommens mit der EU** und des Ausschlusses aus den europäischen Entscheidungsgremien sowie den Marktplattformen (FBMC = Flow Based Market Coupling, TERRE, MARI, PICASSO) muss sich die Schweiz intensiver mit dem Thema Versorgungssicherheit auseinandersetzen als andere europäische Staaten. Jedoch bewirkt dieser Druck wahrscheinlich, dass die Schweiz das Thema zukünftig noch deutlich ernster nehmen wird. Bis vor Kurzem plante sie, die Winterlücke mit **Wasserkraft sowie Gas-Reservekraftwerken** zu decken.

Das für Energie zuständige Departement UVEK verpflichtet Betreiber von Speicherkraftwerken, eine **Wasserkraftreserve** vorzuhalten. Außerdem werden Standorte für neue Gas-Reservekraftwerke von etwa einem Gigawatt Leistung gesucht, die bis 2025 betriebsbereit sein sollen. Es wird mit **Stromeinsparungen von 0,7 Terawattstunden bis 2030** gerechnet, welche angesichts der zunehmenden Elektrifizierung aller Sektoren aber ziemlich unrealistisch sind. Die Kosten für **Wasserkraft- und Gasreservehaltung** werden mit etwa einer Milliarde Franken pro Jahr geschätzt und auf den Strompreis aufgeschlagen, die Kosten der »Sommer-Grün-Zertifikate« fallen da nicht besonders ins Gewicht. **Bereits 2025 sind Winter-Versorgungslücken von 2 bis im Extremfall 20 Tagen möglich,** sagt die Eidgenössische Elektrizitätskommission,[142] sollte der Strom nicht ausreichend aus dem Ausland importiert werden können. Eine durchgeführte Stressberechnung hat ergeben, dass die eigenen Wasserkraftspeicher nicht groß genug sind, um eine kontinuierliche Versorgung sicherzustellen. Alle diese Szenarien gehen davon aus, dass der Winterstrom grundsätzlich am europäischen Markt ausreichend verfügbar ist. Ob dies nach dem deutschen Atom- und Kohleausstieg tatsächlich noch so ist, darf bezweifelt werden. Die Bevölkerungsdichte der Schweiz ist doppelt so hoch wie jene Österreichs, daher sind im Verhältnis deutlich weniger Flächen für erneuerbare Energieerzeuger vorhanden. Auch die Windsituation ist schlechter. Ob die verfügbaren Stromerzeugungsoptionen nach **Abschaltung der drei Atomkraftwerke zwischen 2034 und 2039** noch ausreichen, scheint fraglich: Biomasseanlagen, Tiefengeothermie, Wasserkraftspeicherkraftwerke, Kehrichtverbrennungsanlagen (Müllverbrennung) sowie eine flexible Verbrauchssteuerung dürften deutlich zu wenig zu sein. **Insgesamt ist kein nachvollziehbares, tragfähiges Energiekonzept für 2050 erkennbar.**

Stromerzeugung aus Wasserkraft deckt im Jahr 2020 etwa 15 % des Endenergiebedarfes, 10 % stammen aus Atomkraft, 65 aus fossilen Brennstoffen. Die restlichen 10 % sind Müllverbrennung, Biomasse und diversen sonstigen Quellen zuzuordnen. Das bedeutet, dass bis 2050 mindestens 65–75 % der Primärenergie durch CO_2-neutrale Erzeugung ersetzt werden müssen.[143]

UVEK nimmt für 2050 eine Steigerung des Stromverbrauches um nur 11 % an. Warum in der Schweiz der Stromverbrauch nur so wenig steigt, während er sich in Deutschland und Österreich mehr als verdoppelt, wird nicht schlüssig erklärt. Laut ETH Zürich müsste die Schweiz 30–50 % mehr Strom erzeugen. Unter Berücksichtigung der Schweizer Klimaziele, einer gleichartigen Entwicklung wie in den beiden Nachbarländern und selbst unter der Annahme, dass die Schweiz weniger energieintensive Industrie beherbergt, ist das wahrscheinlich zu wenig. Der Schweizer Primärenergieeinsatz ist heute, ähnlich wie jener in Österreich, etwa um den Faktor 4 höher als der Stromverbrauch. Selbst wenn – wie in der UVEK-Studie angenommen – ein signifikanter Importanteil von wasserstoffbasierten Flüssigbrennstoffen (E-Fuels) berücksichtigt wird, reicht das nicht: Die Energieeinsparung muss über die Elektrifizierung erfolgen. Somit ist eine Stromverbrauchssteigerung von 70-100 % bis 2050 realistischer.

Schweizer Energiekonzerne investieren etwa zwei Drittel im Aus- und nur ein Drittel im Inland. Neben wirtschaftlichen Aspekten und den unterschiedlichen Förderstrukturen sind vor allem die langen Genehmigungszeiten der Hauptgrund dafür. Ob diese Auslandsinvestitionen jedoch den Inlandsverbrauch stützen können, ist zweifelhaft.

Die **Energiespeicherkapazitäten** aus Wasserkraft-Pumpspeichern sind zwar im Verhältnis zu Deutschland und Österreich groß, aber für eine Strom-Winterlücke von 20–30 Terawattstunden im Jahr 2050 deutlich zu klein, weiterer Ausbau ist erforderlich. Die Schweiz besitzt **kaum Gasspeicherkapazität**, nur eine kleine Beteiligung am französischen Gasspeicher Étrez/Lyon. Hochgebirgs-PV mit erheblich höherer Energieausbeute als im Tal und Windkraft werden errichtet werden müssen. Der Energieimport wird unausweichlich bleiben und die zugehörigen Infrastrukturherausforderungen werden immens sein. Auch der Diskurs zum »Ausstieg vom Atomkraftausstieg« wird sich in den kommenden Jahren verstärken, außer die Schweiz schafft es, sich Erdgas und später Wasserstoff-Kraftwerkskapazität sowie zugehörige Gasspeicher zu sichern.

9.
QUINTESSENZ UND LÖSUNGSWEGE FÜR DIE ENERGIEWENDE

Basis für die Energie-, Wärme- und Mobilitätswende sind:

- **Windkraft, Photovoltaik, Biomasse und Geothermie**
- **Elektrifizierung bei Wärme, Mobilität und industriellen Prozessen**
- **Kreislaufwirtschaft**
- **Energieeffizienz und Energieeinsparung**
- **leistungsfähige Energienetze und größere Energiespeicher**

Mit diesen Maßnahmen und Technologien sind **die ersten,»leichteren« 70–80 % der Energiewende** erreichbar.

Die vollständige Klimaneutralität bis 2050 ist nicht möglich: Um das Klima- und Energiethema wirklich zu verstehen, müssen die geopolitischen Rahmenbedingungen miteinbezogen werden, etwa die zukünftige Machtverteilung in der Welt, der Zugriff auf die natürlichen Ressourcen, die Versorgungssicherheit sowie die wirtschaftlichen und sozialen Auswirkungen des Wandels.

Die **verbleibenden»schwierigen« 20–30 %** für eine vollständige Dekarbonisierung **sind teuer.** Europa kann es sich nicht leisten, dies allein durchzuführen, ohne seinen Wohlstand zu zerstören. Auch in aufstrebenden Volkswirtschaften wird die Abwägung Wohlstand gegen Klimawandel entscheidenden Einfluss haben.

Für diesen schwierigen Teil sind wenige Technologien verfügbar, die so ausgereift sind, dass sie die gewaltigen Herausforderungen der nächsten 30 Jahre bewältigen können:

1. **Atomkraft (Kernspaltung)** (und/oder)
2. **Kohlenstoffabscheidung (CCS)** (und/oder)
3. **Wasserstoffwirtschaft inklusive Wasserstoffspeicher**

Als »Joker« kommt eventuell irgendwann in der Zukunft die **Kernfusion** hinzu, die das Gesamtbild deutlich verändern könnte. Davon sind wir aber heute noch weit entfernt.

Während weltweit – und auch in Europa – die Atomkraft neuen Zuspruch erfährt, setzt vor allem Asien zunehmend auf CCS als Lösung. Die Wasserstoffwirtschaft wird in Teilen Europas, Asiens und den USA als Schlüssel zum Erfolg gesehen. Ein einheitlicher Lösungsweg bis 2050 ist unwahrscheinlich, zu unterschiedlich sind die Voraussetzungen und Interessen.

Unter dem Druck der Klimawandelfolgen werden – etwas Optimismus vorausgesetzt – mehr und mehr Regionen auch den schwierigen Teil angehen. Nicht bis 2050, aber im Laufe der zweiten Hälfte des Jahrhunderts. Bis 2100 wird sich die Erde dennoch um mehr als 3 °C erwärmt haben.

Gerade deshalb muss unbedingt jetzt in **Schutzmaßnahmen** investiert werden, um langfristig Schäden zu vermindern.

Die Energiewende wird nur dann gelingen, wenn wir die Debatte auf eine breitere Basis stellen: Klima- und Naturwissenschaftler, Ökonomen, Sozial- und Wirtschaftswissenschaftler müssen ebenso miteinbezogen werden wie die Praktiker für die Umsetzung. Wird diese Diskussion nicht ehrlicher geführt, werden die wirtschaftlichen Schäden, genauso wie die enttäuschten Erwartungen bei jenen, die radikaler vorgehen wollen, immer weiter zunehmen.

Wir müssen uns von vielen Energie- und Klimalügen verabschieden, zum Beispiel:

– »Wenn wir in Europa fleißig Energie sparen, braucht es keinen Infrastrukturausbau, und der Klimawandel kann bis 2050 aufgehalten werden. Persönliche Verhaltensänderungen sind der Schlüssel zur CO_2-freien Zukunft.«
– »Die Folgen des Klimawandels lassen sich in unserer oder der nächsten Generation verhindern, wenn wir jetzt handeln.«
– »Europa kann seinen Klimakurs unabhängig von China und den USA festlegen. Erneuerbare Energien sind der Schlüssel zur zukünftigen Freiheit von internationalen Abhängigkeiten.«
– »Der Staat erkennt am besten, welche Energiequellen er braucht. Daher soll er sie möglichst detailliert regeln. Marktwirtschaft und Wirtschaftswachstum sind das eigentliche Problem.«
– »Die Energiewende bezahlt sich selbst, da die Erneuerbaren konkurrenzlos günstig sind. Die Energiewende wird daher unseren Wohlstand erhöhen.«

Die in diesem Buch beschriebenen Maßnahmen erfordern einen Strukturwandel gigantischen Ausmaßes. Dieser muss geplant werden. Es benötigt Planungssicherheit für die Bevölkerung und die Wirtschaft. Schnellschüsse funktionieren nicht, und »die eine Schlüsseltechnologie« zur Emissionsminderung gibt es nicht. Man muss an vielen Rädern drehen und die öffentliche Akzeptanz auch für die neue Infrastruktur gewinnen. Anlagen stillzulegen, bevor Ersatz- und Übergangstechnologien in ausreichendem Maßstab eingeführt und die technischen, wirtschaftlichen sowie geopolitischen Risiken bewertet wurden, gefährdet die Versorgungssicherheit und damit die Akzeptanz der Energiewende.

Der positive Einfluss von Verhaltensänderungen des Menschen auf den Klimawandel wird meist überschätzt und falsch dargestellt. Wenngleich er viele Einflussmöglichkeiten bei Konsum, Mobilität und beim Wohnen hat, liegt der wesentliche Ansatzpunkt für das Erreichen der Klimaneutralität in der Umstellung auf erneuerbare Energieträger, im zweiten Zeitalter der Elektrifizierung, der Wärme- und Mobilitätswende, der Schaffung ausreichend großer Speicher sowie leistungsfähiger, intelligenter Strom- und Gasnetze.

Das alles muss ergänzt werden durch eine Kreislaufwirtschaft, den sparsamen Ressourceneinsatz, weitere Energieerzeugungs- und Umwandlungstechnologien sowie ein generelles Energiebewusstsein.

10.
ANMERKUNGEN

1 IPCC Intergovernmental Panel on Climate Change, Zwischenstaat-
licher Ausschuss für den Klimawandel, vereinfacht: die Vereinigung
der Klimaforscher. Report zum Gratis-Download auf www.ipcc.ch/
report/ar6/wg1 ... wg2 und wg3

2 Das Pariser Klimaabkommen ist ein völkerrechtlicher Vertrag, der 2015
als Nachfolgeabkommen zum »Kyoto«-Vertrag im Rahmen der Klimakonferenz COP 21 in Paris abgeschlossen wurde.

3 US Department of Energy, Union of Concerned Scientists, Europä-
isches Parlament 2019 (https://www.europarl.europa.eu/news/de/
headlines/society/20180301STO98928/treibhausgasemissionen-nach-
landern-und-sektoren-infografik).

4 CO_2-Äquivalente inkludieren folgende Treibhausgase: N_2O (Distick-
stoffmonoxid), CH_4 (Methan), HFC (Fluorchlorkohlenwasserstoffe),
PFC (Perfluorkohlenwasserstoffe), SF_6 (Schwefelhexafluorid), NF_3
(Stickstofftrifluorid).

5 https://www.mckinsey.com/capabilities/sustainability/our-insights/
curbing-methane-emissions-how-five-industries-can-counter-a-major-
climate-threat

6 Energiewende ist der Begriff für den Übergang der Energieerzeugung
aus fossilen Brennstoffen zu einer Energieerzeugung aus erneuerbaren
Quellen.

7 IPCC, Global Carbon Project, in CO_2-Äquivalent,
https://ourworldindata.org/emissions-by-sector

8 Der »2020 Global Status Report for Buildings and Construction« des
»UN Environment Programme« fasst die direkten und indirekten
Emissionen, die durch Nicht-Wohngebäude, Wohngebäude und die
Bau-Errichtungswirtschaft verursacht werden, mit etwa 38 % zusammen.

9 Verschiedene Quellen: u. a. Statista Research Department, 19.07.2021

10 Entwicklung der Weltbevölkerung (und der Wiederkäuer-Nutztier-
populationen) nach »World Scientists' Warning to Humanity:
A Second Notice«, 2017, in: BioScience. Band 67, Nr. 12, 2017, S. 1026–
1028, doi:10.1093/biosci/bix125.

11 UNO-Prognoserechnung

12 Das »Molekularsieb« ist im engeren Sinne kein Filter, sondern eine
Methode zur Adsorption (Anlagerung) von Gasen mit bestimmten
Molekulargrößen an Substanzen mit sehr großer innerer Oberfläche.

13 Weltweite Umfrage präsentiert vom Umfrageinstitut IPSOS 2020

14 »Net Zero by 2050 – A Roadmap for the Global Energy Sector –
International Energy Agency«, May 2021.

15 Die Vorhersagen schwanken zwischen den diversen Studien von
McKinsey, Fraunhofer, Ministerien etc.

16 fashionrevolution.ch – Homepage

17 Ellen MacArthur Foundation für das Jahr 2015

18 Heinrich-Böll-Stiftung, https://www.boell.de/de/2021/01/06/ fleischkonsum-weltweit-alltagsessen-und-luxusgut, »Fleischkonsum weltweit: Alltagsessen und Luxusgut«, 6. Januar 2021, von Lisa Tostado, Betrachtungszeitraum 2010 bis 2018, Fleischkonsum pro Kopf: +0,8 % pro Jahr, Bevölkerungswachstum 1,3 % pro Jahr, ergibt 2,1 % Zuwachs pro Jahr.

19 Gleiche Quelle: 1961: ca. 65 Mio. Tonnen Fleisch, 2018 ca. 345 Mio. Tonnen.

20 Die Weltbank (eine UNO-Sonderorganisation) rechnet bis zum Jahr 2050 mit 216 Millionen Klimaflüchtlingen. https://openknowledge. worldbank.org/handle/10986/36248

21 https://www.delmi.se/media/qtogzthu/delmi-research-overview-2022_9-webb.pdf

22 Sechste Ausgabe des »Lancet Countdown«, zitiert in der FAZ vom 20. Oktober 2021, Joachim Müller-Jung.

23 Proceedings of the National Academy of Sciences (PNAS), Studie 2016, https://www.pnas.org/doi/10.1073/pnas.2114069119#abstract

24 IPCC Special Report on Global Warming of 1,5 %, WWF

25 https://www.bioacid.de/ozeanversauerung/

26 Bis zum Jahr 2100 um weitere 0,13–0,27 °C, Vergleichsstudie des internationalen Permafrost-Netzwerks GTN-P (Global Terrestrial Network for Permafrost) und Alfred-Wegener-Institut (AWI): https://www.br.de/klimawandel/permafrost-boden-klimawandel-kohlendioxid-methan-100.html

27 Umfrage marketagent.com, 2021

28 https://www.bmk.gv.at/themen/klima_umwelt/nachhaltigkeit/green_ jobs/oe_green_jobs.html

29 »In Net Zero by 2050« rechnet die IEA im »STEPS Szenario« für 2040–2050 mit jährlich etwa 35 Gigatonnen CO_2-Emissionen. STEPS beinhaltet die politischen Versprechen, die bisher abgegeben wurden. Im optimistischen APC-Szenario sinken die weltweiten Emissionen bis 2050 auf 24 gt, etwa 60 % von 2020.

30 umweltbundesamt.de und BDEW, Fraunhofer und Zeitungen behaupten, es wären 50 % gewesen.

31 Verschiedene Quellen. Abweichungen von +/- 3 % sind leicht möglich.

32 »The Future We Want. The United Nations We Need«, Report of the UN75 Office, September 2020 zum 75. Geburtstag der UNO

33 Eine EUROBAROMETER-Umfrage vom Mai 2021 ergibt, dass von 27 EU-Ländern nur in 6 die Auswirkungen der Atomkraft in den nächsten 20 Jahren überwiegend negativ eingeschätzt werden: in Deutschland, Österreich, Luxemburg, Griechenland, Portugal und Dänemark. Überall sonst überwiegend positiv. In Frankreich und der EU insgesamt halten sich positive und negative Erwartungen die Waage.

34 Es klingt vielleicht despektierlich, den Rotmilan, einen bis vor Kurzem auf der Vorwarnstufe der gefährdeten Arten befindlichen Vogel, hier zu nennen. Natürlich ist dessen Lebensraum zu schützen, es braucht eine vorsichtige Abwägung zwischen den Interessen von Umwelt-, Klima- und Artenschutz.

35 Bertelsmann Stiftung, »Bürger wollen kein Wachstum um jeden Preis«, je 1000 Personen in D und Ö, Juli 2010

36 https://www.rechtspraak.nl/Organisatie-en-contact/Organisatie/ Rechtbanken/Rechtbank-Den-Haag/Nieuws/Paginas/Royal-Dutch-Shell-must-reduce-CO_2-emissions.aspx

37 https://www.germanwatch.org/de/der-fall-rwe

38 https://climate-laws.org/

39 Die Inkludierung des Sektors Verkehr erfolgte erst nach langer Diskussion innerhalb der EU.

40 Siehe auch Kapitel 6 »Energiemarkt« – »Finanzwirtschaft und Versicherungen«

41 CBAM ... Carbon Border Adjustment Mechanism ... CO_2-Grenzausgleichsmechanismus

42 SAF »Sustainable Aviation Fuels« ... nachhaltige Flugtreibstoffe, die kurzfristig hauptsächlich Biokraftstoffe der zweiten und dritten Generation sein sollen, die synthetischen Treibstoffe (E-Fuels ... Synthetic Aviation Fuels, Treibstoffe auf Basis grünen Wasserstoffs) sollen bis 2050 etwa die Hälfte der SAF ausmachen.

43 Basierend auf Daten von https://tradingeconomics.com/

44 www.polarstern-energie.de

45 Von Jurta – Eigenes Werk, CC0, https://commons.wikimedia.org/ w/index.php?curid=115709685

46 Friedensforschungsinstitut SIPRI (Schweden). Derzeit kommen 49 % der gesamten Waffenexporte nach Afrika aus Russland, dahinter liegen China, Frankreich und die USA. Algerien ist der größte Empfänger russischer Waffen in Afrika, gefolgt von Ägypten, dem Sudan und Angola. https://www.sipri.org/publications/2022/sipri-fact-sheets/ trends-international-arms-transfers-2021

47 »NZZ«, »China ist für den Westen noch nicht verloren«, 08.04.2022

48 Dies bezieht sich auf die Durchsetzung von Handelsvereinbarungen und anderen international gültigen Rechten oder der Veränderung von derartigen Vereinbarungen, die großes politisches, wirtschaftliches und letzten Endes eventuell sogar militärisches Gewicht benötigen (Handelsrouten im Süd- und Ostchinesischen Meer etc.).

49 Regelmäßig durchgeführte Umfrage der National Chengchi University in Taipeh: https://esc.nccu.edu.tw/upload/44/doc/6961/People202206.jpg

50 Umfrage der chinesischen Parteizeitung »China Times«, zitiert von Alexander Görlach in »Alarmstufe Rot«

51 https://www.derstandard.at/story/2000125165753/kritische-rohstoffe-die-dunkle-seite-von-solar-und-windanlagen – Ökonomin Karin Küblböck

52 Pew Research Center

53 Siehe Kapitel 4 »Europa und die Welt« – »Die historische Klimaschuld«

54 »Africa's green manufacturing crossroads – choices for a carbon-low future,« McKinsey&Company 09/2021

55 https://www.transparency.de

56 Bei Brennstoffen müsste man noch den Brennwert und den Heizwert unterscheiden. Für Diesel wäre der Brennwert von 10,4 kWh/l anzusetzen, daraus ergibt sich dann im gleichen Beispiel ein Motorwirkungsgrad von nur mehr 34,6 %.

57 Eigene Grafik, Grafik und Daten basierend auf einer Studie der Energy Brainpool, Berlin, Januar 2019 (F. Huneke, C. Perez Linkenheil und P. Heidinger), für Austrian Power Grid APG mit Berechnungen auf Basis der Schwankungen der Wetterjahre 1986–2016 und einer Prognose des Stomverbrauches bis 2050.

58 Großes Gaskraftwerk: z. B. Gas- und Dampfkraftwerk, bestehend aus zwei großen Gasturbinen und einer Dampfturbine. Heute noch mit Erdgas, 2050 vielleicht bereits mit Wasserstoff betrieben.

59 »20210421_A4_Analyse_%20Radermacher-Studie_final.pdf«, Studie Radermacher + Hermann, Friedrich Naumann Stiftung, April 2021

60 Eurostat, 2018

61 Personenkilometer: Wenn 1 Pkw mit 2 Personen besetzt 10 km fährt, ergibt das 20 Personenkilometer.

62 Energie-Break-Even: Jene Kilometerzahl, bei der die eingesparte Energie gleich der für die Herstellung verwendeten Energie ist. Alles, was darüber liegt, ist »tatsächliche« Energieeinsparung.

63 Seit 2016 sinken in Deutschland die Personenkilometer. Eine genaue Prognose für die nächsten 30 Jahre ist nicht einfach, 20 % Zuwachs berücksichtigen auch mögliche Steigerungen durch selbstfahrende Fahrzeuge.

64 ADAC, https://www.adac.de/rund-ums-fahrzeug/tests/elektromobilitaet/
stromverbrauch-elektroautos-adac-test/, 11/2021

65 Brennstoffzelle (mit Wirkungsgraden von heute 60 %, Ziel 2030: 68 %,
Ziel 2050: 75 %)

66 https://de.wikipedia.org/wiki/Desertec

67 Datenquellen: https://battery-news.de/index.php/2021/03/05/wie-sieht-
die-zukunft-der-batterietechnik-aus-wo-stehen-wir-heute-und-wo-ent-
wickeln-wir-uns-hin? und andere https://www.elektroauto-news.net/

68 Zusätzliche 20 % in 12 Jahren (de.statista.com, Martin Kords, Prognose
der Beförderungsleistung von Personenkraftwagen in Europa nach Art
der Fahrzeugnutzung im Zeitraum der Jahre 2018 bis 2030)

69 214 g/Personenkilometer Flugzeug Inland, gegenüber 154 g/Personen-
kilometer Pkw. (Deutsches Umweltbundesamt, 2019)

70 Damit gehören die fixen »Luftstraßen« und die fixen Grenzeintritts-
und Austrittspunkte mit ihren langen Umwegen der Vergangenheit an.

71 Required Navigation Performance (RNP) – GPS-gestützte Verfahren,
die direktere Anflüge mit weniger Warteschleifen im Flughafenbereich
und weniger bodengestützte Navigationseinrichtungen (ILS) benötigen

72 https://www.fraunhofer.de/de/presse/presseinformationen/2021/
maerz-2021/weltweit-erste-hochtemperatur-brennstoffzelle-mit-
ammoniak-fuer-schiffe.html

73 Roland Berger GmbH, »The future of steelmaking – How the European
steel industry can achieve carbon neutrality«, Focus, 05/2020

74 Fraunhofer-Institut für Grenzflächen- und Bioverfahrenstechnik (IGB)
zitiert im »HZwei«-Magazin, 10/2021

75 SAIDI, System Average Interruption Duration Index, durchschnittliche
Stromausfalldauer je Verbraucher

76 Der CO_2-Ausstoß je BIP-Einheit soll von 2021–2025 um 18 % sinken, im
gleichen Zeitraum soll das BIP aber um mehr als 30 % steigen, der Energieverbrauch je BIP-Einheit soll um 13,5 % sinken. Daraus ergeben sich
Nettozuwachsraten im deutlich zweistelligen Prozentbereich, sowohl
für CO_2 als auch beim Energieverbrauch.

77 https://www.grs.de/de/aktuelles/sicherheitsrelevante-schaeden-im-
sicherheits-einspeisesystem-franzoesischer

78 https://worldoceanreview.com/de/wor-3/mineralische-rohstoffe/
vorkommen-und-maerkte/

79 Datenquellen: Deutsche Rohstoffagentur, IEA, Fraunhofer, BUND,
McKinsey

80 Basierend auf Daten von https://tradingeconomics.com/ und https://
www.epexspot.com/de/node/180

81 https://de.wikipedia.org/wiki/Gasland

82 https://think-beyondtheobvious.com/zu-viel-angst-vorm-fracking/ und
https://www.youtube.com/watch?v=vkhBB463fps

83 https://pv-thinktank.de/wp-content/uploads/2022/09/PV-TT_Impuls_
PV-Booster_20-Gigawatt-Photovoltaik-in-12-Monaten.pdf

84 https://en2x.de/wp-content/uploads/2021/08/Studie_Energiesteuer_2.0_
auf_CO₂_Bezug_deutsch.pdf

85 www.pexapark.com, »PPA Times« und [NREL ... National Renewable
Energy Laboratory, www..nrel.gov/publications »The cost of floating
Offshore Wind Energy ...,« Revised 11/2020], Preisbasis 2020

86 £ 92.5/MWh (indexiert auf Basis 2012) ergibt umgerechnet für 2022/23
ca. 150 €/MWh

87 »WEGE ZU EINEM KLIMANEUTRALEN ENERGIESYSTEM 2050,
Die deutsche Energiewende im Kontext gesellschaftlicher Verhaltens-
weisen«, Philip Sterchele, Julian Brandes, Judith Heilig, Daniel Wrede,
Christoph Kost, Thomas Schlegl, Andreas Bett, Hans-Martin Henning,
Fraunhofer-Institut für Solare Energiesysteme ISE, Freiburg, Februar
2020

88 »Net-Zero Deutschland – Chancen und Herausforderungen auf dem
Weg zur Klimaneutralität bis 2045«, McKinsey & Company, Stefan
Helmcke, Ruth Heuss, Solveigh Hieronimus, Hauke Engel, September
2021

89 https://www.bundesregierung.de/breg-de/suche/bundestag-bundes-
haushalt-2021-1825670

90 Alle energieintensiven Industrien sind betroffen. Lanxess (Chemiegrundstoffe) und viele andere haben bereits begonnen, Stahl, Papier
und alle, die sich die Verlagerung leisten können, werden folgen.

91 »Financing the Energy Transition: The Role, Opportunities and
Challenges of Green Bonds«, Oxford Institute of Energy Studies,
OIES Paper ET07, Andrea Giulio Maino

92 »Der lange Atem der Bäume«, Peter Wohlleben, Ludwig Verlag, 2021

93 Wird zumindest in folgender Publikation behauptet: www.bmwi.de/
Redaktion/DE/Downloads/E/eckpunktepapier-ausbau-photovoltaik-
freiflaechenanlagen.html

94 Umweltbundesamt (D) auf Basis AGEE Stat, 02/2022

95 https://www.oekonews.at/?mdoc_id=1170859, März 2022

96 Net Zero by 2050, »A Roadmap for the Global Energy Sector«,
Flagship report — May 2021, International Energy Agency

97 Mitsubishi Power M501JAC, Jackson Generation Project, 1200-MW-
Kraftwerk in Elwood, Illinois

98 NOx ist eine Sammelbezeichnung für Stickoxide (genauer: »Stickstoff-oxide«), die aus den Atomen Stickstoff und Sauerstoff aufgebaut sind, meist NO und NO_2 (und N_2O_3, N_2O_4, N_2O). Stickoxide entstehen vor allem bei hohen Verbrennungstemperaturen. Da Wasserstoff bei höheren Temperaturen als Erdgas verbrennt, entsteht bei Verbrennung mit Luft meist mehr NOx (»Zeldovich-Mechanismus«).

99 SCR = eine selektive chemische Reduktion, die bevorzugt vor allem Stickoxide mit Ammoniak unter Anwesenheit eines Titan-, Vanadium- oder Kobalt-Katalysators zu Wasser und harmlosem Stickstoff reduziert.

100 https://www.nist.gov/news-events/news/2022/11/simple-material-could-scrub-carbon-dioxide-power-plant-smokestacks bzw. https://www.mdr.de/wissen/preiswerter-kohlendioxid-filter-fuer-kohlekraft-werke-100.html

101 Science.org, Studie, 22 Sep 2022, Vol 377, Issue 6613: »Limited climate change mitigation potential through forestation of the vast dryland regions«

102 Beispielsweise gibt die Suchmaschine Ecosia an, 80 % ihres Gewinns zur Pflanzung von Bäumen zu verwenden.

103 Die Orca-Anlage (Fa. Climeworks) in Island ist 2022 die größte Anlage der Welt. Sie filtert jährlich 4000 Tonnen CO_2 aus der Luft. Die Kosten sind heute kaum berechenbar, da es so wenige Anlagen gibt. Sie dürften aber über 600 €/t CO_2 liegen und damit die mit Abstand teuerste Methode der CO_2-Vermeidung sein. Dabei sind die Energievoraussetzungen mit billiger Geothermie und günstigem erneuerbaren Strom in Island fast ideal.

104 »Understanding environmental trade-offs and resource demand of Direct-Air-Capture technologies through comparative life-cycle assessment«, Kavya Madhu, Stefan Pauliuk, Sumukha Dhathri, Felix Creutzig; https://www.nature.com

105 www.haruoni.com

106 Es ist nicht ganz »normal«, da die Dampfparameter, also der Druck und die Temperatur des in die Turbine eintretenden Dampfes, deutlich niedriger sind als bei Kohle- und Gasturbinenkraftwerken. Dadurch muss auch im Kühlsystem im Verhältnis mehr Wärme abgeführt werden. Dies ist auch ein Grund, warum man beim Atomkraftwerk als Erstes meist die im Verhältnis riesengroßen Kühltürme sieht.

107 Wird von Atomkraftbefürwortern behauptet. Die große Unsicherheit in diesem Vergleich ist die Ursache-Wirkungs-Zuordnung der durch Kohlekraftwerke verursachten (lokalen) Luftverschmutzung mit NO_x, CO, SO_2 etc. und welche Kohlekraftwerke (welche Filter- und Katalysatorausrüstung) verglichen wurden.

108 Das wäre dann weit entfernt von billigem Atomstrom.

109 Am EPEX-Spotmarkt (https://www.epexspot.com) je nach Tageszeit und Lastprofil

110 2021 entschied man, dass es doch keine so gute Idee sei, China an kritischer UK-Infrastruktur zu beteiligen.

111 Z. B. Emerald-Horizon.com – ein Thorium-Flüssigsalzreaktor, in containerisierter Form (ein Transmutationsreaktor) für den es 2029 einen Demonstrator für industrielle Serienproduktion geben soll

112 Kritcher, A.L., Young, C.V., Robey, H.F. et al. »Design of inertial fusion implosions reaching the burning plasma regime«. Nat. Phys. (2022). https://doi.org/10.1038/s41567-021-01485-9, 26.01.2022

113 Genannt »Albedo Modification« oder auch »Solar Radiation Management«

114 Vgl. Bruhn, T., and M. Latif, 7 Questions about Climate Engineering. 2013, German Association to the Club of Rome, aus www.bpb.de

115 https://hydrogencouncil.com/en/hydrogen-insights-2021/

116 https://www.movingpower.at/

117 https://de.wikipedia.org/wiki/Datei:Einsatzbereiche_sauberen_ Wasserstoff.png

118 Siehe auch Kapitel 6 »Energiewende – Mobilitätswende«

119 www.kiwih2.com, www.movingpower.at und andere

120 IRENA; IEA; Hydrogen Council; Shell; BCG

121 https://hysata.com/

122 https://power-to-x.de/gev-entwickelt-einen-wasserstofftanker/ und www.gev.com

123 Quellen: unter anderem European Hydrogen Backbone Report 2021. Geringere Dichte von Wasserstoff, aber höhere Strömungsgeschwindigkeit möglich.

124 15 %vol (Volumenprozent) im Erdgas ergeben nur etwa 5 % des Heizwertes.

125 https://www.spektrum.de/news/ammoniak-als-schiffstreibstoff-unter-gruenem-volldampf/1856677

126 HZwei, Das Magazin für Wasserstoff und Brennstoffzellen, Heft 4, Oktober 2021, »Grünes Ammoniak braucht grünen Wasserstoff«, Eva Augsten

127 https://shipfc.eu/ und https://energynewsmagazine.at/2021/11/03/ ammoniak-fuer-schiffsmotoren-hilft-das-dem-klimaschutz/

128 Das ist eine vereinfachte Aussage. Im Detail wird manch ein Physiker hier vehement widersprechen.

129 Wenige Ausnahmen gibt es: In Spulen und supraleitenden Spulen wird der Strom tatsächlich als Strom gespeichert. Ebenso wird der Strom in Kondensatoren und Superkondensatoren als elektrische Ladung gespeichert. Eine industrielle Anwendung für den großen Stromspeicherbedarf unserer Stromnetze kann man daraus nicht entwickeln, aber sehr hohe Leistungen in sehr kurzer Zeit lassen sich erreichen.

130 Schwarzstartfähigkeit: Die Möglichkeit, ohne Zufuhr externer Energie zu starten. Das können Kohle- und Gasturbinenkraftwerke ebenso wie Atomkraftwerke üblicherweise nicht.

131 https://www.ingenieur.de/technik/fachbereiche/energie/betonkugeln-im-bodensee-windstrom-speichern/

132 https://gravitricity.com/

133 https://www.energyvault.com/gravity

134 35 000 kg x 40 m x 9,81 m/s^2 ergibt rechnerisch 13,73 MJ = 3,82 kWh (1 kWh = 3,6 MJ)

135 https://agsi.gie.eu/

136 www.rag-austria.at

137 https://hypster-project.eu/

138 https://www.en-former.com/china-baut-die-weltweit-groesste-batterie-ohne-lithium/

139 www.cmblu.com behauptet, dass damit Leistungen von 300 MW und Speicher in der GWh-Größe hergestellt werden können.

140 AGEE-Stat, Umweltbundesamt Deutschland, 2019

141 Gaskombikraftwerk heute optimal 64 %, praktisch 61 %, Brennstoffzelle heute 60 %, 2050 vielleicht 75 %

142 »Stromversorgungssicherheit Schweiz 2025«, 10/2021, Eidgenössische Elektrizitätskommission ElCom

143 Durch die Elektrifizierung und die damit verbundenen besseren Wirkungsgrade sinkt der Primärenergiebedarf/Endenergiebedarf. Es verlagert sich (fast) alles zu Strom, der Strombedarf steigt damit.

144 Eidgenössisches Departement für Umwelt, Verkehr, Energie und Kommunikation (UVEK) – »Energieperspektiven 2050 – Kurzbericht«, Dezember 2021, Seite 36 – 206 PJ auf 228 PJ (57 TWh auf 63 TWh)

DER AUTOR

Bernd Spatzenegger, geboren 1968, ist Projektmanager und Berater für Energieinfrastruktur, unter anderem zur Errichtung von Anlagen für erneuerbare Energien. Durch Tätigkeiten in ganz Europa konnte er die praktischen Auswirkungen der Energiewende sowie deren Zusammenhänge mit Wirtschaft, Politik und Klima aus nächster Nähe kennenlernen.